互联网+背景下
法律教学改革探索

朱桂存 ◎ 著

线装書局

图书在版编目（CIP）数据

互联网+背景下法律教学改革探索 / 朱桂存著. --
北京 ：线装书局，2023.8
ISBN 978-7-5120-5632-9

Ⅰ．①互… Ⅱ．①朱… Ⅲ．①法学教育－网络教育－
教学改革－研究 Ⅳ．①D90

中国国家版本馆 CIP 数据核字(2023)第 162969 号

互联网+背景下法律教学改革探索

HULIANWANG+BEIJINGXIA FALÜ JIAOXUE GAIGE TANSUO

作　　者：朱桂存
责任编辑：曹胜利
出版发行：**线装書局**
　　地　　址：北京市丰台区方庄日月天地大厦 B 座 17 层（100078）
　　电　　话：010-58077126（发行部）010-58076938（总编室）
　　网　　址：www.zgxzsj.com
经　　销：新华书店
印　　制：河北创联印刷有限公司
开　　本：710mm×1000mm　1/16
印　　张：14.25
字　　数：293 千字
版　　次：2023 年 8 月第 1 版第 1 次印刷
定　　价：88.00 元

线装书局官方微信

前　言

　　这是一个需要理论而且一定能够产生理论的时代，这是一个需要思想而且一定能够产生思想的时代。我们不能辜负了这个时代。

　　时代伟大，我辈何为？天下兴亡，匹夫有责。正如梁启超先生所言，"制出将来之少年中国者，则中国少年之责任也"，"少年智则国智，少年富则国富，少年强则国强"。面对中华民族伟大复兴的时代，青年学人理当以学报之。

　　坚持以人民为中心的研究导向，聆听时代声音、回应时代呼唤、解决时代问题，揭示我国社会发展、人类社会发展的大逻辑大趋势，立足中国、借鉴国外、挖掘历史、把握当代、关怀人类、面向未来，体现继承性、民族性、原创性、时代性、系统性、专业性，推动中国哲学社会科学学术体系、话语体系、学科体系创新，为构建中国特色哲学社会科学添砖加瓦。

　　我国高等教育回归本位的航程刚刚开始，"育人"是高等学校的根本主题的观念正在得到越来越多有识之士的张扬，教学研究也是科学研究的事实正在得到越来越多的组织和教师的认同。"互联网＋"时代，法律专业教学也面临着诸多机遇与挑战，实践教学中教师通过利用新技术，促进学生学习法律专业知识，为学生拓宽新的学习视角，有助于专业学生发展。

　　文中的错误和疏漏在所难免，在此，恳请读者批评指正。

目　录

第一章 "互联网＋教育"概述

第一节 "互联网＋教育"的概念

一、什么是"互联网＋"

"互联网＋"是创新 2.0 下的互联网发展的新业态,是知识社会创新 2.0 推动下的互联网形态演进及其催生的经济社会发展新形态。"互联网＋"是互联网思维的进一步实践成果,推动着经济形态不断地发生演变,从而带动社会经济实体的生命力,为改革、创新、发展提供广阔的网络平台。

通俗地说,"互联网＋"就是互联网＋各个传统行业,但这并不是简单的两者相加,而是利用信息通信技术及互联网平台,让互联网与传统行业进行深度融合,创造新的发展形态。它代表一种新的社会形态,充分地发挥互联网在社会资源配置中的优化和集成作用,将互联网的创新成果深度融合于经济社会各个领域之中,提高全社会的创新力和生产力,形成更广泛的以互联网为基础设施和实现工具的经济发展新形态。

(一)"互联网＋"理念的提出

国内"互联网＋"理念的提出,最早可以追溯到 2012 年 11 月于扬在易观第五届移动互联网博览会的发言。易观国际董事长兼首席执行官于扬首次提出"互联网＋"的理念,他认为在未来"互联网＋"这样的公式应该是我们所在行业的产品和服务,在与我们未来看到的多屏全网跨平台用户场景结合之后产生的一种化学公式。我们可以按照这样一个思路找到若干这样的想法，而怎么找到自己所在行业的"互联网+"，则是企业需要思考的问题。

2014年11月，时任总理李克强出席首届世界互联网大会时指出，互联网是大众创业、万众创新的新工具。其中大众创业、万众创新正是2015年政府工作报告中的重要主题，大众创业、万众创新被称作中国经济提质增效升级的新引擎。由此可见互联网的重要作用。

2015年3月，在全国两会上，全国人大代表马化腾提交了《关于以"互联网+"为驱动，推进我国经济社会创新发展的建议》的议案，表达了对经济社会创新的建议和看法。他呼吁，我们需要坚持以"互联网+"为驱动，鼓励产业创新、促进跨界融合、惠及社会民生，推动我国经济和社会的创新发展。马化腾表示，"互联网+"是指利用互联网的平台、信息通信技术把互联网和包括传统行业在内的各行各业结合起来，从而在新领域创造一种新生态。他希望这种生态战略能够被国家采纳，从而成为国家战略。

在2015年3月5日召开的十二届全国人大三次会议上，政府工作报告中首次提出"互联网+"行动计划。李克强在政府工作报告中提出："制定'互联网+'行动计划，推动移动互联网、云计算、大数据、物联网等与现代制造业结合，促进电子商务、工业互联网和互联网金融健康发展，引导互联网企业拓展国际市场。"

2015年7月4日，国务院印发了《关于积极推进"互联网+"行动的指导意见》，这是推动互联网由消费领域向生产领域拓展、加速提升产业发展水平、增强各行业创新能力、构筑经济社会发展新优势和新动能的重要举措。

2015年12月16日，第二届世界互联网大会在浙江乌镇开幕。在"互联网+"的论坛上中国互联网发展基金会联合百度、阿里巴巴、腾讯共同发起倡议，成立"中国互联网+联盟"。

（二）基本内属

"互联网+"推动工业化和信息化深度融合，是两化融合的升级版，它将互联网作为当前信息化发展的核心特征提取出来，实现与工业、商业、金融业等行业的全面融合。这其中的关键就是创新，只有创新才能让这个"+"真正有价值、有意义。正因为如此，"互联网+"被认为是创新2.0下的互联网发展新形态、新业态，是知识社会创新 2.0 推动下的经济社会发展新形态。

"互联网＋"有六大特征：

一是跨界融合。就是跨界，就是变革，就是开放，就是重塑融合。敢于跨界了，创新的基础就更坚实了。融合协同了，群体智能才会实现，从研发到产业化的路径才会更垂直。融合本身也涵盖了身份的融合，如客户消费转化为投资、伙伴参与创新等。

二是创新驱动。中国粗放的资源驱动型的经营增长方式早就难以为继，必须转变到创新驱动发展这条正确的道路上来。这正是互联网的特质，用所谓的互联网思维来求变、自我革命，更能发挥创新的力量。

三是重塑结构。在信息革命与全球化的背景下，互联网业已打破原有的社会结构、经济结构、地缘结构和文化结构。权力、议事规则、话语权不断发生变化，互联网＋社会治理、虚拟社会治理将会发生很大不同。

四是尊重人性。人性的光辉是推动科技进步、经济增长、社会进步、文化繁荣的最根本的力量。互联网的力信之强大，根本上来源于对人性最大限度的尊重、对人自身体验的敬畏和对人的创造性发挥的重视，如 UGC、卷入式营销和分享经济。

五是开放生态。对于"互联网＋"，生态是非常重要的特征，而生态的本身就是开放的。我们推进"互联网＋"，其中一个重要的方向就是要把过去制约创新的环节去掉，把孤岛式的创新连接起来，由人性决定的市场驱动，让努力创业者有更多的机会实现价值。

六是连接一切。连接是有层次的，可连接性是有差异的，连接的价值差别很大的，但是连接一切正是"互联网＋"的目标。

如果你认为"互联网＋"重要，它对你来说就有意义；如果你认为它不重要，它对你来说就没有意义。对于传统企业和创业者，我们不能只当一个看客，不能只在这里看热闹。对于一种新的商业现象和商业逻辑，我们要思考怎样为我所用，因为我们在切切实实地做生意。如果不理解，我们就要去研究和学习；如果理解了，就要马上去做。

二、"互联网＋教育"的定义

如今，信息化技术已经渗透到社会的各个方面。在教育领域中，一场信息化的颠覆性变革正悄悄地进行着。

时下，上网逐渐成为中小学学生学习和生活不可或缺的一部分。在学校网站上下载作业，在QQ、微信群里讨论功课，上网搜寻资料等已成为中小学学生学习和生活的习惯。可以说，随着时代的变迁和高科技的发展，以及家庭电脑和网络越来越普及，网络已成为中小学学生学习和生活的好帮手。通过网络，同学之间可以互相讨论、互相学习、互相交流，从而取长补短、共同学习、共同进步。同时，又可进一步增强学生与老师、父母之间的理解、沟通与交流，让孩子们愉快地成长。

在现代信息社会，互联网具有高效、快捷和方便传播的特点，在中小学学生的学习和生活中发挥着不可替代的重要作用，并成为中小学学生学习的好帮手。它不但有利于提高学生上网学习和交流的能力，帮助孩子增长知识、开阔视野、启迪智慧，而且，能更有效地刺激孩子们的求知欲和好奇心，更有效地促进学生养成独立思考、勇于探索的良好行为习惯，推动全面教育和更好地培养祖国未来的建设者和接班人。

互联网用户从PC端向移动端迁徙已成定局；在线教育从PC到移动再到智慧互联也已是可预见的。为此，通过在线教育，不仅能增强教育效能，还很可能使教育发生革命性的改变。

"互联网＋"是现代的主流思想，其意义是把传统的生产、销售、运营乃至生活方式都以互联网的思维进行全新的诠释，"互联网＋教育"也是我们探索的课题，那么"互联网＋教育＝?"答案是教育对教育的变革。

首先是对教学思维及模式的改变。传统的教学是以老师为主体，老师教，学生听讲。而在互联网的思维模式下，老师与学生的地位完全被颠覆。所以，现在强调要提升学生在课堂上的主体地位，引发学生的学习积极性，增加课堂的互动性及灵活性。如此一来，老师的任务不再是简单讲授，而是引导。教学任务，也从单纯地教授知识点转换到通过讲解知识点来引导学生获得科学、合理的学习方法，以及思维习惯上来。可以说，"互联网＋"的模式让学习更加轻松和随性。

其次是助学工具的改变。传统的助学工具，就是提供试题让学生来做题而已。但是现在，这些简单的助学工具已经无法满足时下教育的需求。所以，更多的教育商开始提供更多、更科学、更人性化的服务。比如，孩子们上下学都是交通的高峰期，有很多一线城市堵车非常严重，动辄一个小时或者几个小时。那么，学生有一部分时间浪费在了上下学途中，这就缩短了学生的自主使用时间，无形中增加了学生的负担。而网上的教学系统则很好地解决了这个问题，只要在手机中下载软件，就可以离线学习，于是堵车的过程变成了学习的过程。这样，不但科学地整合了学生的零散时间，也能及时地帮助学生在最短时间内完成课后的复习，巩固了知识点，相对减轻了学生的学习负担。

总而言之，"互联网＋教育"就是在教育行业中引入互联网，实现一些基于互联网的教育应用，比如 K12 在线教育、MOOC 等，互联网＋教育将会改变教育行业的很多行为方式。"互联网＋教育"没有一个固定的形式与定义，"互联网＋教育"等于变革——变革了传统的教育思维、教育方式及教育工具，而三者的变革又相辅相成，共同促进着变革的发展与深入。

第二节 "互联网＋教育"的内容

一、"互联网＋"的内容

（一）主要内容

"互联网＋"的核心是企业与互联网的融合产生新的发展模式，企业的"互联网＋"不是简单地与互联网相加，也不是简单地建网站、做，这些都是表面的东西，不是"互联网＋"的核心，"互联网＋"普及工程推进单位鸭梨科技认为，企业"互联网＋"的核心是搭建互联网生态圈，将企业网站、手机站、微站、、企业 OA 等互联网元素联系起来，组成一个生态圈，相互联系、相互沟通，发挥聚合作用。

具体内容可分为以下四个方面：

（1）以互联网促进产业转型升级，着力提高实体经济创新力和生产力。大力推动互联网与产业融合创新发展，重点围绕智能化生产，网络化供应，农村第一、第二、第三产业融合发展等领域，鼓励和支持传统产业积极利用互联网技术、平台及应用，创新产品与服务，优化流程和管理，打造产业智能服务系统。打通生产、流通、服务等环节，有效提高生产效率，形成网络经济与实体经济联动发展新态势。

（2）以互联网培育发展新业态、新模式，着力形成新的经济增长点。以更加包容的态度、更加宽松的环境、更加良好的政策，加快培育基于互联网的融合型新产品、新模式、新业态，打造"互联网＋"新生态。积极培育人工智能产业，大力发展智能汽车、智能家居、可穿戴设备等消费型智能产品，加大推广以互联网为载体、线上线下互动的新兴消费模式，加快发展互联网金融、网络创新设计、大规模个性化定制等，形成拉动经济增长的新动力。

（3）以互联网增强公共服务能力，着力提升社会管理和民生保障水平。推动互联网与教育、医疗等方面的深度融合，创新公共服务方式，加强在线服务平台建设和公共信息资源共享，推动优质资源向社会开放，促进公共服务均等化。加大政府对云计算、大数据等新兴服务的购买力度，完善政府在线服务和监督模式，提升城市管理和便民服务水平，依托互联网平台构建社会协同、公众参与的社会治理机制。

（4）加快网络基础设施建设，着力提高互联网应用支撑能力。推进国家新一代信息基础设施建设工程，大幅提升宽带网络速度，努力建立和形成泛在普惠、人人共享、安全可信的信息网络。加快5G业务的发展，优化数据中心、内容分发网络等应用基础设施布局，加快下一代互联网商用部署。提升移动互联网、云计算、物联网应用水平，加强与工业、交通、能源等基础设施的融合对接，夯实"互联网＋"的发展基础。

"互联网＋"在各领域的实际应用：

1. 工业

"互联网＋工业"指传统制造企业采用移动互联网、云计算、大数据、物联网等通信技术，改造原有产品及研发生产方式，使之与工业互联网、工业 4.0 的内涵一致。

"移动互联网＋工业"指借助移动互联网技术,传统制造厂商可以在汽车、家电、配饰等工业产品上增加网络软硬件模块,实现用户远程操控、数据自动采集分析等功能,极大地优化工业产品的使用体验。

"云计算＋工业"指基于云计算技术,一些互联网企业打造统一的智能产品软件服务平台,为不同厂商生产的智能硬件设备提供统一的软件服务和技术支持,优化用户的使用体验,并实现各产品的互联互通,从而产生协同价值。

"物联网＋工业"指运用物联网技术,企业可以将机器等生产设施接入互联网,构建网络化物理设备系统(CPS),进而使各生产设备能够自动交换信息、触发动作和实施控制。物联网技术有助于加快生产制造,进行实时数据信息的感知、传送和分析,加快生产资源的优化配置。

"网络众包＋工业"指在互联网的帮助下,企业通过自建或借助现有的众包平台,发布研发创意需求,广泛收集客户和外部人员的想法与智慧,这个做法极大地丰富了创意来源。我国工业和信息化部信息中心搭建了"创客中国"平台,它是一个创新创业服务平台,连接创客的创新能力与工业企业的创新需求,为企业开展网络众包提供了可靠的第三方平台。

2. 金融

从 2013 年以在线理财、支付、电商小贷、P2P、众筹等为代表的细分互联网嫁接金融的模式进入大众视野以来,互联网金融已然成了一个新金融行业,并为普通大众提供了更多元化的投资理财选择。互联网金融(互联网供应链金融、P2P 网络信贷、众等、互联网银行、不良资产)模式正逐步稳定客户、市场,走向成熟和接受监管。

3. 商贸

在零售、电子商务等领域,过去这几年都可以看到逐渐与互联网结合的趋势,正如马化腾所言,它是对传统行业的升级换代,不是颠覆掉传统行业。同时,我们还看到移动互联网对原有的传统行业起到了很大的升级换代的作用。

2019 年,中国网民数量达 13.19 亿,网站有 400 多万家,电子商务交易额超过 13 万亿元人民币。在全球网络企业前 10 强排名中，有 4 家企业在中国，由此可以看出互联网经济成为中国经济的最大增长点。面对实体零售渠道的变革，会议提出了"零售业＋互联网"的概念，建议以产业链最终环节零售为切入点，结合国家战略发展思维，发扬"＋"时代精神，回归渠道本质，以变革来推进整个产业发展。

4. 智慧城市

2015 年的《政府工作报告》中首次提出"互联网＋"行动计划，并强调要发展智慧城市，保护和传承历史、地域文化。加强城市供水供气供电、公交和防洪防涝设施等建设。坚决治理污染、拥堵等城市病，让出行更方便，环境更宜居。

所谓"互联网＋"，实际上是创新 2.0 下的互联网发展新形态、新业态，是知识社会创新 2.0 推动下的互联网形态的演进。而智慧城市则是新一代信息技术支撑、知识社会下一代创新（创新 2.0）环境下的城市形态。"互联网＋"也被认为是创新 2.0 时代智慧城市的基本特征，形成创新涌现的智慧城市生态，从而进一步完善城市的管理与运行功能，提供更好的公共服务，让人们的生活更便宜，出行更便利，环境更宜居。

伴随知识社会的来临，无所不在的网络与无所不在的计算、无所不在的数据、无所不在的知识共同驱动了无所不在的创新。新一代信息技术的发展催生了创新 2.0，而创新 2.0 又反过来作用于新一代信息技术形态的形成与发展，重塑了物联网、云计算、社会计算、大数据等新一代信息技术的新形态。LivingLab（生活实验室、体验实验区）、FabLab（个人制造实验室、创客）、AIP（"三险"应用创新园区）、Wiki（维基模式）、Pesumer（产消者）、Crowdsourcim 众包）等典型的创新 2.0 模式不断涌现，推动了创新 2.0 时代智慧城市的新形态。

上海市浦东新区经信委负责人认为创新 2.0 时代智慧城市的基本特征是"互联网＋"，其逻辑枢纽是"政务云＋"，突破急需"云调度＋"，这也是创新 2.0 语境下智慧城市的生态演进的趋势。

北京大学移动政务实验室学者对此表示认同，并认为"互联网＋"概括了信息通信技术高度融合发展背景下的新一代信息技术与知识社会创新 2.0 的互动与演进，也是对当前创新 2.0 研究十大热点和趋势的一个概括。"互联网＋"作为智慧城市的本质特征将面向知识社会的用户创新、开放创新、大众创新、协同创新，推动形成有利于创新涌现的创新生态。"互联网＋"不仅仅是技术上的也是思维、理念、模式上的，其中以人为本推动管理与服务模式创新与大众创业是它的重要内容。

智慧城市是推动城镇化发展、解决大城市病及城市群合理建设的新型城市形态，"互联网＋"正是帮助其解决资源分配不合理、重新构造城市机构、解决公共服务均等化等问题的利器。比如，在推动教育、医疗等公共服务均等化方面，基于互联网思维，搭建开放、互动、参与、融合的公共新型服务平价。通过互联网与教育、医疗、交通等领域的融合，推动传统行业的升级与转型，从而实现资源的统一协调与共享。从另外一个角度来说，智慧城市为互联网与行业产业的融合发展提供了应用土壤，一方面推动了传统行业升级转型，在遭遇资源瓶颈的形势下，利用互联网思维为传统产业行业实现技术突破，同时为推进产业转型、优化产业结构提供了新的空间；另一方面它能够进一步推动以移动互联网、云计算、大数据、物联网等新一代信息技术为核心的信息产业发展，为以互联网为代表的新一代信息技术与产业的结合、发展带来了机遇和挑战，并催生了跨领域、融合性的新兴产业形态。

同时，智慧城市的建设注重以人为本、市民参与、社会协同的开放创新空间的塑造，以及公共价值与独特价值的创造。而开放、透明、互动、参与、融合的互联网思维为公众提供了维基、微博、FabLab.LivingLab等工具和方法，以此来促进用户的广泛参与，实现公众智慧的汇聚，为不断推动用户创新、开放创新、大众创新、协同创新和以人为本实现经济、社会、环境的可持续发展奠定了基础。此外，伴随着新一代信息技术及创新2.0推动的创新生态所带来的创客浪潮，互联网浪潮推动的资源平台化所带来的便利，以及智教城市的智慧家居、智慧生活、智慧交通等领域所带来的创新空间，进一步激发了有志之士创业创新的热情。也正因为如此，"互联网＋"是融入智慧城市基因的，是创新2.0时代智慧城市的基本特征。

5. 通信

在通信领域，"互联网＋通信"有了即时通信，几乎人人都在用即时通信App进行语音、文字甚至视频交流。然而，传统运营商在面对微信这类即时通信App时如临大敌，因为语音和短信收入大幅下滑，但随着互联网的发展，来自数据流量业务的收入已经大大超过语音的下滑收入。可以看出，互联网的出现并没有彻底颠覆通信行业，反而是促进了运营商进行相关业务的变革升级。

重庆市与中国联通公司签订《深入推进互联网＋行动战略合作框架协议》。根据协议，中国联通将持续加大在重庆市的投入，重庆市将投入 150 亿元人民币，建设重庆宽带互联网基础枢纽设施，构建"云端计划"互联网基础。中国联通公司将在重庆市实施"互联网＋"协同制造、普惠金融、现代农业、绿色生态、政务服务、益民服务、商贸流通等系列行动。

6. 交通

"互联网＋交通"已经在交通运输领域产生了巨大效应，比如大家经常使用的打车软件、网上购买火车票和机票、出行导航系统等。

从国外的 Uber、Lyft 到国内的滴滴打车、快的打车，移动互联网催生了一批打车、拼车、专车软件，虽然它们在世界不同的地方仍存在不同的争议，但它们通过把移动互联网和传统的交通出行相结合，改善了人们出行的方式，增加了车辆的使用率，推动了互联网共享经济的发展，提高了效率，减少了排放，对环境保护也做出了贡献。

此外，互联网在民生、旅游、医疗、政务、农业等领域的应用正方兴未艾。

7. "互联网＋教育"

一所学校、一位老师、一间教室，这是传统教育。一个教育专用网，一部移动终端，几百万名学生，学校任你挑、老师由你选，这就是"互联网＋教育"。

在教育领域，"互联网＋"面向中小学、大学、职业教育、IT 培训等多层次人群提供学籍注册入学开放课程，人们通过网络学习一样可以参加国家组织的统一考试，也就是足不出户就可以取得相应的文凭和技能证书。"互联网＋教育"的实现，将会使未来的一切教与学活动都围绕互联网进行。老师在互联网上教，学生在互联网上学，信息在互联网上流动，知识在互联网上成型，线下的活动将成为线上活动的补充与拓展。

"互联网＋教育"影响的不只是创业者们，还可以帮助一些人借助平台实现就业。在线教育平台所提供的职业培训能够让一批人实现技能培训，从而实现自主创业，而创业本身就是解决就业。"大众创业，万众创新"对于教育而言具有深远的影响，教育不只是商业。例如，极客学院上线一年多，就用近千门职业技术课程和 4000 多课时帮助 80 多万名 IT 从业者用户提高了职业技能。

2015 年 6 月 14 日举办的"2015 中国'互联网＋创新'大会——河北峰会"上，业界权威专家学者围绕"互联网＋教育"这个中心议题，纷纷阐述了自己的观点。"互联网＋教育"不会取代传统教育，却能让传统教育焕发出新的活力。

第一代教育以书本为核心，第二代教育以教材为核心，第三代教育以辅导和案例方式为核心，如今的第四代教育才是真正以学生为核心。中国工程院院士李京文表示，中国教育正在迈向 4.0 时代。

二、"互联网＋教育"的内容

当"互联网＋"这个概念第一次出现在政府工作报告中，一些业界人士为之奔走相告。近年来，互联网像点石成金的魔杖一般，不管"＋"上什么，都会发生神奇的变化。"＋"商品变成了淘宝、京东，"＋"货币变成了支付宝、余额宝，"＋"手机变成了微信、视频通话，"＋"租车变成了滴滴打车、快的打车……很多人把它跟电的发明相提并论，并将互联网时代称为一次新的"工业革命"。那么，"互联网＋教育"又会发生怎样奇妙的化学反应和深刻变革？

教育是互联网最早涉入的行业之一，但从国内在线教育发展的阶段看，互联网尤其是移动互联网对于教育的重要价值，仍处于开发的初始阶段。或者说，当前的在线教育只是披上了互联网的外衣，而尚未习得互联网的精髓。

互联网带给教育的深刻影响，源自其数字化和开放性的特征。因为互联网具有数字化和开放性，"互联网＋教育"实现了个性教育的规模化，因材施教既是教育的本质，也是教育的真谛，但由于受到有限师资力量的制约，传统教育模式下的因材施教只是个别幸运者的福利。而基于数字化特征的互联网，结合大数据、人工智能、机器学习等新兴技术，网络云端能够通过学习过程检测学习者的水平和状态，实时动态推送有针对性的学习方案，实现个性化、差异化的学习，低成本、规模化的因材施教有了得以实现的技术手段。实际上，这种能够根据每个人的不同情况调整学习活动和进程的自适应教育系统，早已经在美国兴起，并被资本市场奉为在线教育下的一处淘金地。

"互联网+教育"还实现了最佳学习过程的显性化。最佳学习过程的发现、提炼、固化和复制，是提高学习效率的不二法门。传统教育模式通过教师的观察及学习成绩优秀者的体验与回忆来总结学习过程。因为个体差异、偏好以及可能存在的失真，其结果并不具有广泛的借鉴意义。而基于数字化手段的互联网，能够记录个体学习过程、学习场景以及分析个体学习特征和学习效果，在数据挖掘的基础上，沉淀不同特征类别个体的最佳学习过程，从而使每个学习者都能够匹配自身的知识基础、学习能力、学习场景等特征。

"互联网+教育"实现的另一个突破是获取教育资源的无边界化，互联网跨越时空的开放性特征，使得所有领域的教育资源都能够被便捷分享。学习者可以在全球性的广泛教育资源系统中，汲取所需的知识资源，可以以几乎免费的方式，获得任何一种具有成熟体系的课程，以及最受欢迎的学习资源。

理解"互联网+教育"的深意，本质在于厘清教育领域中哪些工作是互联网的专长，哪些工作是传统教育要承载的。可以预见的是，"互联网+"带给传统教育的是加法而不是减法，是重生而不是颠覆，只是传统教育的模式、功能和内容等将发生变革，传统"教"的功能及知识传播者的角色，将更多地交由互联网去完成，而传统教育将更专注于知识结构、知识创造及学习者知识内化与习惯养成等"育"的功能。毫无疑问，插上互联网翅膀的传统教育将迎来新的腾飞。

第三节 "互联网＋教育"的作用

一、"互联网＋"的作用

"互联网＋"战略的提出，表明了国家对互联网及对以互联网为引擎的新经济发展方式的高度重视，为我国企业发展、产业发展和经济发展指明了更加广阔的发展道路，这值得我们去深入认识，把握其核心内容，选准着力点，切实地加以推进。

（一）认识"互联网＋"在经济发展中的重要作用

随着互联网加速从生活工具向生产要素转变，互联网与其他产业的结合更加紧密。以互联网为基础的新兴业态密集涌现，互联网在经济社会发展中的地位不断提升。"互联网＋"则进一步凸显了新时期、"互联网＋"互联网在经济发展中的重要作用。

1. "互联网＋"是新业态的铸造器

互联网具有渗透性强、支撑引领作用突出等特点，可与各个行业领域融合，能够不断形成新的行业形态。电子商务、互联网金融、位置服务等新业态的出现，都是以互联网为依托的。随着互联网与工业、农业、服务业的结合更加紧密，未来互联网必然会铸造出更多新业态，推动各传统行业向数字化、网络化、智能化转型升级，从而推动我国经济实现转型升级、创新发展。

2. "互联网＋"是新消费的催化器

我国经济正进入以消费为驱动的发展阶段，互联网在催生和培育新的消费需求方面的潜力与影响力越来越明显。随着互联网与经济社会各个行业领域的关系日益密切，与人们工作、生活各个层面的结合更加紧密，"互联网＋"必将在个人数字娱乐生活、工业智能化生产、现代农业升级、智慧城市建设等方面催生出巨大的消费市场，为我国经济的持续、创新发展提供强大动力。

3. "互联网+"是新模式的孵化器

以互联网为依托和纽带，能够实现涵盖技术研发、开发制造、组织管理、生产经营、市场营销等方面的全向度创新，为驱动国民经济提质增效发展提供重要的驱动力量。特别是以互联网作为纽带，能够为产业发展和经济发展创造更加良好的环境，提供更加高效的工具，进而推动创新创业活动的开展，使新理念、新模式得以实践，由梦想变为现实。

4. "互联网+"是新经济的连接器

整合共享、跨界融合是新经济发展的重要特征和发展基础。互联网天然具有交互性特征，具有集聚和分享资源的重要功能，已使得许多行业和企业依托平台经济模式实现了创新发展。随着互联网越来越多的行业、企业及政府与公共服务单位连接起来，我国将实现全社会创新资源与发展资源的大整合、大流通、大共享，进而推动经济发展方式发生重大变革。

（二）把握"互联网+"战略的核心内容

不能将"互联网+"的理解庸俗化。自政府工作报告中提出"互联网+"之后，各界都高度关注，对其的解读数不胜数。但在热闹与喧嚣的同时，很多理解无形中将"互联网+"泛化和庸俗化，将所有的互联网应用都归到"互联网+"这一新概念中，其实质是拿新瓶装旧酒。虽然互联网确实已经融入现代社会的方方面面，但不能因此就将互联网的所有应用都说成是"互联网+"。这种理解，无视"互联网+"提出的背景和目标，更未考虑当前和今后我国经济发展的新形势、新任务。

变革和创新是"互联网+"的重点。简而言之，"互联网+"战略的核心内容有两个方面：一是运用互联网促进传统产业转型升级和发展水平的提升，二是催生以互联网为基础的新业态和新的经济增长点。由此可见，变革和创新是"互联网+"的重点，而这种变革和创新的对象是产业、是经济，其目标是推动产业和经济发展走向创新驱动的新道路。

我们要聚焦核心内容，确保"互联网+"战略成功实施。促进互联网应用和推进"互联网+"战略，既有联系也有差别。但从上面的分析可以看出，无论如何解读"互联网+"这一概念，要想使其按照预想发挥作用，使"互联网+"战略能够落到实处、创造新意，就必须聚焦传统产业升级和新经济增长点培育这两大核心内容来开展工作。否则，互联网应用推进得再迅速、再广泛，对"互联网＋"而言也是微不足道的。

找准以"互联网＋"推动产业创新升级的着力点：

1. 发展基于互联网思维的研发创新模式

通过互联网搜集研发创意灵感，依托互联网平台建立用户广泛参与的协同设计（众包）模式，通过大数据、云计算深度探析市场需求，提升研发设计环节与用户需求的匹配度和精准度，鼓励发展具备互联网功能或与互联网紧密结合的新产品，提高产品的网络化、智能化水平，不断向价值链高端跃迁。

2. 打造基于互联网的智能化生产制造流程

建构具备数字化、智能化、网络化等特征的自动化生产系统和制造执行系统，顺应制造业产业形态和生产模式变革。建设互联网工厂，打造面向大型企业的分布式智能生产系统，支持企业通过远程诊断、远程管理实现动态制造。支持企业打造开放化平台，提升供应链协同和商务协同水平，带动产业链上下游共同发展。

3. 壮大以电子商务为核心的流通服务体系

加快发展涵盖信用管理、电子支付、物流配送、身份认证等关键环节的集成化电子商务服务，基于互联网、移动互联网的电子商务平台，建立全程可追溯、互联共享的产品质量追踪反馈体系，提升售后服务能力和品牌知名度。建立以电子商务为核心的供需有效接口，实现企业、客户和供应商资源的有效整合，促进资源优化和产业链的合理化，提高资源利用水平。

4. 打造适应互联网环境的产业组织体系

以具备更快反应能力、更佳运营能力、更强市一场竞争能力为目标，以互联网为工具，加速推进实现企业内外部资源的有效整合，促进资源优化和产业链的合理化，提高资源的利用水平。支持企业基于互联网开发和应用远程诊断、远程管理等工具，建设跨区域的产业管理系统，形成互联网化的业务集群和产业集群。

5. 建设依托互联网的产业链协同体系

发挥互联网在促进产业链上下游企业紧密对接的作用，支持企业打造开放化的供应链管理平台，提升供应链协同和商务协同水平，提高产业链整体竞争能力。

二、"互联网+教育"意味着什么

"互联网+"的潜在含义,可以用一个"互联网+?=?"的公式来表示。在这个公式里,只有一个因素是明确的,那就是互联网,后面加什么,可以自由联想。创造心理学家们认为,创新思维的心理学机制就是二元联想。那么,"互联网+"就是把互联网作为二元中的一元,另一元可以是任何东西,由此激发的创意可以是无限的。

我们不妨从教育的角度来自由联想一番。

"互联网+学校=?"是现在的校校通、班班通吗?是电子书包、电子白板进课堂吗?回答:是,又不是。将网络引进学校和课堂,是大势所趋,但这些只是硬件设备,如果我们的思维不是互联网式的,依然起不了任何作用。我们看到很多学校虽然连通了网络,却对学生在学校上网缺乏引导;课堂上虽然也有了电脑,甚至每人一个 iPad,且美其名曰电子书包,却只允许学生使用电子书包里事先制作的资源,最多只能上学校局域网中的教学平台,学习的内容也紧紧围绕教材和考试大纲。这种做法于互联网何用?于互联网思维何用?

"互联网+课堂=?"是把实体课堂教学录像放到互联网上让大家看吗?回答:是,又不是。将一些名校名师名课程的视频放到网上,有助于优质资源的社会共享,促进教育公平。但如果只是简单照搬,效果可能不好。在网络学习中,要求学习者都花 40 分钟到 1 小时去看一堂课,这显然不太适合,这也就是 10 分钟左右的微视频(微课)在网上流行的原因。网上学习个性化程度非常高,传统"课"的概念应该有所改变,不再需要规定固定的上课下课时间了,甚至不再需要过于拘泥于学科与专业知识体系结构了,而应该让学习者以问题为中心,以个人需要为中心,打破原来的学科知识体系,构建个性化的、有利于问题解决的知识结构。

"互联网+教师=?"在互联网时代,教师还能像从前那样一成不变地进行教学吗?教师职业还会永远是铁饭碗吗?恐怕未必。举个例子,如果有一天你讲的课,网上有一个老师比你讲得还要好,学生都跑到网上听课去了,你上课的时候大家都在下面玩手机，甚至对你讲的内容提出质疑，你该怎么办？如果你所在的学校决定让学生通过网络学习某一门公共课程，承认网络学习的学分，原来教这门课的老师会不会面临下岗？有人就曾经预言，未来的教师将分为两种：一种是线上讲公开课的明星教师，一种是线下的辅导教师，你相信吗？

"互联网＋学生 =？"如果你还是学生，你还会认为只有在课堂上才是学习吗？你玩游戏、看手机，是不是学习？你还会认为只有考试得高分才意味着学习好吗？你还会认为只有书本里的知识才是有用的，网上的那些看上去零零散散的信息与知识都是毫无意义的吗？如果你不懂得将那些碎片化的知识整合成有用的知识体系，你将会落后于时代！

这样想下去就会发现，"互联网＋"不是一个简单的相加，加完之后一切都会发生改变，互联网是刀、是斧、是锯，将原来的一切都分解成碎片，然后再以互联网为中心重新组建起来，成为新的体系、新的结构。因此"互联网＋"的本质就是碎片与重构！

"互联网＋教育"的结果，将会使未来的一切教与学活动都围绕互联网进行，老师在互联网上教，学生在互联网上学，信息在互联网上共享，知识在互联网上成型，线下的活动成为线上活动的补充与拓展。

未来，整个社会将被互联网连接为一个整体，互联网成为社会这个有机体的大脑与神经中枢，其他方面反而变成它的肌体与末梢。一切事物或多或少都要经历一个从碎片化到重构的过程，这大概就是"互联网＋"的全部内涵吧。

三、"互联网＋教育"的作用

（一）使教育内容持续更新、教育样式不断变化、教育评价日益多元

中国教育正进入一场基于信息技术的更伟大的变革中。教育中的"互联网＋"意味着教育内容的持续更新、教育样式的不断变化、教育评价的日益多元。

"互联网＋课程"，不仅仅产生网络课程，更重要的是它让整个学校课程，

从组织结构到基本内容都发生了巨大变化，正是因为具有海量资源的互联网的存在，才使得中小学各学科课程内容全面更新与拓展，适合中小学生的诸多前沿知识能够及时进入课堂，成为学生的精神食粮，课程内容也更艺术化、生活化。

"互联网+教学"，使得传统的教学组织形式发生了革命性的变化。正是因为互联网技术的发展，以先学后教为特征的翻转课堂才真正成为现实。同时，教学中的师生互动不再流于形式，通过互联网，完全突破了时空限制，老师更多的是提供资源的链接，促进兴趣的激发，进行思维的引领。

（二）积极推动教育产业的发展

我国教育产业一直都是受到投资者密切关注的，随着教育产业的快速发展，互联网开始不断影响着教育产业的发展走势，但很多的投资者还是不知道"互联网+"在教育时代起哪些作用。

目前，我国拥有世界上最大规模的互联网用户队伍和手机用户队伍，互联网经济已成为我国经济最具活力的新鲜力量。并且国家启动的"互联网+"行动计划，将进一步推动互联网与相关产业的深度融合。互联网技术、商业模式、组织方法正在成为诸多行业的标配，并改变在劳动力市场的用人标准。现在几乎每个行业都对大学毕业生的移动应用开发能力、数字营销能力、电子商务能力、微信公众号策划能力等方面提出了要求。

可以看出，互联网经济发展和产业变革将推动高校相关专业的建设，将促使高校加快培养互联网领域的专业人才。一是把互联网技术、物联网技术、云计算、大数据、数字制造技术、智能制造技术等相关知识纳入高校的公共基础课程中，提高大学生的互联网知识水平。二是适应互联网产业发展的要求，加快培养市场急需的统计分析和数据挖掘、网络与信息安全、云和分布式计算、计算机辅助绘图与动画、网络架构与开发、数据工程与数据仓储、数字设计与出版、用户界面设计、社交媒体营销等专业人才。三是根据《中国制造2025》确定的十大制造领域，把互联网技术融入相关专业教学中，在高校或企业建立涵盖3D打印技术、智能家居技术、可穿戴技术、智能制造技术、物联网技术的创客中心或创客平台，引导大学生开展创新创业实践活动。

不得不承认，与互联网配合是我国高等教育改革和发展的必然选择。目前，我国大规模的在线开放课程建设、教学资源平台建设扩大了优质教育资源的受益面，使中西部地区高校学生能够参加国内外著名大学网络课程的学习；精品资源共享课、视频公开课使一大批中青年教师教学水平得到了提升；信息技术使教师更方便地开展启发式、探究式、讨论式、参与式教学，建立起以学为中心的教学模式。

如今互联网和教育产业的不断融合，也让新的学习方法和理念开始得到肯定。因为网络具有强大的交互功能、拥有丰富的优质学习资源，所以学生在线学习不受时间、空间的限制，为学生的个性化学习创造了条件。

互联网将成为高校实施创新创业教育平台。创新是互联网的灵魂，互联网已成为大众创业、万众创新不可或缺的工具和平台。

第二章　"互联网 + 教育"的起源与发展

第一节　"互联网 + 教育"的起源

一、互联网的起源与发展

互联网是因特网的别称，也有人把它译成国际网络，它的英文原文是Internet。

说到互联网，它是继电报、电话、无线电、电脑之后的又一个伟大发明。互联网的来源地是美国，而追溯美国互联网的起源，可以从1957年苏联抢先用火箭发射第一颗人造地球卫星说起。当时苏联抢在美国之前发射人造地球卫星，使美国朝野大受刺激，全面检讨国家的科学技术政策和教育，以便奋起直追。当时美国总统艾森豪威尔决定设立一个用来发展科学技术的机构，叫作 ARPA，就是这个机构后来提供经费建立了最早的互联网，叫作 ARPANetoARPANet，是 1969 年由美国国防部高级研究计划署研制成功的，它主要解决这样一个课题：当战争发生时，如果美国军方的军用网络遭到破坏，如何利用民用通信系统继续进行指挥。ARPANet 将美国几个战区用于军事指挥和研究的计算机主机相互连接起来，以便当部分指挥点被摧毁后，其他战区仍能联系通畅并正常工作。

20 世纪 70 年代，ARPANet 的设计思想被运用到大学和学术机构。80 年代，美国经济因其传统产业（如钢铁、汽车、电视等）相继衰落而陷入低谷，美国政府强烈意识到网络技术发展的巨大潜力，极其重视互联网在产业和商业领域的推广和应用，政府机构也积极参与其中。1986年，美国国家自然科学基金会利用TCP/IP协议组建了一个新的网络，即国家自然科学基金会网络NSFNet。1989年，ARPANet解散，同时，NSFNet对公众开放。1992年，由于上网用户的急剧增加，互联网协会ISOC应运而生，要求互联网商业化的呼声越来越高。由于互联网发展速度太快，NSFNet的容量达到极限，1995年，NSFNet正式宣布停止运行，由三家私营公司接替了它的工作。至此，Imernet的商业化进程彻底完成，互联网开始大规模应用于商业领域。截至1999年年底，美国2/3的家庭电脑与Mermet相连接，1/2的美国人使用互联网，全美上网人数超过1.1亿。

中国从1994年开始联入互联网，1995年出现商用Internet服务，起步虽然较晚，但发展极其迅速。据统计，我国的上网人数1995年年底不到6000人，到1996年年底约20万人，到1997年年底为67万人。1999年企业上网热火朝天，当年年底上网人数达到890万人。2000年，由于"百姓上网"工程的启动，企业上网热情高涨，截至2019年6月，我国上网人数超过8.54亿人，成为世界互联网超级大国。这样的发展速度是十分惊人的。成千上万的人每天都在争先恐后地涌向互联网，这是我国进入21世纪以来的巨大潮流和极其壮观的景象。

二、企业家眼中的"互联网＋"

2013年11月"三马"(马明哲、马化腾和马云)在众安保险开业仪式上发言。马化腾提出："互联网加一个传统行业，意味着什么呢？其实是代表了一种能力，或者是一种外在资源和环境，是对这个行业的一种提升。"

马化腾多次在公开场合表达自己对"互联网＋"的看法。在2013年年底的腾讯WE大会上，马化腾再次系统地阐述了自己对互联网与传统产业关系的看法。他视"互联网＋"为通向互联网未来的七个路标之一，"互联网＋"模式的创新正在涌现。

"是什么？传统行业的各行各业。"马化腾在2013年腾讯WE大会上称，"越来越多的传统企业已经不敢轻视互联网这个话题了"。他认为，互联网将成为第三次工业革命的一部分，就像带来第二次工业革命的电力一样，它与各行各业之间并不是替代关系，而是提升关系。

其实，过去已经有很多"互联网＋传统行业"的成熟案例。比如，"互联网＋通信"就是即时通信，"互联网＋零售"就是电子商务。传统行业一开始对于结合互联网感到不适应，害怕收入根基被动摇，但事实上互联网帮助传统行业升级换代以后，带来的新收入会远远超出过去的收入，这是一个全球性的趋势。

目前，在民生、医疗、教育、交通、金融等领域，互联网对传统行业的提升作用越来越明显。

在民生领域，截至 2019 年年底，各级政府已经在微信上开通了近 2000 万个公众账号，它们面向社会提供各类服务。移动互联网是推进国家治理体系和治理能力现代化的重要工具。

同时，广州、深圳和佛山率先成为微信"智慧城市"，很快武汉和上海也加入。比如，已经有 91 万广州市民通过微信上的"城市服务"人口获得医疗、交管、交通、公安户政、出入境、缴费、教育、公积金等民生服务。医疗挂号、违章缴费、招考查询、社保缴费，甚至报税都可以在微信上直接完成。此外，户口办理等基础服务也无须多次往返公安办事窗口，在手机上就可以一次性完成。

在教育领域，腾讯已与超过 5000 家教育机构合作开设腾讯课堂，面向中小学、大学、职业教育、IT 培训等多层次人群开放课程，每周上课人数超过 70 万人，课程总数达 3 万多门。

在医疗领域，"互联网＋医疗"的模式使得"口袋里的医院"正在成为现实。目前，全国已有近 577 家医院上线微信全流程就诊，超过 1200 家医院支持微信挂号，服务累计超过 300 万患者，为患者节省超过 600 万小时，大大提升了就医效率，节约了公共资源。

在交通领域，多种打车软件等移动互联网应用的出现，正在改变人们的出行方式。马化腾曾在与媒体交流时特别提到互联网交通，现在还没有到大家达成共识的阶段，比如说出租车行业是不是要改革，但从很多角度看，（移动互联网）增加了车辆的利用率，这对提高出行效率、减少排放都有帮助。

"虽然是好事情，但是政策法规怎么定是非常难的。不过，大家往好的方面努力，经过一两年的努力，这些问题应该都会慢慢得到解决。"马化腾称。

马化腾表示："我们需要持续以'互联网＋'为驱动，积极引导和建立健全相关监管体系，推动持续深入的互联网跨界融合，从而促进我国经济社会的发展与升级。""移动互联网就像电一样。过去有了电能，让很多行业发生翻天覆地的变化，现在有了移动互联网，每个行业都可以拿来用，改造自己的行业。"

三、"互联网＋教育"的起源

在科学研究领域，人们通常都要研究一个事物或事件的起源。如历史学研究首先要辨明人、人类的起源；教育研究往往首先要搞清楚教育的起源、学校的起源、教师的起源等一系列的问题。因此，起源问题十分重要而且无法回避，起源问题横跨"史"与"论"，兼及"历史"与"逻辑"。研究起源问题首先还是要界定起源。

何谓起源？起源是指原初形态还是指发生的动力？在汉语世界里，起源是指开始发生或事物发生的根源。在英语世界里，起源用 beginning.origin，source 等词表示。其中，beginning 指开始、起点；Origin 表示 a place from which something comes or producing place or force 。它们有一个共同的意思就是指事物发生的时间和地点。因此，起源是指原初形态，因此"互联网＋教育"的起源是指"互联网＋教育"的原初形态。

如何研究起源问题？有学者指出，"需要"是人为维持自身的延续与发展而产生的对外界事物的各种要求，它是任何事物产生的前提和动力。用马克思的话说，需要构成"生产观念之内在动机"。"需要"即发展的内因，在事物的发展过程中，内因起决定作用，内因就是发展的根本动力。研究"互联网＋教育"的原初形态当然也离不开对原初形态发生动力的研究。

（一）"互联网＋教育"发生的动力分析

1. "互联网＋教育"发生的根本动力

"互联网＋教育"发生的根本动力来自因特网及其所提供的强大交互功能。因特网是一个具有多元功能的、以虚拟性为本质特征的、涵盖全球的信息网络。这个信息网络具有鲜明的交互性和强大的交互功能，表现在从文字到图片、影像、动画乃至声音的交互；从书面语言到口头语言的交互；从非实时交互到实时交互；从一对一的交互到多对多的交互。这几乎涵盖了人类有史以来的各种交流方式。当然，这种交互的产生源于因特网的虚拟和流动的特性。也就是说，因特网上的交互基于其虚拟技术为它所创建的交互平台，即一种既具有现实含义又超越了现实界限的交互空间。也正是依赖其虚拟性，因特网上的交流实现了真正的交互，交流掌握在交互的双方，而不像书信、电话、书籍等媒介，一经发送，原始的信息就不能改变。而且，这种交互方式真正地跨越了时间、空间和形式的边界，超脱了交互双方的身份、性别、种族、年龄、工作、身体条件等可能存在的障碍。网络的文本特性提供了社会平等，没有技术主义的影响，没有根据身体、性别产生的社会差异。在线学习者指出，基于文本的交互打破了与外部高级社会地位或外表的定势，所以破除了平等参与的巨大障碍。再有，这种交互也缩短了书信、电话、书籍等交流的时间，节约了电话交流的费用，拓展了口头交流的空间，丰富了其他媒介所不能或者难以实现的交互内容。尽管面对面的教育环境也具有交流的基本特征，比如互动的小组交流，但是，面对面教育环境中的交流在时间、地点、内容和对象的选择等方面远远地落后于"互联网+教育"。尤其是在线交互给予那些在面对面交流中不愿发言、不愿参与的学生更多的机会。一个学生在教室中可能总是保持沉默，但在学习网络中，他会受到驱动而参与交流。因为在一个团队，某个时间里只有一个人可以说话，如果你听讨论，你就没有时间形成自己的原始想法。而在因特网中，你可以随时看到其他人的想法，而不会干扰你的思想。此外，电脑中介的环境激发了抑制的消除，成员们会在不考虑消极反应的情况下，自由表达他们独特的观点。

虽然在一定意义上，学校教育是一种交流，但是传统学校教育中的交流几乎都是单向的信息流动，严重缺乏信息双向流动的交互性。这就造成了人类巨大的压力——受教育的需求和交互的渴望之间的矛盾所形成的压力，也阻碍了人类创造的欲望。为了平衡压力、实现创造，人类创造并选择了因特网，人类创造并选择了"互联网+教育"。此外，对于学习而言，反馈已被证实是非常重要的。基于因特网的交流具有及时反馈和长久保存等优势。师生之间进行的反馈可以从几天或一周，甚至更长时间，缩短到一天或几个小时，甚至更短的时间，而且，这种反馈只要不修改还可以一直保存下来。正是基于人类教育在一定意义上也是一种传播，所以人类教育离不开交流和反馈，而"互联网+教育"又在交互、反馈等方面有着强大的功能。因此，"互联网+教育"产生是历史的必然，也是交流对于人类教育的重要价值的突出表现。

2. "互联网+教育"诞生的一般原因探查

（1）追求教育平等的结果。网络是一个主张人人平等的社会空间，网络技术的本性倾向于使参与者获得民主，同时增加学习者之间及学习者与老师之间的交互。网络所提供的正是人类所追求的平等。人类对学习的需求是人的本能。但是，由于各种因素的影响，教育不平等始终困扰着人们。然而，计算机网络和因特网的出现，使人们看到了教育平等的曙光。其一，网络上有着丰富的教育资源——文字、数字、图片、影像、声音、色彩，自然科学、人文社会科学、技术网络，专业的、学术的资料，等等。其二，这些教育资源对于任何人都是开放的。也就是说，任何人，只要有接入计算机网络的电脑，就可以独自使用或者与人共享"互联网+教育"资源。计算机网络技术的一个重要意义就是所有能被学者通过网络利用的资源和服务也能被学生使用。这一点激发出教育者的热情，使他们认识到广泛的、富有潜力的教育利益。其三，对于这些教育资源的使用能够达到广泛和快捷的成效。其四，"互联网+教育"资源可以随时、随地、随身使用。"互联网+教育"资源突破了时间和空间的界限，也突破了学科的界限，它无时不在、无处不在、无所不包。其五，"互联网+教育"回应了人们对于教育控制的呼声。人类历来都是向往自由、追求自由的。通过研究可以看出，教育的历史就是教育控制的历史。然而，网络依赖其开放性和资源共享性等特征，为人类摆脱教育控制创造了条件。传统教学中，教学者通过在面对面的环境中发布指令来统治学生，但这种方式在网络教学中不再行得通了。在电子环境下，教学者只能通过展示专业知识和有关学科知识的"命令"来"赚取"尊重。学生尽可以在电子环境下向教学者提出挑战。如果学生被允许以匿名或笔名进行评价，那么这种挑战则更加严峻。教学者面临对在线学生控制能力削弱的挑战，而这恰恰与面对面的教学情形相反。当然，网络环境不是否定控制，而是网络环境确保了少数人的控制、不排斥其他人说话或者参与的权利和能力。所以，"互联网+教育"从始至今就高举自由、平等的旗帜一路"狂奔"。

（2）高等教育的价值体现。ARPANet 的开发者在进行研发后不久就意识到他们的网络还可以用来共享资源、交流信息等。进一步地，他们认识到使操作员互相交流有助于这些应用的实现。于是，在研制、开发和利用计算机网络的高等学校和高等教育机构里，通过计算机网络进行交流和数据处理、信息共享的试验便开始了。ARPANet 最初的 4 个站点都在大学和研究机构里。到了 20 世纪 70 年代，高等教育和科研机构开始进行使身处各地的学者通过计算机网络使用共同的主机主框架（Mamframe）的试验。20 世纪 80 年代末到 90 年代初出现的两项新技术引起了网络的学术应用的爆炸式增长，一个是便宜的个人电脑的增加，使电脑既能够被许多学生和教师买得起又便于他们使用；另一个是对于全球范围的学术机构之间有助于运算的网络的免费接入（如 Bitnet，JANET，the internet），为互联的学生和全体教师提供了一个虚拟的、免费的交互媒介。因此，高等学校和高等教育科研机构，作为网络研究和应用的先行者，成了"互联网 + 教育"的创造者和实验者。互联网起源于大学，对全球电子传播的发展与扩散发挥了决定性的作用。在美国，大规模的电脑中介沟通，20 世纪 90 年代初期出现在大学的研究生与教员之间。没过几年，类似情形便发生在世界的其他地方。20 世纪 90 年代中期，西班牙最主要的早期"互联网使用者"来自环绕着马德里和巴塞罗那几所大学建立的电脑网络。在俄罗斯，电脑中介的沟通于 20 世纪 80 年代晚期出现，是科学院与大学研究者的半合法草根活动。这种故事似乎举世皆同。毕竟，具有研究功能的高等教育机构拥有先进的仪器、设备，具有为国家科学技术发展服务的使命，肩负着满足适龄青年享受高等教育和职后培训的历史使命。而且，大学是新思想、新发现、新知识的早期接受者和传播者。这种以大学为基础的传播过程之所以重要，是因为其具有同时传播电脑中介沟通（CMC）的技巧与习惯的最高潜力。事实上与象牙塔意象所暗示的社会孤立假设相反，由于学院里有一代代的年轻人来来去去，并且觉察与习惯了新的思考、管理、行动和沟通方式，大学反而是传播社会创新的主要作用者。另外，高等教育机构一般都比初、中等学校教育获得国家更多的资金投入，从而在计算机和计算机网络等方面具有优越的物质条件。所以，高等教育机构占据先机，将"互联网 + 教育"推上了历史舞台。

（3）美国"先河的开创"。"互联网 + 教育"之所以首先在美国浮出水面，也是由美国当时的教育状况所决定的。20世纪70年代，美国遭遇了第二次世界大战以后的人口出生高峰，教育成本的增加导致经济问题成为高等教育面临的最大的新问题：其一是校舍等基础设施不能满足教育需求；其二是教师匮乏，在职教师由于密集的教学和科研任务而无法脱身去与学生进行有效的交流。然而，就整个国家来说，人们对教育的需求却在不断扩大，国家对于人才的需求也十分迫切。并且工作技能的与时俱进也使终身教育成为人们的需求，人们对其提出了迫切的要求。这种状况一直延续到20世纪80年代末至90年代初。到了90年代中期，人们可以通过WorldWideWeb和多媒体浏览器等途径普遍地进行交流。这时，这种合并的文化成为高等教育机构发生深远变化的催化剂。在美国，高等教育总是一直有密集的实验任务。但是，直到20世纪90年代中期还没有找到一个完全被接受的、可以通过去除讲座和课堂讨论来削减实验成本的方式。恰好，具有强大交互功能的因特网诞生了，它正好解决了这一问题。因特网一经出现，便迅速地在美国的高等教育机构蔓延开来。由此，可以说因特网开创了人类教育发展的新纪元。

总之，"互联网＋教育"的发生不是技术独立作用的结果，而是多方面因素合力作用的结果。仅仅一门网络技术不能决定学术界的重大变化。"互联网＋教育"的发生是技术、文化、政治、经济和教育等方方面面的力量综合作用的结果。不过，"互联网＋教育""理解"了人类社会和人类教育的需求，利用并发挥了高等教育的优势，"互联网＋教育"也"把握"了自我形成的契机从而"脱胎而生"。

（二）"互联网＋教育"起源于虚拟课堂

国外有学者指出，计算机会议系统孕育了在线教育。计算机会议作为一种分散人群的通信工具，是穆宙·图罗夫于1970年发现并实施的。图罗夫把计算机会议设计成了一个集体智慧的环境，这个环境通过计算机来构建人类交流。为了信息交换和问题的有效解决，计算机会议一直被商业性使用，首先在政府部门范围内，然后被公司和科学部门采用，20世纪80年代末又在教育团体范围内使用。还有学者认为，"互联网＋教育"起源于美国1988年开始的"明星学校"计划。

然而，通过对大量文献资料进行认真的比较和分析后不难发现，"互联网+教育"既不是起源于计算机会议系统——尽管计算机会议系统对于"互联网+教育"的诞生有一定贡献,也不是起源于"明星学校"计划,而是起源于虚拟课堂。何谓虚拟课堂?据虚拟课堂技术的发明者希尔茨介绍,虚拟课堂是一个专门制作并加强了旨在学习与交流的以计算机为媒介的交流系统。虚拟课堂的学生通过一种计算机和软件与他们的教师、同学共同分享他们的思想、问题和答案。这种计算机和软件使学生们能发布和接收信息,与教师和同学互动等。虚拟课堂的学习可以在任何地点、任何时间进行,只需用一台在家里或工作的地方的电脑。

从1985年到1987年,新泽西技术学院使用主要来自 HAnnenberg/CPB 计划的基金建立了最初的虚拟课堂的原型,提供完全或部分在线的多种课程。学生和教授们使用他们的个人电脑,通过一个巨大的中央计算机进行一对一的交流,这台计算机运行着一种被支持教育传送的特殊软件增强了的称为 ElES(Ele Sronics Information Exchange Syslem)的以计算机为媒介的交流系统 OEZES,只在由 Perkin-Elmer 公司制造的一种 NJIT 的计算机上运行。虚拟课堂后来的一些版本是在被称为 TEIES(r)的系统上运行的,它是在 IBM 主框架和 EIES2 上操作,并且要在 UNIX 环境下运行,这时它也可以通过租赁的方式被其他教育机构所使用。虚拟课堂计划包括软件的革新———套称为 Branch Activities 的结构,它能够被附着在一堂课的会议上,以支持特殊类型的作业或与整个课有关的活动材料的传送;一套有助于教学者管理作业和对每个学生的测验划分等级的教的支持工具;为整合图表信息和文字信息的基于计算机的软件。此计划还包括合作学习策略的研究——合作学习过程中,知识不是被传送给学生的,而是来自寻求理解和应用概念与技巧的那些人之间的积极对话。虚拟课堂计划中的所有课程都努力包括合作学习的各元素。

之所以说虚拟课堂是"互联网+教育"的雏形,是因为:第一,它满足教育的基本要求,即有目的、有计划、有组织的,以增长人的知识和能力为宗旨进行教学活动。第二,虚拟课堂已经使用了因特网对一些课程完全或部分地进行在线教学。在虚拟课堂上,既流动着网络课程,也进行着交互与反馈。既有自主学习,也发生着合作学习与讨论学习。同时,作业提交、部分测验与考试也利用网络来完成。第三,当时的技术已经允许"互联网+教育"的开展。无论是个人电脑的出现,还是因特网的诞生,以及因特网技术的不断完善，都为"互联网＋教育"的实现奠定了基础。第四，虚拟课堂已经包含了"互联网＋教育"运行的一些基本构件，如电子邮件、公告板、超文本、论坛、超媒体和会议组等。这些构成体现了因特网的"元媒介"属性，是建构虚拟、实现交互、完成流动、进行共享的重要条件。第五，虚拟课堂的教育、教学已经具有了一定的规模。

　　不过，虚拟课堂还仅仅是当今意义上"互联网＋教育"的雏形。因为在1987年之前以"教育领域中的微机"为主题的国际会议上，每一届会议的主题中都没有"计算机网络与教育"这一关键词。这虽然不能说明"互联网＋教育"的不存在，但是能够说明"互联网＋教育"即使存在也还只是处于未成型阶段。而且，据统计，1973年，网络上有25部电脑；整个20世纪70年代，仅能支持256部电脑；经过显著的能力提高后，20世纪80年代早期互联网只能局限于25个网络，连接数百台初级电脑，以及几千个使用者。另据统计，1980年全球生产了50万台微机，而PC（Personal Cornputer）直到1980年9月才被决定正式设计和生产；到1987年才出现386芯片的PC；到1989年才出现486芯片的PC。然而，虽然PC诞生了，但是1986年时PC的价格是8000美元一台，1989年时的价格却是4000美元。并且，386PC仅含有27.5万个晶体管，486PC含有120万个晶体管。这些数据进一步证明了"互联网＋教育"起源于20世纪末期的虚拟课堂，而虚拟课堂还仅仅是"互联网＋教育"的雏形。

第二节　"互联网＋教育"的发展趋势

一、"互联网＋"的发展趋势

　　新一代信息技术的发展推动了知识社会以人为本、用户参与的下一代创新（创新2.0）的演进。创新2.0以用户创新、开放创新、大众创新、协同创新为特征。随着新一代信息技术和创新2.0的交互与发展，人们的生活方式、工作方式、组织方式、社会形态正在发生深刻变革，产业、政府、社会、民主管理、城市等领域的建设应该把握这种趋势，推动企业2.0、政府2.0、社会2.0、合作民主、智慧城市等新形态的演进和发展。"互联网+"是创新2.0下的互联网与传统行业融合发展的新形态、新业态，是知识社会创新2.0推动下的互联网形态演进及其催生的经济社会发展新常态。它代表一种新的经济增长形态，即充分发挥互联网在生产要素配置中的优化和集成作用，将互联网的创新成果深度融合于经济社会各个领域之中，提升实体经济的创新力和生产力，形成更广泛的以互联网为基础设施和实现工具的经济发展模式。

无所不在的网络会同无所不在的计算、无所不在的数据、无所不在的知识，一起推进无所不在的创新，以及数字向智能并进一步向智慧演进，并推动"互联网+"的演进与发展。人工智能技术的发展，包括深度学习神经网络，以及无人机、无人车、智能穿戴设备、人工智能群体系统集群及延伸终端，将进一步推动人们现有的生活方式、社会经济、产业模式、合作形态的颠覆性发展。《创新2.0研究十大热点》一文对知识社会环境下新一代信息技术与创新2.0的互动演进，以及"互联网+"的发展趋势进行了分析与展望。

从现状来看，"互联网+"尚处于初级阶段，各领域对"互联网+"还在进行论证与探索，特别是那些传统的行业，正努力借助互联网平台增加自身的利益。例如，传统行业开始尝试营销的互联网化，借助B2B、B2C等电商平台来实现网络营销渠道的扩建，加大线上推广与宣传力度，逐步尝试利用网络营销带来的便利。

与传统企业相反的是，在全民创业的常态下，企业与互联网相结合的项目越来越多，诞生之初便具有"互联网+"的形态，因此它们不再需要像传统企业一样转型与升级。"互联网+"正是要促进更多互联网创业项目的诞生，从而无须再耗费人力、物力及财力去研究与实施行业转型。可以说，每一个社会及商业阶段都有一个常态及发展趋势，"互联网+"的发展趋势则是大量"互联网+"模式的爆发，而它同时又与传统企业的破与立并存。

（一）全民总动员

"互联网+"引起了国家领导人的高度重视，具有国家层面的战略高度。在实施过程中，政府需要扮演一个引领者与推动者的角色，挖掘有潜力、未来能发展为"互联网＋"型的企业,从而为其他企业的发展树立标杆,同时建立"互联网＋"产业园及孵化器,融合当地资源打造一批具备互联网思维的企业。另外,企业是"互联网＋"热潮的追随者,应该积极引进"互联网＋"技术,定期邀请相关人员为本企业培训互联网常识,对在职员工进行再培训,增强对"互联网＋"的理解与应用能力。此外,企业可以与各大互联网企业建立长期的资讯、帮扶、人才交流等关系,让互联网企业与传统企业相互交流,加快推动"互联网＋"的发展。

2015年1月,首个促进新业态创新发展的国务院文件出台,国家已设立400亿元新兴产业创业投资引导基金。政府工作报告中也提到,未来要整合筹措更多资金,为产业创新加油助力。

《工业和信息化部关于贯彻落实〈国务院关于积极推进"互联网＋"行动的指导意见〉的行动计划(2015—2018年)》(以下简称《计划》),提出2018年,互联网与制造业融合进一步深化,制造业数字化、网络化、智能化水平显著提高,并推出旨在推进智能制造、下一代信息基础设施等产业发展的多个行动计划。

《计划》提出了智能制造培育推广行动,计划到2018年,高端智能装备国产化率得到明显提升,建成一批重点行业智能工厂,培育200个智能制造试点示范项目,初步实现工业互联网在重点行业的示范应用。

《计划》还提出网络基础设施升级行动,要求未来三年基本建成宽带、融合、泛在、安全的下一代国家信息基础设施,全面提升对"互联网＋"的支撑能力。

信息技术产业支撑能力提升行动是《计划》的另一个重点,计划到2018年,在高性能计算、海量存储系统、网络通信设备、安全防护产品、智能终端、集成电路、平板显示、软件和信息技术服务等领域取得重大突破,涌现出一批具有自主创新能力的国际领先企业,安全可靠的产业生态体系初步建成。

"积极发展继续教育,完善终身教育体系,建设学习型社会。"《国家中长期教育改革和发展规划纲要(2010—2020年)》也制定了"构建体系完备的终身教育"的战略目标。

建设学习型社会是实现"两个一百年"奋斗目标和中华民族伟大复兴中国梦的重要内容和有力支撑,对于培育和践行社会主义核心价值观,提升国家核心竞争力和社会文明程度，满足人民群众学有所教的终身学习需求，促进人的全面发展等具有重要意义。

（二）"互联网+"服务商的崛起

"互联网+"的兴起会衍生一大批在政府与企业之间的第三方服务企业，即"互联网+"服务商。他们本身不会从事"互联网+"传统企业的生产、制造及运营工作，但是会帮助线上及线下双方更好地协作，进行的是双方的对接工作，盈利方式则是赚取双方对接成功后的服务费用及各种增值服务费用。

这些增值服务包罗万象，包括培训、招聘、资源寻找、方案设计、设备引进、车间改造等。初期的"互联网+"服务商是单体经营，后期则会发展成为复合体，不排除最后会发展成为纯互联网模式的平台型企业的可能。第三方服务涉及的领域有大数据、云系统、电商平台、O2O服务商、CRM软件服务商、智能设备商、机器人、3D打印等。

（三）"互联网+职业培训"的兴起

随着"互联网+"的兴起，政府和企业都需要更多"互联网+"人才，这必将引起关于"互联网+"的培训及特训的职业线上线下教育的爆发。在线教育、职业教育一直是颇受追捧的教育类型，同时占据较大的市场份额。

"互联网+"职业教育的培训内容丰富多样，可以具体细分到每个岗位的工作。其实，这些在线培训岗位本质上还是互联网企业的职位，传统企业想改变企业架构，需要配备更多的专业技能职工。"互联网+"职业培训主要面向两个群体，一是对传统企业在职员工的培训，二是对想从事该行业的人员的培训。

（四）产业升级

"互联网+"不仅正在全面应用到第三产业，形成诸如互联网金融、互联网交通、互联网医疗、互联网教育等新业态，而且正在向第一和第二产业渗透。

"互联网+"行动计划将促进产业升级。首先，"互联网+"行动计划能够直接创造 M 新兴产业，促进实体经济持续发展。"互联网＋"行业能催生出无数的新兴行业。比如，"互联网＋金融"激活了传统金融，创造出包括移动支付、第三方支付、众筹、P2P 网贷等模式的互联网金融，使用户可以在足不出户的情况下满足金融需求。其次，"互联网＋"行动计划可以促进传统产业变革。"互联网＋"现代制造业管理更加柔性化，更加精准制造，更能满足市场需求。最后，"互联网＋"行动计划将帮助传统产业提升。"互联网＋商务＝电商"。互联网与商务相结合，利用互联网平台的经济效应，在满足个性化需求的同时创造出了规模经济效益。

"互联网＋"行动计划将重点放在促进以云计算、物联网、大数据为代表的新一代信息技术与现代制造业、生产性服务业等的融合创新上，发展壮大新兴业态，打造新的产业增长点，为大众创业、万众创新提供环境，为产业智能化提供支撑，增强新的经济发展动力，促进国民经济提质增效升级。

二、"互联网＋"教育信息化时代教育发展新趋势

自国家领导人提出互联网＋"行动计划，教育界便掀起一股信息技术融合教育的热潮，国内教育随之迈向大变革时代。如何解读各阶段教育信息化的政策？传统教育如何向信息化教育转型？各地中小学如何把握信息化教育发展趋势，打造先进的信息化教学平台？各地教育主管单位和学校在面对"互联网＋教育"变革时存在太多的困惑。

2016 年 4 月 10 日，中国教育技术协会秘书长刘雍潜教授在参加 101 远程教育网联合湖南省教育学会湖南中学举办的"第九届中小学智慧教育暨翻转课堂应用实践研讨会"时，就以上问题做出权威解答。

刘教授认为，国家颁布的教育信息化政策，从不同角度诠释了不同阶段建设"三通两平台"的意义。为了使教育信息化更加富有生命力，政府和学校可以借助第三方提供的资源和服务，提高教学效率，打造"宽带网络校校通、优质资源班班通、网络学习空间人人通"，建设教育资源公共服务平台和教育管理公共服务平台。

截至 2020 年 7 月，中小学互联网接入率达到 99.7%，"宽带网络校校通"完成。"十四五"期间，在互联网环境下，教育信息化要求改变"老师讲、

学生听"的传统教学模式，推动优质教育资源的整合和教学模式和方法的创新，实现教育信息化2.0，各地中小学应抓住机遇，引进优质的教学资源和先进的互联网技术，将学生从课堂学习引导到更宽阔的精神范畴中去，实现个性化学习的发展。

教育信息化让每个学生都有机会享受到教育变革所带来的新权益，未来的云课堂将走向以用户为中心的个人云模式。随着"互联网+"计划的推进，教育信息化将迈进更加高效、互动和个性化的发展阶段。

第三节 "互联网+教育"的现状研究

"互联网+教育"的理想场景是不分国界、不分老幼、随时随地接触全球最好的教育资源。如今，"互联网+教育"正在破土而出、蓄势待发。它带来变革，带来冲击，也带来更多新的希望。

一、对传统的冲击

近代以来，全球大多数国家都已普及义务教育，学习已进入寻常百姓家。在互联网时代，教育完全突破时空限制，一根网线和一台终端就可以连接全世界的教育课件，全民教育和终身教育成为现实。无论何地，人们都可以利用碎片化的时间从互联网获得教育，是真正意义的"活到老，学到老"，而受教育年限的概念将逐渐消失。

"互联网+教育"将重新定义学校和老师。互联网时代，以信息为载体的优质教育资源不再聚集和局限在有限的几所学校，而是可以几乎无成本地均匀分布在每个学校，届时名师的定语不再是学校，择校这个词将会消失。

在传统教育体制下，教师是学生学习知识的全部世界。而在"互联网+教育"环境下，教师更多是作为一扇可以观看外面风景的窗口。如何引导学生从"知之者"变成"好之者"，更进一步变成"乐之者"，将是教师的主要责任。

二、认识的误区

有人认为，"互联网＋教育"就是未来教育的全部，在互联网上可以得到所有课堂上的知识，这是把教育简单地等同于知识的灌输。爱因斯坦说："学校的目标应当始终是青年人在离开学校时，是作为一个和谐的人，而不是作为一个专家。"互联网可以"教之以事"，却不能"喻诸德也"，遑论培养高尚的情操和完整的人格。特别是对于义务教育阶段的中小学生，老师面对面的情感交流尤为重要，其作用是"身教重于言传"，这显然是单凭互联网无法做到的，线上线下相结合是未来教育的必然。

有人认为，"互联网＋教育"就是提了好多年的教育信息化，不过是"新瓶装旧酒"而已。应该看到，不同于之前的教育信息化或者教育互联网，"互联网＋教育"不是简单地把互联网套在传统教育的躯壳上，而是把互联网的理念浇灌和渗透到教育的最深处，努力催生出新的教育模式和方法。互联网的作用不仅局限于传统的课件演示、网络课堂和作业、教育管理系统信息化等方面，也包括从育人的根本目的出发，重新考虑如何把互联网作为手段和方法。应该讲，"教育互联网"和"互联网教育"具有本质区别。

有人认为，"互联网＋教育"并不适合中国的教育方式，同时认为，与西方强调优先激发学生学习兴趣的"引"的教育方式相比，中国强调优先把知识传递给学生的"授"的教育方式具有很大的优势，有必要强化中国在这方面的教育优势。这其实是一种误区，因为从效果来看，"授"只在基础知识传输上有优势，而在激发学生创造思维上并无优势。以自由学习为特征的"互联网＋教育"毫无疑问会打破中国的这种模式。夯实学生的基础知识固然重要，但是激发学生的学习热情，使学生永远保持学习激情则更为重要。

三、发展的关键

"互联网＋教育"如何吸引全社会资源投入其中并形成良性循环也至关重要。互联网信息近乎零成本扩散和传递的属性，使得互联网教育难以像传统机构那样依靠教室的物理实体来限制知识外泄，从而实现重复授课并获利。目前从事互联网教育的企业还没有找到合适的商业模式，如何实现持续盈利成为当前难以解决的问题，这也是"互联网+教育"实现可持续发展的关键。解决这一问题，还需要从互联网本身的逻辑去剖析。回看互联网的发展历史，成功的互联网企业从来就没有直接依靠出售信息或者提供信息通道获利的，他们都是采取所谓"羊毛出在狗身上"的策略，以免费聚人气，再在人气上做文章。"互联网+教育"或者教育的互联网化，要想实现快速且可持续发展，就不能从传统教育方式中找寻答案，而是应从互联网思维的角度去探索未来。

四、推进"互联网+教育"工作存在的问题与建议

（一）存在的问题

（1）学校、学生、家长三方教育合力没有形成，推进"互联网+教育"工作任重道远。一是全体教师观念转变需要一个过程，尤其老教师转变困难；二是学生使用终端设备的习惯需要家长和教师共同培养，目前存在着学生使用手机监管困难的问题；三是部分家长对推进教育信息化不理解，不支持，观念转变的速度滞后于教育信息化推进的速度，存在着教师热、学生温、家长冷的问题。

（2）"互联网+教育"体制机制更新难以解决推进中的问题。比如，政府和学校财力有限，终端使用普及困难，当前信息化终端设备尤其是学生用终端难以普及，教学模式变革困难重重，义务教育学校中学生用平板电脑是否可以由家长买单的问题；"首席信息官"CIO的干部职数问题；校长的工作量、项目资金责任、项目管理责任、推动运用责任呈几何倍数增加，但是校长的考核绩效并没有发生变化，校长的积极性和主动性没有被充分调动。

（3）互联网、人工智能、创新素养方面的教师奇缺。比如网络日常维护、机器人编程等教师。

（4）加强教育信息安全意识培训，构建个人信息采集安全机制。随着人脸识别、教学行为等个人信息被广泛采集应用于大数据分析，个人信息的安全越发显得重要，关于这方面的培训和制度还不够健全，亟待建立完善教育信息安全机制。

（二）建议

（1）坚持体系推进，加强顶层设计，必须实施"一把手工程"。

（2）坚持应用驱动，切忌盲目上设备，造成浪费。

（3）坚持问题导向，技术应用要选好突破点，追求实效，切忌大而全。

（4）坚持立足课堂主阵地，推进信息技术与学科深度融合。

（5）坚持政府主导，多元投入，创新资金运作模式，广开投入渠道。

（6）坚持"信息应用＋网络安全"两手抓两手都要硬。

五、推进"互联网＋教育"取得的成效

（一）"互联网＋教育"应用体系已基本形成

以智慧校园建设为目标，以制度建设为保障，以提高教师信息化素养的教师培训为抓手，以课题研究为依托，以课堂应用为重点，以各种"互联网＋教育"的教育教学活动为载体的基于教育云的"互联网＋教育"应用体系已基本形成。

（二）师生信息素养普遍提高，利用信息化开展教育教学工作成为新常态

教师能够利用各种信息化工具开展教学工作，在学科教学中能够利用信息化手段解决具体教学问题，开始探索信息化环境下新的教学模式。教师的教学重点开始发生转移，由关注教学内容本身，开始转向关注学生素养培养，更加侧重于对学生自主学习习惯、自律能力、团队合作意识、探究能力的培养。从有利于学生学的角度出发设计教学的意识得到强化。

学生利用信息技术开展学习的意识不断增强。在课堂中能够熟练应用各种信息化手段开展合作学习；在课余时间开始尝试使用教育云空间进行学习；部分学生在教师的指导下开始利用进行个性化学习。基于互联网的创新、精准、全面发展的教育新常态正逐步形成。

第三章 法律教学

法学教育几乎是与法律相伴而生的，大体上它与法律的发展同步，同时有力地推动着法律和法学的发展。法学教育是法律发展的基础，是法学进步的阶梯。本章主要论述法学基本理论、法学教育与法律职业、法学教育的一般原理。

第一节 法学基本理论

一、法学的本质

关于法学本质问题，近代学界有不同观点，有代表性的观点有以下四种：

（1）法学是实证科学。近代自然科学的兴起、迅速发展及其对人类社会发展的巨大历史作用，使一些人对自然科学顶礼膜拜，他们认为自然科学的理论和方法同样可以用来研究人类社会，并且认为只有这样才能获得精确可靠的知识，包括法学在内的一切学科都应当向自然科学看齐，建成像自然科学那样的实证科学。在法律研究中，近代许多法学家采用机械物理学、生物进化论等自然科学的理论来解释法律现象。

（2）法学是形式科学。这是基于将科学分为经验科学和形式科学分类而对法学做出的界定。这种分类认为，经验科学包括自然科学、社会科学，以搜集、分析和处理具体的经验事实为主要内容；形式科学包括逻辑学、数学，以讨论普遍的形式演算为主要内容，它关注思维的、语言的纯形式方面，不涉及其内容或价值取向。

（3）法学是人文科学。很多人文科学的主张者都将法学划入人文科学的范畴。人文科学以文化为研究对象，而文化包括了宗教、法学、史学、哲学、政治、经济学等科学的一切对象。英国《大不列颠百科全书》也将法学归入人文科学之列。在中国，虽然很少有人明确将法学归入人文科学之列，但近年来法学界有些学者按照人文科学的研究思路来进行法学研究。

（4）法学是社会科学。中外学术界，尤其是中国学术界，通常都将法学划入社会科学的范畴，《牛津法律大辞典》《中国大百科全书》等都将法学归入社会科学之列，我国出版的各种法理学教材几乎不约而同地将法学归入社会科学之列。《中国大百科全书》对法学的解释是："法学，又称法律学、法律科学，是研究法这一特定社会现象及其发展规律的科学，属于社会科学的一个学科。"

上面对法学是什么科学的回答，实际上道出了法学的不同维度。每一维度各有其特定的观察视角、分析方法和研究特色，它们实际上是相互补充的。人类迄今为止拥有的知识，按照构成和存在方式的不同，大致可以归结为三种不同形态，即有关社会的、有关人文的和有关自然的，各种知识门类都被归入这三种形态。因此，按照这一对知识形态的概括，人们一般将科学划分为自然科学、社会科学和人文科学。在这一分类标准下，我们倾向于把法学界定为一种存在于社会科学和人文科学之间的知识形态。法学以法律现象为研究对象，考察法的产生、发展及其规律，各种法律规范、法律制度的性质、特点与相互关系，研究法的内部联系和调整机制，法与其他社会现象的联系、区别及相互作用，因此具有社会科学的性质。同时，法律又是人们生活意义的规则体现，是规则与意义的交结，法学要解决不同民族不同国度人们生活所面临的问题，要为人们在规则下生活提供精神导向，因此又具有人文科学的性质。

二、法学研究的对象和体系

（一）法学研究的对象

法学的主要研究对象是法、法律现象，法学始终与法律相关，与法律现象相关，所涉及的问题主要是法律问题，因而不同于自然科学、其他人文社会科学。当然，法学的研究内容非常丰富，涉及法律现象的方方面面。正因为如此，所以有学者认为，法学既然是以法的现象及其规律作为研究对象的一门系统的科学，就必须对其研究对象进行全方面的研究，既要考察研究法的产生、发展及其规律，又要比较研究各种不同的法律制度以及它们的性质、特点及相互关系；既要研究法的内部联系和调整机制等，又要研究法与其他社会现象的联系、区别及相互作用；既要对法进行静态分析，又要对法进行动态研究。还有学者认为，法学研究的内容是法律的内在方面和外在方面，包括法律的事实、形式、价值。西方社会法学、规范法学和自然法学三大法学流派研究的重点大体对应于此三者。

（二）法学研究的具体目的

法学研究的目的即法学家研究工作的主观目标。从总体来看，法学研究有三大目的，各家的侧重点各有不同：①伦理目的，即为了发现或探究法律的一般规则和原则，为公正安排社会关系及解决社会纷争找到合理的交往模式或法律框架；②科学目的，即法学研究追求的是发现法律规律，认识法律的本来面目；③政治目的，即法学研究是为了给统治者的统治出谋划策，或者相反，证明、揭露法律的毛病，从而在政治上否定它。一般说来，法学研究的三大目的不同程度地存在于法学家所追求的目的之中。虽然西方有些法学家追求法学研究的价值中立，但这实际上难以完全做到。

（三）法学的体系

法学（学科）体系是由法学各个分支学科构成的有机联系的统一整体，法学内部分出许多分支是近现代法学发达的产物。如何划分法学的分支学科，并没有一致的标准和做法。

按照当今我国多数学者的观点，法学学科可以具体划分为理论法学、应用法学和边缘（交叉）法学三部分。理论法学分为法理学和法律史学，而法律史学又分为法律思想史（中国法律思想史和西方法律思想史）和法制史（中国法制史和外国法制史）；应用法学分为比较法学、国内法学（含宪法学、民法学、刑法学、行政法学、经济法学、诉讼法学等）、国际法学（含国际公法学、国际私法学、国际经济法学等）、外国法学（含外国的部门法学）；边缘（交叉）法学主要是法学与其他社会科学、自然科学、人文科学相互结合的产物，如法医学、法律心理学、法律经济学、法律社会学等。

第二节　法学教育与法律职业

一、法学教育概述

法学教育几乎是与法律相伴而生的，大体上它与法律发展同步而互动，有力地推动了法律和法学的发展。法学教育是法律发展的基础，是法学进步的阶梯。一般来说，任何法律专家和法学专家都必须接受法学教育，并且只有其中的优秀者才可能为法律和法学的发展做出重要贡献。

（一）法学教育的意义

法学教育是教育的重要构成部分。这里的法学教育特指由专门学校或其院、系、专业所进行的关于法的专门化教育。它不同于社会一般的非专门化的法律教育。社会一般的法律教育，包括普法宣传、中小学法律知识教育、普通高校非专业化的法律教育、执法机关在执法活动中对有关当事人和其他公民所进行的法律教育等。法学教育与一般法律教育的区别在于所传授的法律知识是否具有较高的理论性，相关理论是否具有系统性和全面性，以及教育者与受教育者对于法律的认识是否具有专门性。法学教育的目的在于为国家和社会培养精通法律的管理人才，为法学教育和法学研究培养法律理论人才，为立法与执法培养法律实践人才，以及培养和提升社会民众的法律意识。

1. 培养管理类人才

法学教育一直以来都担负着培养法律专业人才与培养国家和社会管理人才的双重任务。就管理人才的培养来说，国家和社会的管理者必须具有一定的法律修养。这就对他们的法律知识培养以及法律意识的确立与提升提出了要求。法学教育正是为此服务并实现这一目标的最好途径。

依法治国是我国的治理方略，是发展市场经济的客观需要，是社会文明进步的重要标志，是国家长治久安的重要保障。依法治国的主要内容就是广大人民群众依照宪法和法律规定，通过各种途径和形式管理国家事务，管理经济文化事业，管理社会事务，保证国家各项工作都依法进行，逐步实现民主的制度化、法律化，使这种制度和法律不因外因影响而改变。这些管理都是由特定的管理者来进行和完成的，都必须依法进行。因此，一定的法律修养就成了管理者必备的知识基础。

从法学性质上讲，法律科学也是管理科学。国家和社会从一存在开始就从未离开过管理，都需要管理。国家和社会管理都是由一定的管理者来完成的。管理者用于管理国家和社会事务的规范和手段是多样的，但法律规则和法律手段是最基本的规范和手段之一。系统的法律知识主要是由法学教育传播并由此而使人接受的。国家和社会管理者必须具有良好的法律修养。当代世界各国，许多政治家都是系统学习过法律的，接受过系统的法学教育。即使是那些非法学专业毕业的政治家们，大多数都具有良好的法律知识、法治观念和法律修养。尤其是那些杰出的政治家，他们都能较好地遵守法律，依法执政或依法行政。一般来说，国家和社会管理者都只有在接受了良好的法学教育之后，才可能很好地运用法律开展管理工作，有效而良好地进行管理，其具体原因有以下三点：

第一，法律是国家和社会管理的规范。国家和社会管理的规范包括政策、道德、纪律和法律等。这些规范各有特点，各有不尽相同的适用范围，无法评价也不能评价孰优孰劣，但与政策、道德、纪律相比较，法律在国家和社会管理上具有独特的优势。法律能够以自己明确而具体的规定，指引人们的行为，告知人们具体的权利和义务，使人们能够清楚地知道，依照法律应做什么，不能做什么，以及必须做什么。政策、道德和纪律都不具有法律所具有的那种明确具体的性质，无法普遍而准确地指引人们的行为。法律的这一性质使其在国家和社会管理的众多规范中具有独特的地位。法律比政策、道德、纪律具有更大的强制性和强制力，即国家强制性和国家强制力。法律具有国家强制性，是由国家强制力保障实施的。对于法律，任何人都只有服从与遵守的义务，而没有违反的权利。任何人一旦违反法律的规定，就应当承担法律责任，受到相应的法律制裁。这种责任和制裁是由国家强制力作保障的。国家强制力以警察、法庭、监狱作为自己的后盾，通过一定程序，直接施加于违法者身上。法律的国家强制力使违法者受到应有的惩罚，迫使其服从法律；使其他人引以为戒，自觉地遵守法律。政策、道德、纪律也具有自己的强制性和强制力，但这种强制性和强制力与法律是不同的。它们的强制力都不是国家的强制力。政策、道德具有的往往是感召性和感召力。政策、道德、纪律都具有舆论谴责、良心责备等强制力量。纪律有纪律处罚做保障。但无论如何，它们在强度上都不及法律的强制性和强制力。

第二，法律是国家和社会管理的手段。国家和社会管理的手段中主要有教育手段、经济手段、行政手段等。这些手段都离不开法律手段。教育手段是国家和社会管理中必不可少的，教育更是经常而必需的。但是在管理活动中的教育，必然包括有关的法律教育在内。经济手段和行政手段都是国家和社会管理手段的重要组成部分。但是，经济手段和行政手段都有一个何以合法的问题，它们要具有足够的权威性和强制力，也还必须依赖法律。经济手段和行政手段只有得到了法律的认可或者转化为法律手段，才可能具有法律的权威与效力。

第三，法律是国家和社会管理的保障。国家和社会管理者都是一定国家权力的行使者。法律对于他们的意义主要表现在两个方面：一是法律为国家和社会管理者的管理行为提供法律根据。国家和社会管理者的管理权是由法律所赋予的，法律规定了其权力的性质、内容、范围。法律是其行使管理权的根据，也是其权力的制度来源。没有相关的法律规定，任何权力都可能是非法的。法律不仅是管理者拥有权力的根据，而且也是其行使权力的根据。管理者的管理行为必须依照法律规定的程序和内容来行使。依法行使的权力便具有法律上的效力，否则就将承担法律责任。法律使国家和社会管理具有合法的性质和法律的保障。熟知相关法律是国家和社会管理者完成其管理工作的基本要求。二是法律对国家和社会管理者的管理行为实施法律约束。任何国家和社会管理者行使的权力都是有限的，都有一定的范围，这个范围是由法律来确定的，超越这一范围的管理行为就是非法。法律在对管理者授权的同时，也约束着权力的行使。这种约束是一个国家和社会民主的保证，是国家和社会管理者忠于人民的保证，是国家和社会管理者不至于非法管理其至违法犯罪的保证。国家和社会管理者对法律的了解，既是其从政的素质要求，也是其合法从政的根本保障，由于法律是国家和社会管理的重要规范和重要手段，由于法律对于国家和社会管理者的重要意义，良好的法律知识就必然应当是国家和社会管理者必备的基本素质。所有的国家和社会管理者都应当具有良好的法律修养。

2.培养法律理论型人才

在广义上，法律理论人才包括一切具有较高法律理论修养、能够从事法律理论工作的人。为了更准确地描述法学教育的目的，这里所讲的法律理论人才是从职业人才的专门化角度来定义的。

（1）培养法学教师。法学教育除了为国家和社会培养管理者以外，还必须为法学教育本身的发展而培养法学教育者——法学教师。一个社会，法学教师的学术水平和教学状况直接影响着法律教育的状况和法律文明的程度，直接影响着这个社会能否实现法制和法治。法学教师是一个社会法律和法学发展的重要基础和基本保障。法学教师是法律知识的传授者，也是法律知识的创造者。历史上许多法学教师既是教育工作者，又是研究工作者。他们教学的过程也是创造的过程。法学教育的发展离不开他们，法学研究的发展也同样离不开他们。应当说，中国法学研究除了一部分是由附设在社会科学研究机构中的法学研究所（室）的科研人员承担以外，大部分都是由法学教师在教学的同时承担的。

一些其他学科的学者进入了法学教育的领域，他们通过自己对法律的学习或接受法学教育，成为法学教师。他们为法学教育的发展做出了贡献。但随着时间的推移，不能再依赖非法学教育来培养法学教师。法学教师的培养责任理所当然地应当由法学教育自己来承担。为法学教育的持续发展而培养法学教师是法学教育的重要任务。

（2）培养法学研究人员。法学研究人员与法学教师之间是交叉关系，大量的法学教师同时也是法学研究人员。法学教育除了培养法学教师这一类法学研究人员之外，还有培养专门研究人员的任务。这些研究人员主要存在于我国的社会科学研究机构的法学研究所（室）之中。他们研究的内容主要是自己所属部门工作中的一些具体法律问题，其目的是为自己所在机关的工作提供法律服务。

一个社会，并不需要所有学习法律的人都去从事研究法律的职业，都成为法学专家。但一个社会不可缺少法学专家。他们对于法律的精深研究是一个国家法律乃至社会进步的基础与动力，是一国法治的理论保障。

3. 培养法律实践型人才

法律实践人才是指具有法律专门知识，从事或有能力从事立法、执法和社会法律服务工作的人，其中包括文法工作者、执法工作者和社会法律服务工作者三种。法律实践人才需要接受法学教育。法学教育对于法律实践人才的成长来说，是必不可少的，社会根本就不应该存在那种没有接受过法学教育的法律实践人才。那种认为法律实践人才无须接受法学教育的说法是极其错误的，培养法律实践人才是法学教育最繁重的任务，法学教育是由法学教育机构来承担的。

自古以来，学校都是培养法律实践人才的场所。尤其是专业化的高等法学教育，必须由专业化的法学教育机构来进行。之所以如此，是由法学本身和社会对法学的要求所决定的。法学是一门艰深的学问，人类为此进行了千百年的探索，积累了大量的知识和理论。从事法律学习的人根本就不可能一蹴而就。在全世界的所有国家，法学几乎都被作为需要长时期学习的科学。有许多国家学习法学的学生都被要求具有大学本科以上学历，或须经过比学习其他社会科学更长的学习时间。法律实践人才是社会所需要的，社会需要其明辨是非、解决纷争、化解矛盾、维护正义、制裁违法。社会的需要就决定了其应当由社会的优秀人员来担任，应当由具有高深而专门的法律知识的人来担任。

（1）立法工作者的培养。立法工作者在广义上包括两重意义上的立法工作人员，一是指从事法律的起草等技术性工作的专门人员。他们可以是纯粹的立法专家，而不必是立法机构的组成人员。二是指依法从事法律的制定、修改或废止的国家立法机关的构成人员。他们是代表机构成员，在其他国家称为议员，在我国称为人民代表。这两种意义上的立法工作者，都应当懂得必要的法律知识，包括立法技术等。尤其是从事法律起草等技术性工作的专门人员，其应主要由法律专家构成，每一位主要成员都应当具有必要的法律知识。

世界在不断发展变化，法律要适应变化的形势，应不断发展与更新，立法工作也应不断及时适应。对于一个国家和社会来说，法律的立、改、废始终是一项至关重要的工作。由于立法对一个国家或社会有深刻而重大的影响，而立法本身是一项复杂的技术工作，因而应由具有一定法律知识的人来进行，甚至必须有职业的法律专家介入并担负重要责任。职业法律专家只能来自法学教育。其实不仅是法律专家，就是一般立法工作者的培养，也必须由法学教育来承担。法学教育应把培养立法工作者作为自己的重要任务。

（2）法律适用官员的培养。法律适用是指国家特定机关或组织将规范性法律文件的规定运用于具体的人或事件的专门活动。这些机关也就是相应的法律适用机关，其中代表该机关进行法律适用活动的工作人员，即法律适用官员。法律适用官员中有法官、检察官、警察，还有监察官员、海关官员、税务官员和其他行政官员等。培养法律适用官员，是法学教育最经常、最主要的任务。如果说法学教师、法学研究人员和立法工作者的社会需求都较少的话，那么法律适用官员的社会需求却十分普遍，数量庞大。我国目前需要大量合格的法律适用官员。

（3）法律服务人才的培养。法律服务人才是指具有法律专门知识，并运用自己的法律知识为社会提供法律服务的社会工作者，包括仲裁员、律师、公证员等。我国民事和商事仲裁机构不是国家机关，它是根据法律规定和当事人自主选择，对平等主体的公民、法人和其他组织之间发生的合同纠纷和其他财产权益纠纷进行裁决的社会法律服务机构。机构可以在直辖市和省、自治区人民政府所在地的市设立，也可以根据需要在其他设区的市设立，由其所在地的人民政府有关部门与商会统一组建。我国仲裁机构在目前有国家机关或准国家机关性质，在仲裁机构的进一步发展中，其社会法律服务机构性质将会日益得以更充分的体现。

律师是专门为社会提供法律帮助的职业法律服务人员。他们运用自己的法律知识为社会的公民、法人和其他社会组织处理法律事务，提供诉讼和非诉讼的法律服务。律师在我国改革开放初期，依然具有国家工作人员的性质，随着律师事业的发展，我国律师逐渐具有了社会法律服务者的性质，并已经开始并在很大程度上实现了这种转变。

公证员是在我国公证机构对一定法律关系和法律事实予以证明，而提供公证法律服务的专门人员。我国公证员在目前还具有一定的国家机关工作人员的身份，随着我国公证制度的改革与完善，公证机构将愈来愈具有社会法律服务机构的特点，公证员也将逐步向社会法律服务人员转化，而不再具有国家机关工作人员的性质。

4. 对民众法律意识的培养

法律意识的培养是一个不间断的过程。未成年的社会成员在其社会化的过程中，必须培养一定的法律意识；成年的社会成员其法律意识也有不断更新和提升的问题。培养法律意识，是推进法治发展、构建法治国家和法治社会的现实需要。

（1）法学教育为公民提供法律技能，法学教育不仅仅是为法学家或法律家而存在的，在现代法治社会和法治国家中，人们无法摆脱法律而生存。从人的出生到死亡，许许多多的事务都与法律密切相关。人们的行为及其社会生活都不可能远离法律。必要的法律技能是公民生存的基本手段之一。作为公民来说，也不可能将每一个与法律相关的事务都委托法律服务人员代为办理，尤其是在公民作为具体的法律关系主体时，其意思表示或许可以由他人代为做出，但其意思还要出自作为每一个法律关系主体的公民（或法人）自身。公民掌握一定的法律知识，对其社会生活来说是必要而有益的，法学教育也有为社会民众提供法律技能的意义。正是因为如此，法学院校毕业的学生也未必一定要从事职业的法律工作。然而，他们所接受的法学教育也并非毫无意义，法学教育使其获得的法律知识是其社会生活的基本技能之一，对其未来社会生活和事业发展是大有裨益的。

（2）法学教育为法治提供民众基础。实行法治并建设法治国家已经成为社会目标。在法治国家中，仅有法学和法律专家热知法律还远远不够。要实现法治，首先是领导干部要学习并熟知法律，其次是广大人民群众要学习并熟知法律。任何法治都是以民众具有较高的法律意识作为社会意识基础的。只有全体人民都具有良好的法律意识，监督权力的正当行使，保障权力对人民的忠诚，才能有效地防制腐败、打击腐败，权力也才可能尊重而不践踏人民的权利，人民的利益才可能得到保障，法治才可能成为现实。

（二）法学教育的发展

法学教育在现代世界已经是一个朝气蓬勃的领域。法学教育曾经经历了曲折的发展过程，其过去与现状都值得予以特别的关注。

1. 法学教育的历史进程

西方法学教育产生于古希腊，形成于古罗马。在古希腊，由于没有专门而独立的法学，自然不可能有专门的法学教育。那时的法学教育是在百科全书式的教育中存在的。很多哲学家所接受与传授的法学都是蕴涵在包括哲学、政治学、社会学等在内的整个学说和理论中的，法学教育不是独立的教育类别。在古罗马，正式的法学教育出现并得到了极大的发展。一大批法学家从事法学教育，培养了一代又一代的法学家。法学教育的发展极大地推动了法学研究的进步。许多法学著作既是法律专著，也是法学教科书。

中国法学教育的起源是与中国法学的起源相联系的。中国古代的律学不是现代意义上的"法学"，但它属于法学的范畴。中国古代的法学教育也即律学教育。除了特殊的情形之外，这种教育一般是附属于百科全书式的教育之中的。

现在，法学教育在世界各国都受到了特别的重视。从清末以来，中国法学教育不断发展。就法学教育与社会发展的现实需要来看，发展法学教育，对于中国来说还任重道远。

2. 中国法学教育的现状分析

了解中国法学教育的现实状况，是对法学现状予以把握并有效推进的需要。中国现实的法学教育还有诸多不足，但是其发展的速度和进程都是令人欣喜的。

（1）中国法学教育的体系。法学教育体系是指由不同类别的法学专门教育机构及其教学活动构成的统一整体。法学教育体系之中的法学教育是专门性的法学教育，而不是社会大众的法律宣传。它主要由普通法学教育、成人法学教育和法学高等教育自学考试三大部分构成。

我国现有的普通法学教育，包括法律中专（设置于司法学校、警察学校或公安学校等）、法学专科、法学本科、法学研究生（硕士研究生和博士研究生）四个层次。

目前我国有一批分属教育部与相关省市的，以政法大学或政法学院命名的，以法学教育为主要特色的高等院校。公安部、安全部下属有少量法律类高校。一些综合性大学的法学院和法律系也承担了相当的法学教育任务。一些省、自治区、直辖市的政法干部管理学院也部分地开展了法学教育。

我国法律中专，是法律类中等专科学校的简称，类似于其他中等专科教育，其范围和数量都十分有限。法律专业的专科，以高中毕业生为招收对象，学制为 3 年。本科，以高中毕业生为招收对象，学制 4 年。硕士研究生，以本科毕业生（或同等学力者）为招收对象，学制 2—3 年。博士研究生，以硕士研究生（或同等学力者）为招收对象，学制 2—3 年。在硕士研究生层次中，分为法学硕士研究生和法律硕士研究生两类，法学硕士研究生侧重法学理论的学习与研究，法律硕士研究生侧重法律应用的学习与研究。

（2）中国法学教育的走向。普通法学教育将在更大的意义上成为中国法学教育的主流，高层次法学教育应有较大发展。法学教育与其他教育相比较，有其特殊的性质。它需要更多的知识基础，所以许多国家都要求法科学生具有较好的知识基础，甚至以学生已具有第一学位作为其进行法学学习的前提，其学习的时间往往可能比其他专业的学生要求更长。我国目前的法科本科教育尚可，而法科的职业中学、中专、大专还不能适应法律理论人才和法律实践人才的知识需要。发展本科及其以上学历的硕士研究生、博士研究生的法学教育都是现实的重要任务。

法学教育有一个竞争与发展的淘汰过程，在长期忽视法律和法学教育的情况下，中国法律人才极其匮乏，市场对法律人才的需求缺口很大，加速培养法律人才就成为法学教育的重要任务。在这种情况下，一些本不具备举办正规法学教育条件的高校也争相开办法学教育；一些司法机关也自办非培训类的普通教育机构。目前，中国法律人才已经有了相当大的数量积累，有的法律机构甚至出现了人才阻塞现象。中国的法学教育正处于发展与调适的阶段，在改革的大潮中，法学教育将会得到改革和发展，未来的中国法学教育必将更加科学而规范。

二、法律职业概述

为法律职业培养人才，是法学教育严格意义上的根本目标。法学教育不同于普法教育，它有着严格的入学条件、培训课程、时间期限、通过标准等。

（一）法律职业的具体特征

法律职业有着不同的含义。在广义上，它是指人们所从事的以法律作为工具的具有确定性质的专业化工作。根据这一定义，法律职业的范围就十分广泛，包括在法院、检察院、律师事务所等机构的工作人员所从事的法律方面的工作。广义的法律职业人士包括法官、检察官、律师、警察、法学教师、立法机关法律官员、政府法律官员（包括公职律师）、专业法律顾问等。在狭义上，法律职业则仅指需要经过专门法律专业训练，具有较高法律工作技能，在专门法律机构，以处理法律事务作为工作内容的专业工作。狭义上的法律职业只能是审判工作、检察工作和专业的法律服务工作，相关的工作人员分别是法官、检察官和律师。法官、检察官、律师等语词在人们的表达中，既是一种社会职业身份，也是一种职业种类。因此，可以直接把法官、检察官、律师作为一种职业来加以认知。在此所论述的法律职业，未加特别说明的均是指严格意义上的法律职业。狭义上的从事法律职业的人，主要是法官、检察官、律师，西方称为法律人或者法律家。由这些法律职业人士构成的职业群体，西方有的著作称其为法律人或者法律家职业共同体。根据我国法律规定，法官是依法行使国家审判权的审判人员，包括最高人民法院、地方各级人民法院和军事法院等专门人民法院的院长、副院长、审判委员会委员、庭长、副庭长、审判员和助理审判员；检察官是依法行使国家检察权的检察人员，包括最高人民检察院、地方各级人民检察院和军事检察院等专门人民检察院的检察长、副检察长、检察委员会委员、检察员和助理检察员；律师，则是指依法取得律师执业证书，为社会提供法律服务的执业人员，他们共同构成了我国的法律职业群体。法律职业区别于其他社会职业，其作为一个整体具有一系列共同特征。

1. 以法律作为职业的内容

法律职业一定是以法律作为自己的工作内容。不论是法官、检察官还是律师，他们都以实施法律作为自己的工作内容。作为法官来说，其日常的工作就是审判工作，审判案件的依据就是法律。检察官以监督法律实施尤其是以依法控诉犯罪，保障法律实施作为自己的使命。作为律师来说，其不论是作为民事案件的代理人或者是刑事案件的辩护人，或者是非诉讼法律事务的服务者,其宗旨都是确保当事人的合法权益,促进法律的良好实施。法官、检察官、律师的一切职业工作都是以法律为工具和目标的。

法律职业具有排他的工作属性,一般来说,法律人都以法律为专业。法律职业人士是不从事其他与法律不相关的工作的。如果一旦从事与法律无关的工作,他这一特定的工作就不属于法律职业的内容。比如,某律师可能是某公司的总经理,但是他只有从事律师工作才属于法律职业的范畴,他的总经理工作只能被法律职业排除在外。需要说明的是,像这样的情形是比较少见的,绝大多数法律职业人都只有单一而特定的法律工作。比如,法官、检察官都不可能兼任其他任何非法律的职业,大多数专业律师也不会去兼职总经理等。

2. 严格的法律专业训练

法律职业都以必要的法律专业训练作为前提。法律职业是极为专门化的职业,并不能由一般的公民或者社会成员随意担任的。就法律职业来说,没有足够的专业修养和素养的人是无法承担的。正是因为如此,世界上的绝大多数国家都对法律职业人有严格的职业训练要求。法律职业的专业培训是其任职的前提条件,法律事关人们的利害得失,事关社会的稳定发展,事关人间的公平正义。因此,在漫长的历史发展中,各国都对法律职业提出了严格的专业训练要求,并且现在依然坚守并不断完善着这种要求。这是由法律职业性质所决定和要求的。

3. 法律专业技能

法律职业是一种专业化的工作,这就必然要求其从业者具有较高的专业技能。法律职业人在理解法律和运用法律上缺乏技术、技巧和能力,就必然会影响他对法律的实施。值得注意的是,专业技能的获得一定要经过严格的职业训练。对于法律职业人士任职条件的特别要求就是其工作能力的基本保证,也是社会大众的普遍要求,这是由其职业的特殊性质所决定的,是必须的,不可忽略的。

4. 法律道德修养

良好的法律道德修养是指个人道德品质。法律职业具有特别的道德要求,这种道德要求是对个人的要求,即法律职业人士要有良好的个人品德,个人道德低下者必然无法主张社会公正。良好的道德修养是指良好的道德判别能力。法律职业的特殊性质要求法律职业人要具有判别是与非、公与私、善与恶、正与邪的道德能力。这种能力还不仅是个人品格问题，没有它的保证，就无法完成职业任务，无法实现职业使命。

5. 专业资格认定

法律职业是受人尊敬和令人羡慕的。它崇高的社会地位和丰厚的薪酬收入都令人神往。尤其是它所担负的神圣职责，是社会所必需且极为重要的。其工作者必须具有特定的专业知识和良好的道德品格。对于法律职业的从业者，应该有从知识要求着眼的严格的资格认定。世界上许多国家都为本国法官、检察官、律师的任职资格确立了确认制度。其中，包括必要的资格考试制度、资格确认标准与资格确认程序。在我国法治发展的进程中，相应的资格认定制度逐步得以确立和完善，其已经成为我国法律职业建设的重要环节与有力措施。

（二）法律职业道德的概念

1. 法官的职业伦理

作为一个特殊的职业群体，法官当然有自己的道德要求。古往今来，法官积淀了自己的文化，锻造了自己的伦理规则。

（1）忠诚司法事业。法官要牢固树立社会主义法治理念，忠于党、忠于国家、忠于人民、忠于法律，做中国特色社会主义事业建设者和捍卫者。坚持和维护中国特色社会主义司法制度，认真贯彻落实依法治国基本方略，尊崇和信仰法律，遵守法律，严格执行法律，自觉维护法律的权威和尊严；热爱司法事业，珍惜法官荣誉，坚持职业操守，恪守法官良知，牢固树立司法核心价值观，以维护社会公平正义为己任，认真履行法官职责；维护国家利益，遵守政治纪律，保守国家秘密和审判工作秘密，不从事或参与有损国家利益和司法权威的活动，不发表有损国家利益和司法权威的言论。

（2）保证司法公正。法官应坚持和维护人民法院依法独立行使审判权的原则，客观公正审理案件，在审判活动中独立思考、自主判断，敢于坚持原则，不受任何行政机关、社会团体和个人的干涉，不受权势、人情等因素的影响。坚持以事实为根据，以法律为准绳，努力查明案件事实，准确把握法律精神，正确适用法律，合理行使裁员权，避免主观臆断、超越职权、滥用职权，确保案件裁判结果公平公正。牢固树立程序意识，坚持实体公正与程序公正并重，严格按照法定程序执法办案，充分保障当事人和其他诉讼参与人的诉讼权利，避免执法办案中的随意行为。严格遵守法定办案时限，提高审判执行效率，及时化解纠纷，注重节约司法资源，杜绝玩忽职守、拖延办案等行为。认真贯彻司法公开原则，尊重人民群众的知情权，自觉接受法律监督和社会监督，同时避免司法审判受到外界的不当影响。自觉遵守司法回避制度，审理案件保持中立公正的立场，平等对待当事人和其他诉讼参与人，不偏袒或歧视任何一方当事人，不私自单独会见当事人及其代理人、辩护人。尊重其他法官对审判职权的依法行使，除履行工作职责或者通过正当程序外，不过问、不干预、不评论其他法官正在审理的案件。

（3）确保司法廉洁。法官应树立正确的权力观、地位观、利益观，坚持自重、自省、自警、自励，坚守廉洁底线，并依法正确行使审判权、执行权，杜绝以权谋私、贪赃枉法行为。严格遵守廉洁司法规定，不接受案件当事人及相关人员的请客送礼，不利用职务便利或者法官身份谋取不正当利益，不违反规定与当事人或者其他诉讼参与人进行不正当交往，不在执法办案中徇私舞弊，不从事或者参与营利性的经营活动，不在企业及其他营利性组织中兼任法律顾问等职务，不就未决案件或者再审案件给当事人及其他诉讼参与人提供咨询意见；妥善处理个人和家庭事务，不利用法官身份寻求特殊利益。按照规定如实报告个人有关事项，教育并监督家庭成员不利用法官的职权、地位谋取不正当利益。

（4）坚持司法为民。法官应牢固树立以人为本、司法为民的理念，强化群众观念，重视群众诉求，关注群众感受，自觉维护人民群众的合法权益。注重发挥司法的能动作用，积极寻求有利于案结事了的纠纷解决办法，努力实现法律效果与社会效果的统一。认真执行司法便民规定，努力为当事人和其他诉讼参与人提供必要的诉讼便利，尽可能降低其诉讼成本。尊重当事人和其他诉讼参与人的人格尊严，避免盛气凌人、"冷硬横推"等不良作风；尊重律师，依法保障律师参与诉讼活动的权利。

（5）维护司法形象。法官应坚持学习，精研业务，忠于职守，秉公办案，惩恶扬善，弘扬正义，保持昂扬的精神状态和良好的职业操守。坚持文明司法，遵守司法礼仪,在履行职责过程中行为规范、着装得体、语言文明、态度平和,保持良好的职业修养和司法作风。加强自身修养,培育高尚道德操守和健康生活情趣,杜绝与法官职业形象不相称、与法官职业道德相违背的不良嗜好和行为,遵守社会公德和家庭美德,维护良好的个人声誉。法官退休后应当遵守国家相关规定,不利用自己的原有身份和便利条件过问、干预执法办案,避免因个人不当言行对法官职业形象造成不良影响。

2. 检察官的职业伦理

在我国,检察官是与法官并列的司法官员,他们的职业伦理如同法官的职业伦理一样是极其崇高的。检察官职业伦理也是检察官职业共同体在职业活动中日积月累、逐步发展形成的,熔铸了检察官集体的心智,理应是社会道德的重要典范。检察官的职业伦理对于维护检察官的尊严、塑造检察官的良好道德形象都具有重要的意义。

(1)忠诚。检察官应当忠于党、忠于国家、忠于人民、忠于宪法和法律,牢固树立依法治国、执法为民、公平正义、服务大局、党的领导的社会主义法治理念,做中国特色社会主义事业的建设者、捍卫者和社会公平正义的守护者。尊崇宪法和法律,严格执行宪法和法律的规定,自觉维护宪法和法律的统一、尊严和权威,坚持立检为公、执法为民的宗旨,维护最广大人民的根本利益,保障民生,服务群众,亲民、为民、利民、便民。热爱人民检察事业,坚持检察工作政治性、人民性、法律性的统一,努力实现执法办案法律效果、社会效果和政治效果的有机统一。维护国家安全、荣誉和利益,维护国家统一和民族团结,严守国家秘密和检察工作秘密,保持高度的政治警觉,严守政治纪律,不参加危害国家安全、带有封建迷信以及邪教性质等非法组织及活动。初任检察官、检察官晋升,应当进行宣誓,牢记誓词,弘扬职业精神,践行从业誓言。勤勉敬业,尽心竭力,不因个人事务及其他非公事由而影响职责的正常履行。

(2)公正。树立忠于职守、秉公办案的观念,坚守惩恶扬善、伸张正义的良知,保持客观公正、维护人权的立场,养成正直善良、谦抑平和的品格,培育刚正不阿、严谨细致的作风。依法履行检察职责,不受行政机关、社会团体和个人的干涉,敢于监督,善于监督,不为金钱所诱惑,不为人情所动摇,不为权势所屈服。自觉遵守法定回避制度,对法定不可避事由以外可能引起公众对办案公正产生合理怀疑的，应当主动请求回避。以事实为根据，以法律为准绳，不偏不倚，不滥用职权和漠视法律，正确行使检察裁量权。树立证据意识，依法客观全面地收集、审查证据，不伪造、隐瞒、毁损证据，不先入为主、主观臆断，严格把好事实关、证据关。树立程序意识，坚持程序公正与实体公正并重，严格遵循法定程序，维护程序正义。树立人权保护意识，尊重诉讼当事人、参与人及其他有关人员的人格，保障和维护其合法权益。尊重律师的职业尊严，支持律师履行法定职责，依法保障和维护律师参与诉讼活动的权利。出席法庭审理活动，应当尊重庭审法官，遵守法庭规则，维护法庭审判的严肃性和权威性。严格遵守检察纪律，不违反规定过问、干预其他检察官以及其他人民检察院或者其他司法机关正在办理的案件，不私自探询其他检察官、其他人民检察院或者其他司法机关正在办理的案件情况和有关信息，不泄露案件的办理情况及案件承办人的有关信息，不违反规定会见案件当事人、诉讼代理人、辩护人及其他与案件有利害关系的人员。努力提高案件质量和办案水平，严守法定办案时限，提高办案效率，节约司法资源。严格执行检察人员执法过错责任追究制度，对于执法过错行为，要实事求是，敢于及时纠正错误，勇于承担责任。

（3）清廉。以社会主义核心价值观为根本的职业价值取向，遵纪守法，严格自律，并教育近亲属或者其他关系密切的人员严格执行有关廉政规定，秉持清正廉洁的情操。不以权谋私、以案谋利，不借办案插手经济纠纷。不利用职务便利或者检察官的身份、声誉及影响，为自己、家人或者他人谋取不正当利益；不从事、参与经商办企业、违法违规营利活动，以及其他可能有损检察官廉洁形象的商业、经营活动；不参加营利性或各种可能借检察官影响力营利的社团组织。不收受案件当事人及其亲友、案件利害关系人或者单位及其所委托的人以任何名义馈赠的礼品礼金、有价证券、购物凭证以及干股等；不参加他人安排的宴请、娱乐休闲、旅游度假等可能影响公正办案的活动；不接受他人提供的各种费用报销、出借的钱款、交通通信工具、贵重物品及其他利益。不兼任律师、法律顾问等职务，不私下为所办案件的当事人介绍辩护人或者诉讼代理人。在职务外活动中，不披露或者使用未公开的检察工作信息，以及在履职过程中获得的商业秘密、个人隐私等非公开的信息。妥善处理个人事务，按照有关规定报告个人有关事项，如实申报收入；

保持与合法收入、财产相当的生活水平和健康的生活情趣。退休检察官应当继续保持良好操守，不再延用原检察官身份、职务，不利用原地位、身份形成的影响和便利条件，过问、干预执法办案活动，为承揽律师业务或者其他请托事宜打招呼、行便利，避免因不当言行给检察机关带来不良影响。

（4）文明。注重学习，精研法律，精通检察业务，培养良好的政治素质、业务素质和文化素养，增强法律监督能力和做群众工作的本领。坚持打击与保护并重、惩罚与教育并重、惩治与预防并重，宽严相济，以人为本。弘扬人文精神，体现人文关怀。做到执法理念文明、执法行为文明、执法作风文明、执法语言文明。遵守各项检察礼仪规范，注重职业礼仪约束，仪表庄重、举止大方、态度公允、用语文明，保持良好的职业操守和风范，维护检察官的良好形象。执行公务、参加政务活动时，按照检察人员着装规定穿着检察制服，佩戴检察标识徽章，严格守时，遵守活动纪律。在公共场合及新闻媒体上，不发表有损法律严肃性、权威性，有损检察机关形象的言论。未经批准，不对正在办理的案件发表个人意见或者进行评论。热爱集体，团结协作，相互支持、相互配合、相互监督，力戒独断专行，共同营造健康、有序、和谐的工作环境。明礼诚信，在社会交往中尊重、理解、关心他人，讲诚实、守信用、践承诺，树立良好的社会形象。牢固树立社会主义荣辱观，恪守社会公德、家庭美德，慎独慎微，行为检点，培养高尚的道德操守。不穿着检察正装、佩戴检察标识到营业性娱乐场所进行娱乐、休闲活动或者在公共场所饮酒，不参与赌博、色情、封建迷信活动。不要特权、逞威风、蛮横无理。本人或者亲属与他人发生矛盾、冲突，应当通过正当合法的途径解决，不应以检察官身份寻求特殊照顾，不要恶化事态酿成事端。在职务外活动中应当严格约束自身言行，避免公众对检察官公正执法和清正廉洁产生怀疑，避免对履行职责产生负面作用，避免对检察机关的公信力产生不良影响。

3. 律师的职业伦理

律师作为法律职业既是为社会公众服务的，也是为法治建设服务的。律师的职业道德关系着社会的法律服务状态，也在一定程度上关系着法律的社会形象。

（1）基本准则。律师应当忠于宪法和法律，坚持以事实为根据、以法律为准绳，依法执业；忠于职守，坚持原则，维护国家法律与社会正义；诚实守信，勤勉尽责,尽职尽责地维护委托人的合法利益;敬业勤业,努力钻研业务,掌握执业所应具备的法律知识和服务技能,不断提高执业水平;珍视和维护律师职业声誉,遵守社会公德,注重陶冶品行和职业道德修养;严守国家机密,保守委托人的商业秘密及委托人的隐私;尊重同行,同业互助,公平竞争,共同提高执业水平;自觉履行法律援助义务,为受援人提供法律帮助;遵守律师协会章程,切实履行会员义务;积极参加社会公益活动。

(2)在执业机构中的纪律。律师事务所是律师的执业机构,律师的执业活动必须接受律师事务所的监督和管理。律师不得同时在两个或两个以上律师事务所执业。同时在一个律师事务所和一个法律服务所执业的,视同在两个律师事务所执业。律师不得以个人名义私自接受委托,不得私自收取费用;不得违反律师事务所收费制度和财务纪律,不得挪用、私分、侵占业务收费。律师因执业过错给律师事务所造成损失的,应当承担相应责任。

(3)律师在诉讼、仲裁活动中的纪律。律师应当遵守法庭和仲裁庭纪律,尊重法官、仲裁员,按时提交法律文件,按时出庭。律师出庭时按规定着装,举止文明礼貌,不得使用侮辱、谩骂或诽谤性语言。律师不得以影响案件的审理和裁决为目的,与处理相关案件的审判人员、检察人员、仲裁员在非办公场所接触,不得向上述人员馈赠钱物,也不得以许诺、回报或提供其他便利等方式与承办案件的执法人员进行交易;不得向委托人宣传自己与有管辖权的执法人员及有关人员有亲朋关系,不能利用这种关系招揽业务。律师应依法取证,不得伪造证据,不得怂恿委托人伪造证据、提供虚假证词,不得暗示、诱导、威胁他人提供虚假证据。律师不得与犯罪嫌疑人、被告人的亲属或者其他人会见在押犯罪嫌疑人、被告人,或者借职务之便违反规定为被告人传递信件、钱物或与案情有关的信息。

(4)律师处理与委托人、对方当事人关系的纪律。律师应当充分运用自己的专业知识和技能,尽心尽职地依据法律的规定完成委托事项,最大限度地维护委托人的合法利益。律师应量力而为,不接受自己不能办理的法律事务,律师应当遵循诚实守信的原则,客观地告知委托人所委托事项可能出现的法律风险,不得故意对可能出现的风险做不恰当的表述或做虚假承诺。为维护委托人的合法权益,律师有权根据法律的要求和道德的标准,选择完成或实现委托目的的方法。对委托人拟委托的事项或者要求属于法律或律师执业规范所禁止的，律师应告知委托人，并提出修改建议或予以拒绝，律师不得在同一案件中为双方当事人担任代理人。除偏远地区只有一家律师事务所者外，同一律师事务所不得代理诉讼案件的双方当事人。律师应当合理开支办案费用，注意节约；严格按照法律规定的期限、时效以及与委托人约定的时间，及时办理委托的事务；及时告知委托人有关代理工作的情况，对委托人了解委托事项情况的正当要求，应当尽快给予答复；在委托授权范围内从事代理活动，如需特别授权，应当事先取得委托人的书面确认。律师不得超越委托人委托的代理权限，不得利用委托关系从事与委托代理的法律事务无关的活动。律师接受委托后无正当理由不得拒绝为委托人代理。律师接受委托后未经委托人同意，不得擅自转委托他人代理。律师应当谨慎保管委托人提供的证据和其他法律文件，保证其不丢失或毁损。律师不得挪用或者侵占代委托人保管的财物；不得从对方当事人处接受利益或向其要求或约定利益；不得与对方当事人或第三人恶意串通，侵害委托人的权益；不得非法阻止和干预对方当事人及其代理人进行的活动。律师对与委托事项有关的保密信息，委托代理关系结束后仍有保密义务。律师应当恪守独立履行职责的原则，不因迎合委托人或满足委托人的不当要求，丧失客观、公正的立场，不得协助委托人实施非法的或具有欺诈性的行为。

4. 律师与同行之间的纪律规范

律师应当遵守行业竞争规范，公平竞争，自觉维护执业秩序，维护律师行业的荣誉和社会形象；应尊重同行，相互学习，相互帮助，共同提高执业水平，不应诋毁、损害其他律师的威信和声誉。律师、律师事务所可以通过以下方式介绍自己的业务领域和专业特长：可以通过文字作品、研讨会、简介等方式普及法律，宣传自己的专业领域，推荐自己的专业特长；提倡、鼓励律师、律师事务所参加社会公益活动。律师不得以贬低同行的专业能力和水平等方式招揽业务；不得以提供或承诺提供回扣等方式承揽业务；不得利用新闻媒介或其他手段向其提供虚假信息或夸大自己的专业能力；不得在名片上印有各种学术、学历、非律师业职称、社会职务以及所获荣誉等；不得以明显低于同业的收费水平竞争某项法律事务。

第三节　法学教育的一般原理

一、中国法学教育的三维度人才培养定位

中国法学教育的转向有着特定的时代背景，中国法学教育要为推进中国的民主与法治实践服务，这也就意味着中国法学教育的人才培养的目标定位应当是致力于培养构成中国法治基础并能推动中国法治进程的法律共同体的力量。那么，在人才培养的具体目标定位上，它是一种三维度法律人才培养的定位。换言之，就是"思想有深度，知识有广度，实践有力度"的法律人才的培养。

（一）思想要有深度

思想有深度是指法律是理性化思维的产物，法学教育所要培养的法律人才不仅仅是掌握法律知识与法律技术的人，它还要致力于培养法科学生的法律思维。从总体上来看，就是要训练出能够对现存制度的一种批判性思维，也只有在此基础上，才有可能具有建设性作用。要实现这一维度的目标，需要加强理论法学的教育与训练。

（二）知识要有广度

学生在掌握马克思主义基本立场、观点和方法基础上，能够进行全面、系统的法学专业知识的学习与训练，法律科学在面向社会生活的时候，带有明显的综合性。因此，除了全面系统地学习法学专业知识以外，还应当涉猎与掌握其他学科，特别是相关学科之间的知识。只有在有充足的知识储备或者说知识有广度的情况下，才能培养出既能从事法学教育与研究，又能从事立法、司法、律师等法律实践工作的素质全面的高层次专门人才。

（三）实践要有力度

法学专业是一个理论性和实践性很强的学科，法学理论教学和实践教学必须有效结合。达成这一法学本科教育目标的核心就是着重对实践能力的培养和提高。体现在法学教育与法学教学上，其主要表现为法学教学的方法应当多样化，应当活泼与务实，在注重理论教育的同时强化案例、诊所式、实践教学，通过实践教学提高综合能力，增强法律共同体的认同与职业伦理意识。这就需要增强实践教学的实施力度，改变许多法科学生毕业后仍缺乏对知识的整体把握，无法把各门课程联系起来并应用到实际中去的现象，加大对实践教学的理论研究。

从以上三个方面的阐述可以看出，在三维度法律人才培养中，将实践教学置于相当重要的地位。三维度法律人才的目标定位是高校法学教育的一种探索，当然也有其他说法，但无论如何法学教育中的"实践教学"问题已经成为法学教育研究的重点问题。

二、专业方向的设置与法律人才的培养

在市场经济条件下，法律服务方向和内容的调整所遵循的主要是市场供求关系的调节。法律服务不是政府机关的管理活动，它的提供以客户的主动聘请为前提。由某一主管部门或学校用计划的方式预先确定学生的专业方向的做法，不可能及时跟上社会需求的变化。在市场经济条件下，各种专业人才的培养，应当由学生自己根据人才市场的供需变化、自身条件和兴趣，以及所处的环境来决定和调整。对于本科生而言，大学学习主要是打基础的过程，掌握的知识面应广一些。如果国际法专业的学生对国内法不甚了解，法律学专业的学生对国际经济法不甚了解，法学教育就不能说是成功的。实际上，不少学生在学习过程中自觉或不自觉地超出或打破了专业设置的界限，并根据自身的需要和今后的发展方向选择课程。

三、教研室机构的设置和教员的素质要求

我国法学教育中专业的划分是指对于学生而言，而这种划分又和相对教

员而言的教研室体制的设置相配套。因此，专业划分的改革也必然与教研室体制的改革相联系。

在我国，每个法律院系下面都划分为不同的教研室，教研室既是学术研究和教学的机构，又是一种行政管理的机构。教研室的体制有利于新教员的培训，同时也有利于教员学术研究和讲授水平的提高。在法学教育刚刚起步时，教研室体制有利于促进研究和教学的深入，有利于师资力量的提高。但在进入新的发展阶段之后，这种体制已经不能适应时代的需要。如果可以取消教研室的建制，要求每位教员都必须能开设至少两门或更多的课程，教员的人数不仅能够大大减少，教学和研究的水平也可以大大提高。与此相关，招聘教员的范围也应更宽一些。不然，师资联系实践和动手的能力，就不可能得到提高。

在一些法律院系中，教研室的建制已经取消，但是，其他的建制，如院下设系，又流行起来。因此，这种突破还不是完全的突破，当然，教研室体制的改革不能孤立进行，它必须和专业设置的改革和高教人事制度的改革密切联系在一起。

四、课程培养目标、课程设置和讲授方法

课程的设置和教育的培养目的紧密相连。不同的法律文化传统具有不同的培养目的，要培养的人才的知识结构也有很大的不同。

长期以来，我国的教育被视为系统地传播知识的过程，法学教育也不例外，其被认为是系统传授法学知识的过程。因此，各个法律院系的教育往往只重视系统知识的传授，而不太重视学生能力的培养和训练。近些年来，不少法律界人士认识到了这一问题，也进行了一些改革。但从整体上看，对学生能力的培养和训练，仍然没有得到足够的重视，法律院系的毕业生不能在毕业后很快地适应工作，其眼高手低、动手能力差等现象仍然相当突出。无论是课程的设置还是讲授的方法，仍然与社会的实际要求有相当大的差距，仍然需要用相当大的力量进行改革。

课程设置和教学方法的改革，必须以培养目标和培养观念的改革为前提，即法学教育不仅要传授法律知识，同时要培养和训练学生的实际操作能力。

能力的培养应当提到与知识的传授同高的地位。在具备了基本的法律职业能力和素质的基础上，一些具有学术研究兴趣、能力的部分人员才可能进行真正有意义的法律学术研究。如果连这些基本的职业能力和素质都不具备，其研究的结果就难免是纸上谈兵。在明确了上述目标后，课程和教学改革的必要性和方向也就清楚了。我国法律院系的课程设置历来以知识的系统性和科学性为目的，很少考虑实际操作能力的培养，也很少考虑社会的实际需求。下面主要从四个方面进行分析。

（1）法律课程的开设。我国法律课程的开设主要以法学部门法学科的划分或国家颁布的主要法律（基本法）为标准，以培养和训练学生实际操作能力为主要目的和以社会需求为导向的课程开设得很少。

（2）法律课程的教授。我国法学院的大多数教师在课堂上所讲授的，主要是如何注释现有的法律条文以及论述各门课程的体系和基本理论，其目的在于引导学生掌握系统的知识体系，如学会通过分析条文和逻辑推理得出正确的答案。其着重讲授的知识不过是一种记忆性的知识，至多是静态的分析理论，缺乏对学生实际操作能力的培养。

（3）法律课程的结构。与我国当前努力实行的市场经济的需要相比较，法律课程中涉及市场经济的课程所占的比重不够，有些课程的内容也亟须改进或充实。我国的法学教育重视史论课的开设而缺少应用部门法课程的开设；在这些部门法课程中，传统的民商法课程所占的比重就更少；现在所开设的经济法的课程也有很多建立在计划经济的基础上，部分内容已不适应市场经济的需要。

（4）法律课程的课程比重。我国法学院设置的选修课所占的比重大大低于必修课。在课程表中，必修课一般占到 3/5 甚至 2/3。这种状况的结果是，学生无法根据自己的兴趣和发展方向选择课程，教师也不能充分地发挥主动性，形成竞争机制。

除了课程设置问题外，教学方法也是需要改进的一个重要方面。虽然我国不是案例法国家，但是运用案例方法进行教学已经被不少教师的教学实践所证明是行之有效的方法。它能使学生掌握应用法律的技巧，使学生主动地参与教学的全过程，避免被动式的学习。

第四章 法律教育的实践原理与法律实践课程

　　法律实践教学是在我国本科法律教育过程中开展的旨在训练法科学生实践技能的教学模式，是与理论教学相互衔接、相互支撑的法律教学体系的一个重要组成部分。目前，法律实践教学坚持实践教学系统化原则、实践教学方法与技能训练目标相匹配原则、技能训练与人格培养相统一原则具有重要现实意义。本章主要论述法律教育的实践原理、法律实践课程概述这两个方面的内容。

第一节　法律教育的实践原理

一、法律教学方法和培养目标观念的改革

　　国家的兴衰与是否有一批厉行法度的仁人志士密切相关，我国在高扬法治的旗帜，把建设社会主义法治定为新时期治国方略，全力推进法治进程之时，一批高素质的法律人才是我国法治建设过程中的关键环节之一。而要造就一批高素质的法律人才，法律教育的重要性则是显而易见的。如果只有法律规则，而没有适用规则的高素质人才，规则之治就仍然是空中楼阁。我国从一开始提出加强法治时，就认识到了法律人才于法治乃至国家兴盛之重要作用。在这一认识下，社会对法律教育倾注了极大的关注。回顾过去的历程，

人们可以感觉到我国法律教育发展的急促步伐和迅猛势头。我国在 1976 年仅有两所大学有法律系；1978 年有 6 所法律院系，178 名教师，1299 名在校生；1987 年共有 86 所法律院系，5216 名教师，42034 名在校生；在 1987 年恢复招收研究生后，共有在校研究生 3951 人。到 1999 年，我国法律教育的发展在规模上更是惊人。据 2017 年不完全统计，目前全国有 490 余所普通高等院校设置了法律院系或法律专业。

尽管法律教育随着我国法治的发展正在十分迅速的发展，但数量的激增并不等于法律教育的成功。我国法律教育仍然处于一种摸索和开创的阶段。无论是在法律教育的指导理念、培养目标、结构设置等宏观方面，还是从教学模式、方法、内容和课程设置等微观方面，并没有形成系统的成熟经验和模式。不少法律院系并没有自觉或认真地思考法律教育的指导理念和培养目标等问题，更谈不上有目的地设计自身的课程和探讨有效的教学方法。教学内容的相对陈旧和教学方法上的僵化单一也是有目共睹的现实。按这种方式训练出来的学生一来到社会上，便会发现在书本上明确的法律规范在现实中竟然会变得如此模糊和具有伸缩性；发现所面对的社会现象如此千差万别，课堂中那些明晰的典型案例很难找到可供套用的具体事实；发现要把法律规范和社会现实相结合，需要如此之多的书本和法律条文以外的真功夫和批判性的创新思维。他们因而手足无措、无所适从。

纵观我国法律院系的课程设置，其历来以传授系统和科学的知识为目的，很少考虑实际操作能力的培养，也很少考虑社会的实际需求，这使法律成为一种坐而可论之道的这种课程设置，忘记并抛弃了法律教育的两个重要功能，即培养学生的职业实践和操作能力以及法律教育的这两种目的，历来被中外法律教育所公认。而我国法律教育的实践，往往偏重知识传递和学术研究，忽略了职业思维训练和能力的培养。显然，这种情况有悖于法律教育的宗旨。我国法律教育的这种弊端，可以从三个方面略见一斑：法律课程的开设主要以部门法律科的划分或国家颁布的主要法律（基本法）为标准，而以培养和训练学生实际操作能力为主要目的的课程开设得很少。大多数教师在课堂上所讲授的主要是如何注重现有的法律条文以及论述各门课程的体系和基本理论，其目的在于引导学生掌握系统的知识体系，而这种对于条文的纯粹分析，在现实当中几乎是不存在的。与我国当前努力实行市场经济和对外开放的需要相比较，法律课程中涉及市场经济、比较法和国际商事法的课程所占的比重不够，有些课程的内容也亟须改进或者充实。

由于社会的批评和学生的责难，越来越多的法律教师认识到了这种教育模式的弊端，这对现行的法律教育模式构成越来越大的压力。在这种压力的推动下，我国法律教育界开始探索法律教育方法的改进，并将这种方法运用到法律教育中。在更多的情况下，教师是以自己对法律的学理认识去影响学生，甚至依照自己对法律的理解去选择合适的案例，指导学生进行讨论，然后达到统一认识的圆满结果。于是，每一位教师都会因为把自己的知识传授给了学生而沾沾自喜，而学生也会以自己对法律的认识最终与教师的相吻合而感到高兴。总而言之，虽然在不断努力进行法律教育方法的改革，但在根本上，并没有改变"以理解法律含义、传授法律知识为宗旨的教育模式"；因而法律教育忽略了一个重要的问题，即培养学生成为法律职业者。法律教育不仅要传授法律知识，同时也要培养和训练学生的实际操作能力。能力的培养应当提到与知识的传授同等的地位。在明确了上述目标后，课程和教学改革的必要性和方向也就清楚了。

二、法律教育的具体培养目标

法律教育应当培养什么样的法律人才的答案从未统一过。每个观点从其自身角度而言都有其道理。但从法律教育的整体而言，尤其是对其主要构成部分的法律本科教育（对有些院校则是法律硕士教育）而言，其培养目标应当以"高素质的法律职业人才"为主。"学术型"人才在任何国家和领域都是少数群体而非大多数群体。因此，就整个法律教育（主要指法律本科、法律硕士和大部分法律硕士）的培养目标而言，应当以法律职业人才为主，而非以学术人才为主。少数高层次法律院系坚持以学术人才培养为主也未尝不可，但是也要实事求是地分析一下到底有多少毕业生能够从事法律研究和教学工作，合理分配其教学资源和设置课程。不能仅仅为了标榜是"层次高"或"一流"，而不顾社公的实际需求及其毕业生的就业现实，不考虑法律人才培养的一般规律。

学术型人才的培养应结合法律教育的具体项目而言，在所有培养项目中，法律博士项目应当是培养学术型人才的主要途径，把对博士的要求用于所有其他法律人才培养项目，难免有些不切实际。博士要少、要精，要有独特的思想，应当从具有学术潜力的本科生和硕士生中百里挑一精选出来，不可大规模批量化生产。尽管是否有博士点成了衡量一个法律院系是否为优秀法律院最明显的标志，但是应当客观如实地评价博士生项目在一个法律院系各种项目中占据的实际分量和地位。实际上，法律实践的每一个环节都为深层次的理论研究提供了丰富的素材和多元化的课题。法律研究和教育应当具有强烈的现实关怀、问题意识、深入解剖和理论升华的视野和能力。

法律人才应当具有广博的人文社会和历史哲学基础，甚至需要反科学技术基础，即法律人才知识结构和通识性基础的塑造问题，我国法律硕士的设立无疑也有同样的初衷。但是，对于把本科教育作为主流的我国法律教育而言，这种把学术训练和通识教育都融入法律教育框架的做法，则是想鱼和熊掌兼得的想法。不排除个别天赋很高的学生能够成才，但却很难作为普通的模式普及。解决的方法不外乎两个：改革法律本科培养方案。在一年级甚至二年级第一学期主要学习各种通识性课程（人文、社科等），在高年级开始学习法律课程；在适当时机把法律教育变为研究生教育。主张培养"博雅型"或"通识型"法律人才的观点，强调综合人文、社科知识的基础性；如果法律人没有坚实的人文、社科和历史哲学等知识，就难逃"法律匠人"的泥潭。这一观点很有道理，但是也不能以此来否定法律教育的职业性和应用性。

除了理论与实践不可截然分隔，通识与职业教育可分阶段进行，法律教育的培养目标不在于填鸭式的知识灌输和背诵，也不在于对天文地理的简单通晓，而在于培养法律人才独特的法律思维和处理法律疑难问题的综合能力。而高层次法律职业人才也包括能够从现实法治实践中发现并致力于解决其深层理论问题的学术敏感和研究能力。这种基于法治实践而产生的学术人才是社会急需的人才。知识结构和基础固然重要，但是张嘴夸夸其谈，遇到实际问题束手无策，只会讲理论知识而不会办理案件的半成品，绝非法律教育培养的目标。反之，仅仅会办理案件却不具备上升到理论层面提出新思想和创新观念的实用性人才，也称不上是"高层次的法律职业人才"。为了培养真正能够解决社会和法律难题的人，仅仅知识储备远远不够，而应当在理论知识学习的基础上，培养法律人才精到的法律思维、处理问题的综合能力和全方位的大视野。为此，我国法律教育应当明确培养目标，改革教学模式，加强实践性教学，从实务界吸收具有丰富实践经验的职业法律者参加教学，注重培养学生独立发现和解决问题的能力。

卓越法律人才培养计划提出的培育目标应适应多样化法律职业要求，坚持厚基础、宽口径，强化学生法律职业伦理教育，强化学生法律实务技能培养，提高学生运用法律与其他学科知识方法解决实际法律问题的能力，促进法律教育与法律职业的深度衔接。

三、操作方案的设计与具体实施方法

如果上述培养目标能够确立，下一步就需要推动法律教育的课程设置。我国法律教育注重宏观教育理论和概念的分析与争论，而忽略了操作层面，对课程设置等问题的深入研究和精心建构。

（1）课程设置应考虑实际情况。课程设置不应仅仅按照法律学科分类或部门法的划分标准，简单做出对应性的课程设置；更不能把一门课程的学分多少或是否是必修课作为衡量某个分学科或部门法是否重要的标准。法律课程的设置应当以培养高素质的各类法律职业人才必备的知识、素质和能力为指引，即根据应具备的知识、素质和能力设置相应的课程体系。其中的核心课应当是对培养这些基本素质和能力具有基础作用的课程，围绕这些课程建立相应的不同类型的法律人才的课程体系和培养方案。现在很多核心课程的设置并没有按照这种培养思路和教育规律进行设置，而是成为标榜某一分学科或部门法是否重要的标志，这种状况造成的结果是各个分学科或部门法努力把自己的课程列入核心课，而很少考虑这些核心课对培养高素质法律职业人才有哪些实际作用。再加上实际操作的教务办或教务员往往缺乏对法律教育内在规律的深入了解和研究，缺乏科学务实的态度，从而形成了核心课不断扩大，法律院学生的必修课学分远远超过选修课学分，学生选课的空间隔日益压缩，难以有效进行分类培养的局面。可以说，这种课程设置的做法缺乏对法律教育规律性的研究，从而缺乏科学性，对法律教育质量的提升也鲜有帮助。

（2）课程设置不应追求千篇一律的局面。各个法律院系所处的区域和面临的就业市场不同，其办学条件和优势不一样，其具体的培养目标和类型也有所差异，因此其培养方案和课程设置也应当各有特色，即使在一个学院内，不同类型的项目应有不同的培养目标，其培养方案和课程设置也应有所区别。卓越法律人才培养计划的一个亮点，就是承认发展的差异性和法律教育的多样性。

（3）课程设置是一门要投入精力和时间进行研究的学问。作为教师，应当了解一些教育学；作为法律院教务部门和院系领导，应当了解法律教育的规律和高层次法律职业人才培养的路径。我国法律教育正处于大发展的阶段，对于法律教育规律尤其是操作层面上课程设置和培养方案的深入研究则非常必要。凭借卓越法律人才培养计划的实施，弥补这一短板的时机已经到来，需要我们潜下心来，补上这一课。

（4）按照形成高层次法律职业人才应具备的基本素质和能力的要求设置核心课程和整个课程体系。就卓越法律人才培养计划提出的三类培养模式而言，每一类模式的具体培养目标和就业出路都有所不同，其基本素质也应有所不同。课程设置和培养方案作为实现某一具体培养目标的路径也就因此而有所不同。

总之，课程设置和培养方案的制定是一门科学，需要在研究具体类型的法律人才所应当具备的基本素质和能力的基础上，有目的地进行科学设计和实施，不可盲目决策，也不可没有顶层设计。

第二节　法律实践课程概述

本科教育应当使学生比较系统地掌握本学科、专业必需的基础理论、基本知识，掌握本专业必要的基本技能、方法和相关知识，具有从事本专业实际工作和研究工作的初步能力。法律教育在建设社会主义法治国家过程中应当具有前瞻性、全局性和基础性的战略作用。从社会意义上说，法律教育是审视社会文明程度高低和法治建设进程快慢的重要表现形式。而这一时期的法律教育效果的好与坏不仅影响法律人才培养质量的高低，而且，最终也会影响法治建设的进程。

司法是一个国家的最后一道正义屏障，而法律职业大多与这一屏障直接相关，法律职业共同体的职业操守直接关系到国家的法治未来。对于绝大多数学生而言，只有深入认识实践、了解实践、经历实践，才能够理解法律的作用，才能够体会法律职业的地位，才能够建立起法律职业的伦理观念。所以，必须通过加强专业实践教学来建立和强化法律职业伦理，综观世界当前法律教育的潮流，法律职业教育是法律教育正规化的必然途径。

一、法律实践课程的概念和特点

（一）法律实践课程概述

对于法律实践课程这样一个新概念，需要结合法律教学实践的特征进行界定。有学者认为课程是为达成训练儿童和青年在集体中思维和行动而建立的一系列经验的总结，有学者认为课程是学生在学校指导下获得的全部经验。纵观国内外相关文献，对课程的定义多达上百种，其中较有影响的定义为以下几种：（1）课程是一种学习方案。这是中国较为普遍的对课程的理解，把教学计划作为课程的总规划，把教学大纲作为具体知识材料来叙述。（2）课程是一个具体学科的内容。（3）课程是有计划的学习经验。这是西方最为流行与最有影响力的课程定义，它认为课程是学生在学校教师引导下所获得的全部经验。而相对于课程概念的多元化，实践的含义则较为统一，主要有四个方面的要素：一种活动；改造自然和社会的活动；客观的活动；与理论相对的活动。结合实践的概念，并考虑到法律教学的实际，法律实践课程是指贯穿着法律学科运行整个过程的活动，与法律理论课程相对，注重学生的参与体验与反思，通过个性化体验来完成。

（二）法律实践课程的四个特点

从其形式的角度，相对于课堂教师讲授而言，法律实践课程特指通过一定真实的和模拟的实践形式，培养学生实践能力的教学方式。据此可以看出，法律实践课程具有以下四个主要特点：

（1）实践性。法律实践是一种具有创造性的工作，并不是简单的逻辑推理过程。实践教学主要通过课堂外有计划、有组织的一系列实践活动，来培养法律专业学生具体应用法律基本知识、解决实际问题的能力。法律实践课程在目标上注重学生实践技能的培养，以能力为本位，具体包括学生的法律思维能力和法律操作能力。

从法律思维能力来讲，司法实践是复杂灵活的，不像书本知识那样相对凝固，它没有现成和绝对确定的答案，教师应当在与学生讨论的过程中，假设各种可能性，引导学生去发现有关的事实材料、法律规范、各种可变因素以及各因素之间的复杂关系。通过这种思考和分析，找出最佳的可行方案，培养学生的法律思维能力。

从法律操作技能来讲，传统教学的目的在于引导学生掌握系统的知识体系，学会通过分析条文和逻辑推理得出准确的答案，却使学生无法得心应手地应用法律解决具体问题。法律实践课程的主要内容就是学习如何收集、分析、判断和确认事实，如何运用心理学语言行为分析的方法以及经济、文化、社会、道德等方法分析法律的实际运行和操作。通过这些课程内容来实现对学生法律操作能力的培养。

（2）启发性。《教育部关于进一步深化本科教学改革全面提高教学质量的若干意见》中指出："要大力推进教学方法的改革，提倡启发式教学，注重因材施教。"在实践性课程中，教师为学生提供解决案情的方法和思路，通过讨论式、问题式、交互式等启发式教学方法，采用社会实践、社会调查等形式来提高学生研究和探索的兴趣，从而激发学生的全面性、主动性、批判性思维，增强学生对新知识的解释、推理、运用能力。因此，法律实践课程在方法上的启发式有利于因材施教，增强教学效果。

（3）灵活多样性。与法律理论性课程的教学相比，法律实践课程的学习和实践形式更加灵活多样。其强调课内与课外相结合，课上与课下相结合，校内与校外相结合。同时，每门具体的课程都有自己独特的实践形式。比如，在观摩实习中，学生们以旁观者的身份认真观察各类司法机关的运作模式，获得直观上的认知感。而在模拟法庭上，学生们则通过亲身饰演法官、检察官、律师、原告、被告等不同角色来体验庭前、庭中和庭后的情况；又如法律诊所，学生们以代理人的身份接触真实的案件，直接为当事人提供法律援助，完整地体验案件的整个处理过程。

（4）综合性。法律实践课程把学生置于真实或近乎真实的环境中，以学生亲身参与实践为主，以教师指导为辅，在实际的工作或模拟的实践活动中让学生学会主动应用所学知识，并结合自身能力解决问题，学生不仅要综合地运用各章节的法律知识进行分析，而且要综合地运用本学科的知识进行分析，建立起优化的认知结构。实践教学培养了学生的操作能力、自学能力、组织能力、观察能力、写作能力、表达能力、管理能力以及专业意识等综合性能力。

二、法律实践课程的关键意义

教学目标的实现应当根据不同学科的不同要求来确定，法律教学目标的双重性决定了实践教学的必要性。实践教学既能提高学生分析问题和解决问题的能力，又能活跃学生的思维，强化学生主动学习的意识，弥补课堂讲授中的不足，全面提高学生的专业素质和能力。法律实践课程设置的意义主要体现在以下四个方面：

（1）实现教育国际化。美国法律哲学家指出：如果一个人只是一个法律的工匠，只知道审判程序之规程和精通实在法的专门规则，那么他不能成为第一流的法律工作者。有学者则认为，司法是一种"人为理性"，需要通过长期直接接触司法实践才可能形成。从未来社会经济和科学技术发展对高等教育人才需求的基本趋势及其质量标准看，人才的素质问题逐渐成为人们关注的焦点，而人才素质的核心之一，就是人才的创新意识、创新思维和创新能力。法律人才的培养模式决定着社会法律的运转模式。因此，法律教育必须树立国际意识和全球意识，以具有国际性和国际竞争能力的法律教育来应对经济和法律的全球化，培养具有应变能力和适应能力的高素质人才。

（2）克服传统法律教学方法弊端。我国的传统法律教育通常是以传授系统和科学的法律知识为目的，教学方法注重书本和课堂理论教学，忽视对学生分析和处理实际法律案件能力的培养。这种法律教学模式由于过于抽象，学生的主动性和创造性不能得到最大限度的发挥。同时，因为实际应用的欠缺，也使得学生对其所学的知识得不到准确的认识和理解，知识掌握难以牢固。单纯的讲授式教学不利于培养学生的创造性思维，更不利于培养学生运用法律独立分析和解决问题的能力。因此，通过实践教学，对学生进行实践性法律教育，可以训练学生解决具体案件的能力，并从中学习选择法律、分析法律、解释法律和使用法律的方法。

（3）培养高素质法律人才。在激烈的社会竞争中，具有竞争力的人才必须具备很强的以创新能力为基础的适应能力、分析问题与解决问题的能力。为此，法律教育必须注重对学生分析问题、解决问题能力的培养。教师必须在观念上从被动接受型向主动思维型转变，通过实践教学使学生在实际工作中发现自己的潜能和价值，培养自己的个性，锻炼自己的能力和素质。实践性课程的开展可以使学生真实体会法律职业的特色，增强职业技能。在概念、原理这些思辨性的规则之外，依靠主体的情感体验来完成知识的现实应用。同时，由于法律实践教学使用的策略也并不是单纯的法律规定，而是综合运用社会学、政治学、心理学、经济学、医学等多学科的知识，这样能够对学生进行多方面的培养。

（4）衡量法律教育质量的重要指标。高校的教学质量水平是高等教育质量水平的重要体现，提高法律教学质量，培养理论扎实又具备创新能力与实践能力的复合型法律人才，一直是法律教学孜孜以求的目标。从当代高等教育的人才培养来看，课程设置应当满足时代性、实践性、探索性、综合性的要求，法律实践课程正是对以上课程设置要求的满足。法律实践课程可以反映立法与司法的最新进展，反映法律学科研究的最新学术成果，可以很好地体现时代性。法律实践课程以实践为主要形式，能够满足学生走上社会的实际需要，具有很强的实践性。法律实践课程重视培养学生的创新精神，具有较强的探索性。法律实践课程打破了部门法教学的局限，完整地体现了司法实务的整个流程，学习的内容上不仅使学生们学到了法律应用常识，还增长了其他方面的社会知识和自然知识，全面完善学生的知识体系，具有综合性。由此可见，实践性课程开展的好坏可以作为衡量法律教育质量的重要指标。

三、法律实践课程的教学目标

法律实践教学体系构建必须以实践教学目标体系为前提和依据。我国法律实践教学的目标应当是培养符合社会需求，具备法律职业技能以及专业素养的专门性人才。这个目标要满足三个方面的要求。

（一）培养法律专业技能

法律职业肩负的特殊使命要求其从业者必须具备广泛而专精的职业技能，法律专业的本科教育应强化学生的职业技能，使他们毕业后能尽快适应法律职业的要求，培养法律职业技能具体体现在以下三个方面：

（1）基础性能力。基础性能力主要包括社会认知能力、人际沟通能力和社会适应能力三种能力。培养社会认知能力是法律实践教学最基本的教学目标，也是培养人际沟通能力和社会适应能力的前提和基础。作为法律人，应当有一定的生活经验、社会阅历以及对社会现象的感知力、适应力和理解力。因此，首先要学会与社会接触，了解社会、认知社会，实现其最基本目标。在此基础上训练良好的人际沟通能力，善于使用社会群体语言与社会成员沟通，帮助其正确认识自己和恰当地展示自己。同时，必须具有较强的社会适应能力。社会适应能力是社会对学生的总体期望，也是判断办学效果的基本标准。因此，训练人际沟通能力和社会适应能力也是法律实践教学最基本的目标。这种能力的形成需要通过法律整体实践教学过程来实现，

（2）应用能力和基本操作技能。法律专业学生的应用能力是指能准确、适当、熟练地将法律运用于社会问题，在法的适用过程中善于发现问题，运用法律思维观察、分析问题，最终以法律手段解决问题的能力。法律专业学生的基本操作技能主要包括语言表达能力、掌握和运用信息能力、推理能力与论证能力。语言表达能力是指学生应当具备准确掌握法律术语，以口头或文字语言的方式与他人交流，表达自己对特定事实或问题的看法的能力。语言是律师的职业工具，语言表达能力是法律专业学生的重要技能。除此之外，还应当掌握运用现代办公设备的技能，获取信息的技能，以及严密的推理能力和严谨的论证能力，主要是正确的推理和有力的论证技术。因此，推理能力和论证能力也是一种法律职业者的基本技能。该目标主要通过完善的各类实践教学环节来实现。

（3）拓展性能力。拓展性能力在法律专业中主要指的是创新能力。创新能力是参与全球化人才竞争的重要砝码，也是法律工作者必备的能力之一。

因此，培养学生的创新能力，也必定成为法律实践教学的重要目标之一。法律专业学生创新能力的培养需要在具备基础能力的基础之上来实现。这要求教师在日常教学中拓宽学生的视野，对其进行拓展性引导，让学生在实践课程中广泛接触具有典型特征或争议的案件，对其独立性思考能力和创新能力进行针对性培养。

（二）培育法律职业道德

法律职业道德是基于法律职业的特殊性而演化出来的严格且详细和具体的职业规则。虽然这些规则不是由国家的强制力保证实施的，却是由职业团体强制实行的，具有一定的法律效力。法律职业道德关注的是法律职业者应该如何从事社会的法律事务，它不仅要关注职业道德之于法律职业的意义，还要关注法律职业行为对错、好坏的标准，以及证明法律职业行为正当与否的适当理由，并合理解决法律职业领域的道德冲突。只有法律知识，不能算作法律人才；一定要于法律学问之外，再具有高尚的法律道德。可见，法律职业道德修养是维护法律职业的一个不可或缺的因素。较高的法律道德修养，是法律职业者在实际工作中维护法律尊严和价值的根本保证。立法者如果欠缺法律道德修养，那么所立之法难免会偏袒部分利益群体而背离广大人民的利益；执法者如果欠缺法律道德修养，就会在执行法律的过程中滥用职权，危害正常社会秩序；司法者如果欠缺法律道德修养，就更难以保持中立与公正。因此，培养法律职业道德，提高法律职业素养是法律实践教学追求的首要目标。

法律职业道德的培育，应从态度或情感教学入手。完善实践课程体系和教学方法，同时将讲授法、渗透法、案例教学法、示范和角色体验等方法引入法律职业道德教育，为学生创设情感体验场并为学生积累情感经验提供机会。

（三）培植法律信仰

法律信仰一般是指人们对于法律的一种尊敬的态度，是自愿接受法律统治的一种信仰姿态。我国于1988年、1993年、1999年、2004年和2018年五次公布了《中华人民共和国宪法修正案》，对《中华人民共和国宪法》进行修改。修改内容涉及序言、总纲、公民基本权利、国家机构、国歌等内容。其中 1999 年 3 月的宪法修正案，将依法治国、建设社会主义法治国家写入宪法。只有法治成为全体社会成员的共同信仰、追求和理想目标时，法治才能获得必要的精神支持；只有社会公众积极参与法治建设，法治的理想才会在实践中逐步实现。培植法科学生的法律信仰是实现社会主义依法治国方略的需要，是发展社会主义物质文明、政治文明和精神文明的内在要求。法律人对法律有着更深层次的理解和探索，对法治社会的建设有着更为重要的作用，法律专业的学生是未来的法律职业者，他们的法律信仰会对中国社会法治建设的进程有很大影响。因此，法律教育对法律人法律信仰的培植应当是法律教育的终极性或综合性目标。

第五章 法律教育的问题、挑战和改革突破口

第一节 两大传统的核心问题

严峻问题的背后，折射的是过往中国法律教育发展存在的深层次矛盾。其中，21世纪以来兴起的法律院系盲目扩张之忧，以及历经数十年仍未有相应改变的法科教育体制乏力之痛，已为共识之两大核心问题。

一、粗放扩张与质量滑跌的逆向性

较长时期以来，中国法律教育的质量逆向于迅疾发展的法律教育粗放式扩张，呈现持续下滑并广为诟病。诚然，从满足于适应经济与社会发展对于法律人才之需到紧跟高等教育的跨越发展而力推扩招之政策，继而再到顺应综合性大学的学科完整而抢上专业占领阵地，中国法律教育的确抓住几次机遇实现了超常规发展。法律教育的专业设置总量呈现出了溢超整个社会可容纳程度的苗头；同时，仍然相对滞后的法律人才培养理念和教学条件的简陋，又日渐形成了对法科教学质量的刚性制约，甚至许多法律院不得不退而满足于应试教育，它使"许多优秀人才像在流水线上那样，被造就成没有个性、没有思想、没有创造性的中等之才"。

最为直接的后果就是，法科毕业生就业率的逐年下降，尤其是到了2009年，问题的严重性已经触摸到了一个"质"的底线，法科生们的就业率竟然滑到了文科毕业生的末位；这一问题的连锁反应就是，原为热门专业的法律

本科专业出现了未完成招生计划，以及相当比例的优秀学生不再选择法律专业等新的情况。不仅如此，徘徊于数量与质量之间的逆向效应，还更为深刻地表现为法科毕业生的结构性失衡。法科生们的数盘急剧上升，除了整体质量下滑的原因，又深陷于"过剩"与"紧缺"的错位格局。过剩的是中间、低端产品，而能够参与国家内外决策治理的高端法律人才依然缺乏。一个明显的例证是，至今中国扮演经济问题立法的主角仍多为经济学家而少有法律家，深谙涉外事务的多为来自外域的"中国通"而少有本国的"外国通"。显然，符合实际的职业需求才是制约人才供应的最重要因素，那种认为"增加供应会创造需求的想法是错误的"。

因此，法律教育迅速扩张的逆向效应产生了四个极为突出的问题：第一，名不副实，存在大面积的教学质量问题；第二，供过于求，具体表现为法科毕业生就业率长期低于平均水平，甚至掉在末位；第三，用非所学，现实法律教育的目标和设置，难以承接迫切的高层次人才之需；第四，学而不用，低层次的法科生过度增加，使得就职的多数人都在从事与法律无关的工作。显然，如果这样尴尬的局面不能尽快扭转，法律教育就将面临严重的信誉危机。

二、法科教育体制设计的承载之困

以上数量与质量的倒差，反映的只不过是结构性矛盾的一个侧面，长期形成的中国法律教育的各类体制载体，同样陷入了不同的困境。

从本科教育看，隶属教育部的综合性大学法律本科教育创设之初，旨在培养的是从事教学和科研的学术型人才；而隶属司法部的政法院校的本科教育，目标则是培养从事审判、检察、公安和律师实务等应用型人才。可是，进入20世纪90年代后，两条进路的目标逐渐趋同，导致法律本科毕业生既不符合学术人才要求，也不适于应用人才之需。故此，法律本科就业难成为通疾，法律本科存废之议也由此而生。为了破解狭窄的就业入行门槛，国家司法部"破冰"允许在校的大三生参加司法考试，这一政策虽从某种程度上推动了本科就业，但也进一步把不少法律院系推向了应试教育的深渊。毕竟处于巨大横向压力中的法律院，没有哪个敢于轻视就业率以及很大程度上决定就业率的司考通过率。相应地，腹背受敌的处于夹缝里的中国法律本科教育究竟何去何从？

那么，法律硕士又是怎样一种景况呢？目前，法律硕士参照苏联的副博士学位，旨在培养法律教育与研究的学术型人才，且往往倾向于附和导师专长而局限在较为狭窄的专业知识结构里。但是，如果说十年前法律硕士还有望进入高校院所从事教研，那么研究生扩招步入快车道以来，此路已基本不通。除了极少数攻读博士学位，多数法律硕士都选择参加司考而进入法律实务部门。换言之，绝大多数法律硕士只能从事法律实务工作，而培养目标却仍保持学术取向，客观上造成法律硕士教育中的许多矛盾、冲突和左右摇摆。比如，律师的法律服务需要综合性法律知识，法院强制要求律师进行审判业务岗位交流等，都使得口径偏窄的专业化培养模式屡受挑战。因此，传统意义上的中国法律硕士教育也已渐入窘境。

既然中国的法律教育和法律硕士教育存在弊端。那么，对于已施行较长时间的法律硕士专业学位教育，又能否完成职业素质教育与职业教育的有效协同呢？

无疑，设计之初的法律硕士制度面向非法律本科毕业生，目的是让学生具备复合型的知识结构，并以职业教育为理念，区别以研究为目的及对本科专业不设限制的法律硕士。此后，当逐渐意识到比较成熟的法律教育应以法律职业为方向后，又迅速推出了面向法律本科的法律硕士。

然而，新式法律人才培养的匆匆建制与落实的软实力之间存在巨大落差。相当数量法律院的法律硕士教育在培养理念、教学方法、课程设置等方面，要么依旧是本科教育的简单复制，抑或与法律硕士教育没有实质差别。其突出表现为办学形式封闭，缺乏法律实务部门的参与和引导；人才培养过程不健全，缺少必要的岗前法律职业技能培训等。因为法律硕士教育与法律职业之间脱节所产生的直接后果是，政法机关、律师事务所等法律职业用人单位在招聘人才时，通常对法律硕士学位获得者并不优先考虑，乃至干脆排除在招考范围之外。由此引发的多米诺效应，就是中国多数的优秀本科生不会轻易放弃原来的专业改读法律硕士。即使是为了提高就业能力改读法律的法律硕士专业学生，在少量优秀者进入法律职业后，他们也因专业基础欠扎实而被认为甚至不如本科生。而法学本科生们也往往只有申请报考法学硕士的竞争力相对弱者，才会不得已转而选择面向法律本科的法律硕士，教育质量最低、就业能力弱、学生生源差，如此环环相扣，往复循环，已使得中国法律硕士教育在持续繁荣的背后，隐藏着深刻的危机。

第二节　法治中国建设提出新的挑战

推进法治专门队伍正规化、专业化、职业化，提高职业素养和专业水平，是改革迈向深水区后提出法治中国建设在人才培养上的新要求。无论是继续完善法律职业准入制度，健全国家统一法律职业资格考试制度，还是加快建立符合职业特点的法律专业人员管理制度，尤其是建立起法官、检察官、人民警察等职务序列，以及新式地提出构建社会律师、公职律师、公司律师等优势互补、结构合理的律师队伍；抑或健全政法部门和法律院校、法律研究机构双向交流机制，实施高校和法治工作部门人员互聘计划等，无疑都对新一轮的中国法律教育改革提出了新要求和新挑战。

而对于以后法律教育改革面临的新挑战，除了更加精细入微的"环节性"和"细部化"改革，还必须从所培养的法科人才乃是作为市场经济中生产力革命的核心要素加以审视。这样，法律教育之功能就不仅是简单的创造和传播知识，更是作为积蓄推动国家治理方式现代化的人力资本重镇。

一、以"人本"为中心的改革新范式

可以说，中国法律教育的潜在价值是随着市场经济的越趋完善及新兴知识经济的蓬勃发展，而逐步为人们所认识，之后被党的法治中国建设决定赋予了更为深刻的内涵。毋庸置疑，由于市场经济递进式转型及国家治理方式现代化的极端复杂性，中国法律教育的内在价值和改革模式一度被错误理念所肢解和误导。不过，值得庆幸的是，不少院校的法科人才培养早已纳入由市场决定资源配置的框架，因而无论其内涵还是其使命，都超越了传统上法科只是被视为经济或政治手段的工具论的狭隘视野，确立起了以倡行市场经济亟须的法律职业人才为起点和目标，迅速构建法科新的竞争优势平台。从某种程度上说，中国法律教育正在出现从以"物质"为中心转向以"人本"为中心的改革范式新变化。

法官、检察官逐级遴选，新设公职和公司律师，更加强调职前培训，国家双千计划实施等一系列举措，都让法治中国建设在法科人才培养上可圈可点。开始着力于关注法律职业共同体的建设，这种重心的位移必将进一步推动法科教育改革的新一轮发展。长期以来，中国经受了比较多的经济与体制转型，许多累积性问题不断浮出水面。比如，国企大面积脱困和银行不良资产解套仍步履维艰，直接导致有效需求不足、初级产品过剩、心理预期低迷等一系列问题。但由于党和国家审时度势，采取积极的财政扩张政策和适度的货币稳定政策，国民经济又开始稳中有升。特别是启动高等教育消费后，形成了一个由需求驱动、创新带动和政策推动三位一体的高端区域，成为唯一持续保持消费和投资两旺的卖方市场。这一现象根本地反映了市场竞争侧重点的悄然转移，也就是人才日益成为争夺焦点。无论发达国家还是发展中国家，全球性市场几乎都经历了从产品竞争到资本竞争，再到人才竞争的不同发展阶段。如果说产品竞争和资本竞争只是市场经济早期的潜在规则，那么人才竞争就是市场经济发达时期即知识经济的核心要素。同理，中国法律教育改革需要把卓越法科生这一人力资源迅速提升为推动法治中国建设的第一资源，把以职业为导向的法科人力资本界定为法治中国建设的战略资本。以此为导向，作为开发人力资源、积蓄人力资本、决定人才市场规模和质量的法律教育，肯定会迎来一个以人为本的新时代。

与之相应，现实情境中的法律教育领域也正在发生翻天覆地的变化，传统的法科教育格局、不可旁落的国家法科教育主导权，以及单一的法科教育制度等都被纷纷打破，富有改革创新和真正意义上的法科教育制度开始建立。可以说，法科教育领域内的各种关系出现的新气象和新局面，已使得整个法科教育向社会全面渗透，而且越来越广泛，越来越错综复杂，甚至成为法治国家建设极其重要的范畴。因此，更加适应人本之需的法律教育体制改革开始被提上日程。

就整体而言，中国仍然处于社会转型时期，虽然改革开放以来的市场化程度不断提高，以职业为导向的法律教育的产业特性为人们所认识却经历了较长时间，甚至对这种认识至今还存在一定分歧。毕竟在具有强大惯性的计划经济框架里，法律教育长期被视为国家和社会的公益事业，国家理所当然地被认为是法律教育的投资主体。事实上，在市场决定资源配置的格局中，法律教育更应被视为一种战略性投资。当前，法律教育的投资需求能量尚未完全释放和转化为产业推动力，不过作为法律知识经济的先导产业，同样迈入深水区的法律教育前期改革已在市场经济发展中为法治中国建设初步打开了通道，成为国家治理方式现代化中新的增长极。正是这种新的增长极形成，反过来又进一步促成和确立了法律教育产业化发展的道路。

产业结构水平是竞争力的基石。相当长的一段时间以来，中国法律教育在产业结构中的市场特性十分薄弱，既没有机会发展为一个自足的法科知识产业，更没有条件对其他与法科相关的产业进行改造和结构推进。因此，法律教育作用比较有限，相对处于半封闭的自我服务的基础地位。然而，更为彻底的市场经济发展和新兴知识经济的到来，已从根本上改变了法律教育的功能，尤其是瞄准中国法律职业共同体建立这一宏伟目标，使其成长空间更为开阔。为此，中国的法律教育必须进行比较全面的体制性改革。比如，转变政府职能，由过去对法律院校的直接行政管理，转变为运用立法、政策指导和必要的行政手段进行宏观管理，以增强法律科研、办学机构和自主性与活力；确立和巩固微观管理制度，既要鼓励动员更多的社会力量办学以促进法律教育事业的多元化发展，又要加强国家的法律教育督导制度和评估制度，以保障多元化教育在制度化轨道上运行。唯有如此，下一轮的法律教育改革才能立足于优化国家产业结构水平的高度，确立自身在国际竞争优势的核心竞争力，赢得法治中国建设过程中的主动权。

二、"认知偏差"和"体制缺陷"的辅正

面对法治中国建设的新挑战，今后法律职业市场的需求重点已从单纯提高法律服务产品质量，转向卓越法科人才的培养，相应的法律市场竞争的性质和产业结构的组成也会发生根本性的改变。"无形之手"不仅会更加有力地配置法科人力资源，而且会高倍速地放大卓越法科人才的知识价值。但是与发达国家相比，中国在新阶段法科人才基于竞争中处在资源、技术和机会

不平等的前提之下，导致仍然存在不少认识上的偏差和体制上的缺陷，使得以后的中国法律教育改革仍然面对许多新的课题。

一方面是认知上的偏差。从产业的角度，广义上的法律教育既包括规范化和标准化的高等学历教育，又蕴含技能化和多样化的高等职业教育；从产权的角度，法律教育既有公立大学或学院，又有私立大学或学院；从组织的角度，法律教育既有学校教育，又有继续教育、社会教育、社区教育和社团教育等；从技术的角度，法律教育既有封闭性的"围墙"教育，又有开放性的远程教育。可以说，现代意义上的法律教育在人们社会需求多样化和成才价值多元化的引领下，其内涵和外延正在发生根本性的变化，产业潜力和市场前景都十分诱人。然而，因为原有理念的长期束缚，中国法律教育存在着比较严重的认识偏差：一是简单地视法律教育为服务和保障政治或经济的工具。二是将法律教育机械地定位在意识形态领域。三是狭隘地认为法律教育投资主体只能是国家和地方政府，盲目拒绝和排斥非公有制投资主体。四是法律教育指导思想上重知识传授，轻技能培养；重智力开发，轻性格养成；重偏科独进，轻全面发展；重理论研究，轻实践应用。这些认识上的偏差一定程度上阻碍了现代法律教育市场的形成和产业化进程。

另一方面是体制上的缺陷。当代中国法律教育的起步，是建立在以组织动员为行为特征的计划经济基础之上，在短缺经济时代曾为社会主义革命、建设和发展培养了急需的法科人才，特别是改革开放以后，恢复重建的法律教育为保障国民经济发展做出了重要贡献。但是，随着市场经济体制的逐步建立和知识经济的风起云涌，法律教育在体制上的缺陷已暴露无遗：一是缺乏高效的投入产出机制和产业通道，法科人才和知识供需失衡。不少高等学校培养出来的法科学生不能迅速适应市场经济的发展需要，法科毕业生社会化的周期延长；同时，法律科研成果不能及时地转化为现实生产力。因而，法律人力资源浪费现象较为普遍，有效知识利用率也很低，用非所学即为表征，导致法律教育在为市场输送高质量的法科人力资本方面并没有发挥出全部的效益。二是投资主体单一。包括法科机构在内的整个高等教育总体上都是由国有资本投资控制的，产权的垄断性和单一性始终没有很大的改变。民间资本进入教育市场的严格控制政策不仅限制了国民经济投资需求的增长态势，也减缓了高等教育产业化的进程增加。高校扩招后的财政亏损，从根本上阻碍了经济全球化过程中高等教育市场和教育规律的有效对接，最终极易导致包括法律教育在内的重要高等教育机会的丧失。三是通盘意义上的法律教育没有系统而合理的结构体系。国民经济发展对法科人才的需求是多种多样的，不仅要有智识型人才，而且还要有技能型人才。然而，中国的法律教育基本上是以正规的学历教育为主体，继续教育意义上的职业和技能教育长期处于从属地位。同时，法律教育不单缺乏内在互为关联的系统结构，而且在布局上既没有量的规模优势，又没有质的集中优势。所以，法律教育有完整的机构，却没有完整而错落有致地形成有效分工和运作的体系。四是法律教育机构缺乏办学自主权，招生制度僵化。从决策的角度，市场经济可以视为分散自主决策的经济制度。既然中国选择市场经济，那么职业主义导向的法律教育也必须纳入其框架，在充分尊重市场规律的基础上谋求发展。它要求法律教育机构在招生制度、分配制度、教学制度、科研制度、投资制度等各个方面必须具有市场适应性和管理弹性，以便培养更多的法律职业适用人才。而现今法律教育的统一管理和仍然痕迹明显的指令计划制度，显然与市场规律的要求相去较远。扩大法律教育机构的自主权不仅是市场的要求，更是法治中国建设的最新要求，因为法律人才的竞争和知识的运用都在不断加速，对市场信息作出敏捷的反应和准确的判断，这是原来的法律教育计划管理体制做不到的，只有不断扩大法律教育机构自主权，中国的法律教育体制才更具有灵活性和生命力。

三、谋求国际化的涉外法科人才培育

法治中国建设特别提出了创新法律人才培养机制，建设通晓国际法律规则帮于处理涉外法律事务的涉外法律人才队伍。目前，面临的严峻局面是日益变幻的全球市场已使许多有形的边界开始模糊甚至消失，区域性和世界性联盟渐成为一种潮流。在此基础上，全球商品、资本、人才的流通不断得以加强。然而，由于种族和国家的文化差异，以及根本利益的冲突，全球市场始终充满着白热化竞争，这无疑使得正在努力谋求国际化的中国法律教育发展处于更加激烈竞华的动荡和不安之中，迫切需要更加努力实现更多通晓国际标准和规则的涉外法律人才的重点和均衡培养。

面对全球经济一体化的时代，整个国家和民族的法治化程度不仅是人类社会可持续发展的重要资源，而且也是不同世界、不同国度实现均衡发展、全面进步的标准和尺度。对于像中国这样一个比较典型的发展中国家来说，法治化程度首先取决于拥有国际核心竞争力的法科人才培养体系的构建。由于起点的差距，发展中国家若不能及时在跟进和瞄准国际标准和规则上储备涉外法律人才，以此着手制订跟进和赶超战略，同时推进加以有效实施，那么类似中国被排挤在 TPP/TIPP 之外这样的事件仍会不断发生。因此，在中国下一轮的涉外法律人才培养计划里，打造时间的稀缺性将取代其他资源要素的稀缺性，培养速度的经济性将取代数量的经济性，而这两个因素正是决定法科人力资本边际收益递增规律的根本因素。

第三节　法科院校的布局及软实力之弊

一、缺乏"比较优势"的法科院校布局

面对法律院的日益膨胀现实，解开的症结在于"改堵为疏"，使得师资、区域、资源等各具优势的不同法律院，建上起比较优势而不是全面优势。

首先，亟待借助于系统的实证调查，全面评估中国法律院在法律职业教育中存在的经验与教训。考察法律硕士招生单位法本法硕、非法本法硕、在职法硕，在往年各类法硕的生源数量质量、历年法硕自主招生排名变化、法硕推荐名额分配、法硕学生毕业去向、课程体系类型化、实务技能训练方式、用人市场取向、司法考试变求效应、教学方式接受程度、推行职业教育成本、推免指标适用等指标维度上的关键性数据，建立横向和纵向数据信息系统，初步架构起法律院布局修正调整的整体框架。此外，教育主管部门需要改变目前从单纯的学科角度出发的单一评价体系，重新设立科学的分类评估体系，建立相应的评估机制和程序，鼓励各校对于法律教育加以适当的分类及分层，找准定位及办出特色，推动从数量为主向质量优先的转变。

同时，法科院校的内部应构建出多元化、特色培养方案。其要义有：（1）从课程设置上，完成本科所需要的法律基础科目及相邻学科群的学习之后，从本科高年级直至研究生阶段开始转入更为专业化、更为深入细致的法律职业科目，包括实务基础科目群（比如，法律文书、文献检索、法律职业伦理、模拟立法、模拟法庭、模拟事务所、模拟调解以及法律诊所等）、实务前沿科目群（比如，法律与环境、法律与社会、法律与医疗事故、法律与互联网等）。（2）在资金充裕的条件下，可以针对接受法律职业教育可能就业的司法机关、律师事务所、公司法务部门乃至政府部门等主要特色方向，优化整合现有教学资源，进而为学生提供若干套富有魅力的多元化课程菜单，尤其是丰富实务选修课的种类和内容。（3）改变国内法律教材体系的多家一面、大同小异的现状，推出符合职业化教育需求的特色教材。除对传统的基本概念说明、主要学说梳理，以及对学说的主流见解、反对见解、折中见解进行精确的介绍和分析以描绘学术谱系图外。特别需要突出判解研究的说理、示范功能，以实定法为主线的法解释学叙事范式，以及系列重大实务问题的指引和动态研究。

二、作为体制内标杆的法科院校

根据以上这一思路，法科院校的布局应当有所改变。长期以来，其有深厚积淀的人大、法大及北大等老牌法律院始终稳居前三甲，迅速飘红的清华和上海交大法律院已颇具特色。毋庸置疑，新兴的精英法律院在思考如何形成比较优势的同时，仍然不应漠视法律重镇的发展足迹。于是，形成"比较优势"为法科院校合理优局目标的下一轮中国法律教育改革，究竟向作为标杆的法律院学习什么，便成为一个非常值得关注的问题。

长期以来，作为法律界龙头老大的人大与法大，至今仍可堪称中国法律教育的标杆。两者共同点在于基础法律与应用法律并重，且均以国家重点学科和基地建设带动整体的协调发展。但是细察之下，两校仍形成了各具特色的办学模式。

应该肯定，中国法律院发展尚不能满足社会的急迫需求，原因在于"过剩""紧缺"的错位。过剩的是中间、低端产品，而能够参与治理国家决定对内对外政策的高端法律人才仍然欠缺。明显的例证是，扮演经济问题立法的主角多为经济学家而少有法律家，深谙涉外事务的多为来自外域的"中国通"而鲜有本国的"外国通"。鉴于此，享誉"法律家摇篮"之称的人大法律院，在增加和支撑大学声誉的同时也有意识地依靠大学声誉这种无形资产，通过学校先后推出近十位教授走上共和国最高讲坛，担任中央政治局书记处及全国人大常委会集体学习讲座人，前后有五十多名教师在国务院学位委员会学科评议组、教育部高校法律教学指导委员会和中国法律会等全国性学术团体中担任要职，形成足以影响中国法律发展的"智库"；而在国际人才培养上，则充分利用学校平台与六十多个国家近百所著名大学建立起交流合作的大格局，在激励教师尤其是青年教师高频度出访的同时，更是每年"成建制"地派遣学生分散前往不同语种的多个国家和地区交换学习，培育出相当数量的、具有独特的国际竞争力，不易替代的涉外法律专才。当然，盛名背后的人大法律院所承载的远远不止于此。

如果说人大的经验难以完全复制，法大则是另辟蹊径，结合政法院校的整体师资优势，在确保学术空间的前提下，针对法律教育异化所面临的严重信誉危机，逐步转向颇具特色的诊所教育、事务所教育等较为先进的法律实践教学模式。作为发展重点的法律实践教育，有别于通常意义上的技术教育，意在培育为公众服务的精神与伦理，而不仅是通过法律教育谋取一份稳定而高薪的工作。改进或刷新各类课程的设置与教学手法，着力加强实务基础科目群和法律发展前沿科目群的设置，形成"专业槽"而区别于那些通识化的专业。更多依赖于政法院校"门类齐全"的专业素质教育，形成深厚的学识与敏锐的社会洞察力，以超越纯粹技术性的法律工匠。同时，让学生娴熟一门或者两门外语，提供高质量的国际交流经历，进而在中国整体上仍处于发展中国家的较长时间里，始终保持一种超前竞争力。通过多维度的塑造，法大旨在培养出具有高尚的操守、富于深厚教养和专精学识、娴熟于法律技术、善于进行创造性思维以及具有国际眼光的一流的应用型法律精英。

三、承袭传统与新秀崛起的法律院速写

接下来，惯以学术自由闻世的北大法律院，又能告诉我们什么呢？举其

莘莘大端，关键在于保持学术的自主性及引领学术的方向，在此之上，形成以问题为中心的研究兴趣，并有意识地促进学科间的交融与支持。比如，身处为争取资源而将科研数量作为规定动作的大环境，北大法律院一以贯之地坚守高质量的成果产出及学术的实质性评价，强调学术成果的精研独到、细致透彻，而不是转承文史模式的"述而不作"和"微言大义"，抑或单纯地"解放思想"及迎合政治意识主流。因此，即使长期以来北大法律院平均每位教师在核心期刊上发表论文仅一篇左右，却并未动摇其强大的学术影响力，便是最好的脚注。

同时，作为综合性大学尤为工科大学新建法律院样板的"清华、交大法律现象"异军崛起，亦颇为令人称道。依赖于"校区特区政策"的超常规发展，这是清华、上海交大办法律的特色所在，或许对于草创初具的新兴法律院也更具有现实意义。以国际化办学为例，长期以来的中外法律交流始终以中国法律人到发达国家去学习为主，交流一直是单向的，而清华、交大法律院变单向为双向互动，开办了国内比较具有规模性的外国留学生中国法硕士课程项目。不仅开辟绿色通道以中清方式招收来自北美、欧洲等发达国家的全自费学生（其中不乏已是哈佛等名校的法律博士），而且开设的课程也不是短训式的研讨，而是等同于英美国家攻读法律硕士所需的一年时间系统学习中国法，授予获得承认的中国法律硕士学位。正是这种颇具特色的国际化办学，给这样有扎实法律背景且期望值很高的学生授课，反过来促使清华、交大法律院也主动思索和改进中国传统法律教育方法，从而极大拉升了学院的教学水平。该项目已经过较长时间，不仅学生数量持续上升，而且生源的地域性也不断拓宽，目前美国宾夕法尼亚大学、天普大学、波士顿大学、爱默里大学等都已经承认在清华、交大硕士班所修的学分，承认修中国法也像美国法一样，同样可以是一个重要的选择。无疑，正是这种极其特殊的国际化办学政策，使得清华、上海交大法律院能够写下中国法律教育浓墨重彩的一笔，也迈出了中国法律教育走向世界的一大步。

上述只是速写意义上的"麻雀解剖"，最为重要的是初步揭示隐藏于拥有雄厚实力或作为崛起新秀的法律院发展背后的"软实力"，相对于各种法律教育评估中官方或民间的所谓评价显性指标，或许这些也是未来中国法律教育改革中必须加以密切关注的相辅相成的重要环节。

第四节　下一轮法律教育改革的关键

一、寻找深水区改革的可选项

中国法律教育的得失成败不仅关系无数家庭的企盼，而且关乎法治中国的进程。面对法科毕业生就业的寒流遭遇，如果这样尴尬的局面不能尽快扭转，法律教育就将面临严重的信誉危机。即便是从体认学生的前途命运出发，中国法律教育亦应努力纠正自身弊端，尽快突出重围。

为此，法律教育政策层面出现过两个主要变化：适度压缩法律硕士，以及容许法律本科生报考全日制法律硕士。这种政策层面的变化预示着法律硕士旨在培养的学术型人才供过于求；原来作为法律本科"短训班"的法律硕士将逐步式微；各类课程的设置和教学方法将被改进或刷新。尤为明显的是，"高级法律职业教育"的概念已开始悄然进入公共话语体系，相应的法律本科和非法律本科的比例关系，随即会被重新加以调整。

显而易见，中国法律教育应当以培养具备职业能力的法律硕士为主流，已成为基本共识及下一轮法律教育改革的主导方向。诚如上述，现行的四年制本科教育根本无法承载通识教育、法律基础教育以及系统的职业技艺训练；而研究性的法律硕士除少量毕业生继续从事教学研究，大量毕业生进入实务部门，故宜保持甚至压缩现有规模。这样，发展具备职业能力的法律硕士即应成为主流。当然，这里的法律硕士不等同于现行法律硕士制度的"法律硕士"，而是推动"本硕贯通培养"模式，对于接受了相当程度的通识教育、法律基础教育的本科生，经过逻辑推理、分析判断、论文理解、语言表达等方面素质考试，提前吸纳进入硕士研究生阶段进行系统的职业立场、职业态度、职业伦理以及职业技巧的应用型专门训练，逐步地、渐进地推动法律职业教育向改革目标靠拢。

与这一培养模式相应，法律教育亦应从目前的学术型教育转向职业型教育。当前，政法机关及律师事务所的用人需求与高校招生培养制度联系不够密切，教学与实践、培养与使用的脱节等问题非常突出。但是，在现有教育模式下主张强化职业教育，必定遭遇不少人反对，其理由是认为职业教育是学历后的训练过程，不能更多占用学生在校学习的时间。显然，推行经过学生自主选择与素质考试淘汰的本硕贯通培养，相较于单纯的本科或研究生培养，可以使这一问题得以有效化解。共切入点在于，让学理研究与实用技艺的培养适当区隔，在分别发展到较高深水准的基础上再融会贯通，甚至引入法律实务部门的提前介入指导和管理。这里应该特别强调的是，当然是培养优质法律人的实务教育，但与此同时，也要防止片面追求短期功利的偏颇，更不能流于应试教育。

值得提醒的是，以往中国法律教育发展的一大流弊在于，法律人才培养的层次相当繁复。从大专、本科、第二学士学位、法律硕士专业学位、法律硕士、博士研究生，这些法科层次和类型的设置缺乏统筹规划，而且设置初衷与开办实效之间错位或背离。因此，作为培养高层次法律应用型人才的本硕贯通培养模式，需汲取前车之鉴，不宜完全独立于以上类型而单独重新建制，而是应选择彻底打破法律硕士专业学位只面向非法律本科招生的藩篱，为推行本硕贯通模式提供通道。

围绕建立一个有较长时间保障的高层次法律职业化人才培养机制，法律教育界提出了以"法本法硕"为主的"4+2"模式、"3+3"模式、"3.5+2.5"模式等改革方案，并已开始付诸试点。同时，其所引发的一连串问题也掀起热议。比如，法律文凭的辨识意义是否需要增强，法律职业教育如何避免神秘化，以及现有模式如何类型化处理等。其中，关键在于缩短试错过程，寻找出适合于中国高级法律职业教育的突破口及思路。

二、以法律职业导向为改革突破口

法律教育尤其是综合性大学的法律院教育，目标应该及时进行调整。即在确保学术空间的前提下，逐步把重点转移到高级法律职业教育方面，培养一批富于正义感、责任感和高尚情操，具有深厚的教养和专精学识，娴于法律技术，善于进行创造性思考，具有国际眼光的法官、检察官、律师以及企业法律顾问，乃至治国精英人才，并根据这样的思路来调整课程设置和教学方法。

从理论溯源来看，涉及法律教育定位的争论大体经历过三个阶段。（1）源于职业准入控制及法律自我管制（self-regulation）的思维起点，不少人强调法律教育的重心在于建立起垄断性质的"学识性行业"身份。但门槛过高的职业准入及行业管制，无疑会限制合理竞争，以及造成昂贵的法律服务和成本，终而演化成为法律职业赖以寻租、俘获及反竞争的"遮羞布"。（2）于是，业界开始逐渐接受新古典主义经济学及后现代主义法律流派的影响，批判性地指出管制下的法律教育所指向的既非技术专长亦非能力标准，而是一个追求垄断控制的过程。可是，到底法律教育出路何在，他们并未指明和论证。（3）此后，又有很多学者尝试解答了这一疑问，建设性地提出法律教育绝不是通过传授职业技艺、培养职业神秘进而实现垄断，而是"超越法律"，也就是培养以开放性运用一套真正的、有社会价值的专门知识和技能为基础的胜任力。这样，现代意义上高级法律职业教育的内涵被较为完整地提了出来。可以说，诸如声誉卓著的"麦克特报告""精英分类教育法"乃至早先的"律师学校"概念，都是对这一主张的最好脚注。

同时，取向于法律职业教育的现实原因在于，面对走向法治社会已成不可逆转趋势的当下中国，把法律专业作为职业生涯起点的高级法律职业人才，整体上特别需要具有以下的素质：一是为公众服务的精神以及成为卓越人才的勇气和追求，而不是仅仅满足于通过法律教育谋取一份稳定而高薪的工作；二是拥有高超的法律解释技术、疑难决策力、情境敏感度、冲突管理等才能，以此作为立命安身的根本，进而区别于那些通识化的法律教育；三是具有较强的社会洞察力与实现正义理念的创新性，就是在处理社会事务时，能够对社会事务处理进行创造性的作业，以超越纯粹的技术性的"法匠"；四是娴熟地使用一门或者两门外语，并有一定的国际交流经历，从而在中国仍处于发展中国家的很长时间里，保持一种超前的竞争力。

因此，整体意义上以后中国法律职业教育的培养目标，不应限于简单地提高知识和技能，当下更为关键的在于培养出未来的治国精英人才及国际专业人才。当然，以此为突破口，需要汲取日本"法科大学院"改革的教训，切忌一哄而上，而是奉守从小规模精英班开始起步的"少而精"理念。在此基础上，寻找到适合中国及富有示范性意义，能够结合不同地区、不同高校的实际，且具有自身特色和可操作性的法律职业教育模式。

三、"法律职业教育"与"职业技术教育"的区别

从法律职业教育的学术解释分析，Profession 意义上的职业，在西方传统上主要是指法律人、医生和牧师三类人。他们分别对应于大学早期的三大学科，即法律、医学和神学。作为一种社会结构或者阶层，法律职业应至少具有这样的特点：（1）崇尚公益精神。借助于其职业服务的行为，崇尚为公众服务的宗旨，其行为有别于只是单纯地追逐私利的商业活动。（2）学识、技术等胜任力并举。拥有深厚的学识基础，并且娴熟于专业技术，区别于仅满足于实用技巧的工匠型专才。（3）行业的自治性。拥有对成员进行有效准入和行为控制的自治组织和伦理规范，它的职业市场受到国家和社会的承认和保护，因而区别于一般的行业。

另一个问题是，为什么采用"高级"作为概念前缀？（1）Profession 的翻译问题。由于 Profession 在中文中没有可对应的词语，因此，翻译成"职业"以后，很容易被人误解，甚至将"法律职业教育"误解为职业技术学院意义上的 Polytechnic education。到目前为止，社会学界和法律界已尽近数十年之力，仍然无法找出一个较为准确表达 Profession 一词的中文词语。（2）世界范围内 Profession 内涵的逐渐泛化。随着社会的发展，特别是现代科学技术的发展、服务市场的细分，为了降低市场竞争性，赚取较为稳定的利润，各行各业都开始模仿传统的职业进行整合。比如，会计行业、房地产经纪等，甚至连出租车驾驶员、美容美发业都开始组建自治性的行业机构，向行业成员鼓吹为公众服务的伦理规范，努力在社会中营造一种建立在高深学识基础上、伦理道德良好的行业形象。在此基础上，积极地游说政府，赋予其行业内部自治以及自我控制行业准入标准和行为规范的特权。在这个背景下，Profession education 和 Polytechnic education 之间的界限，除了社会地位和收入的差别以外，已经变得越来越模糊。尽管借助于学术性的探讨，仍可以有效区分现代法律职业教育与其他职业技术教育，但是，出于描述以及理解的方便，还是采用"高级法律职业教育"的称谓较为妥当。（3）法律服务层次的多元化。这是一个多元化的时代。法律服务的层次与内容也呈现出极大的多元化。法律职业作为一门古老的贵族行业，其内部同样呈现出纷繁复杂的阶层分化。

但是，作为推动中国法律职业教育的突破口，改革之初尤应在培养目标上提倡"高层次或者高级"的基调。

四、回应三个典型的质疑

第一个问题，过早地拿到司考资格证的可以尽早就职，是否会影响研究生法律职业教育的意义？事实上，司考合格率上升并未提高法律本科就业率。它给我们的启示是，仅靠本科毕业证和司考合格证并不能担保职业前程，真才实学才是立命之本；同时，在国际化的开放环境里，国内评价指标必须接受横向比较的检验，那种自娱自乐的证书游戏不再具有实质意义；更何况，很多法律本科生司考通过后并不马上就职，而是继续读研，这佐证了研究生阶段法律职业教育的存在价值。

第二个问题，实务型人才是否只能在实践中逐步培养，而不是由法律院培养出来的？实务型人才培养绝不只是让法官、检察官、律师给学生讲课，抑或把学生放出去实习，这是单纯的经验主义。接受过系统训练的法律从业者，自身的法律技艺和学识涵养需超越一般意义上的工匠，而不只是简单地"会办案子"；此外，中国采取成文法体系，目前又面临国际制度竞争，所以有必要提高应用型人才的学识水准，以及加强大学研究院的体系化教育功能。可见，法律院的实务教育不可或缺。

第三个问题，以往少年班的失败，是否可被用来推定这种"精英教育"是一种不成功的模式？仔细分析少年班失败的原因在于，要么只是强化压缩课程，课程设计并无实质性变化；要么只是偏重知识传授，缺乏能力训练，尤其沟通、组织能力。相反，精英班模式成功的范例很多，西方国家、中国台湾和香港地区等都有上百年成功的经验。即使在国内，以上海交通大学为例，溯源历史及至今日，已有过南洋该班、交大生命基地班、1985年交大理科班、2009年交大理科班等成功的经验，它们都旨在培养起点高、基础厚的领军后备人才，以"知识传授+能力建设+人格养成"为培养理念，采用的是"通识教育+专业基础教育+专业方向能力教育"的"少而精"的精英班模式。所以，不是模式不好，而是运作有问题。只要课程设计得当、训练操作得法、教员选择得人，以精英班为突破口的中国高级法律职业教育的改革必能成功。

第六章 高校法律实践教学支撑体系与运行体系构建研究

法律实践教学是培养应用型法律人才的重要途径。建构立体化实践教学体系能够使高效的法律实践教学活动由分散而成体系。立体化实践教学体系要求实践教学在四年中持续不断，校内校外相结合，课内课外相结合。立体化实践教学体系的有效运作有赖于课程体系、师资体系、组织体系、保障体系及评估体系的协调运行。本章主要论述中国法律教育实践教学的背景与现实、地方高校法律实践教学支撑体系以及运行体系的构建三方面。

第一节 中国法律教育实践教学的背景与现实

一、背景分析：中国法律教育的转变

回顾我国 50 年法律教育，一个基本的结论是法律教育有着明显的 30 年与 20 年的分界。从历史的划分看，前 30 年的走向基本上是"政法"教育，教学上强调意识形态和政治性，较少关注和研究法律学科自身特点，多为对国家政策的注释和解说，后 20 年的法律教育则明显有一个转向：逐渐关注和研究起法律学科本身，关注民主与法治建设，关注和吸收西方法律理论成果

和法制实践经验。

为何会产生这种转向，并将法律教育引导到真正推进民主与法治建设的功能上来？这就有一个特定的时空与背景。这种背景使本文问题研究具有语境论的意义，可以有两个具有承接性的背景作为分析。

第一是后 20 年的法律教育的转向，逐渐关注与研究起法律学科本身，并积极地吸取西方法律理论与法制实践的经验，其原因与背景在于中国实行改革开放，西方的法律思想与制度建设的成果被引入国内，引起人们深刻的反思与认识。在改革开放初期，法律教育开始转向，还有一个更为深刻的背景就是，中国开始重视制度建设的重要性，民主与法治建设被提到了一个前所未有的高度。

第二是进入 20 世纪末期，从培养法律共同体意识出发，进行法律教育的认识越来越深刻，这是基于政治、经济与社会发生更加深刻变化的背景。从总体上看，法律教育开始致力于培养法律职业共同体，或者称之为法律人的培养，主要有以下几个方面的宏观背景。

（一）依法治国

1998 年"依法治国，建设社会主义法治国家"以宪法修正案形式宣告，法治实践将深入引导人们理解法治在治国方略上的工具价值和在更高意义上的目标价值。法治需要认同法律至上性和最高权威性、权利是法律的核心问题等观念；法治意味着政府行政法制具有统一性、法律调整具有一般性与有效性、司法应当保持中立裁判角色、法律工作具有职业性等制度化与实践性要求。

法治的所有问题实质上是权利问题。如何制度化地解决这个权利问题，一方面从权力入手，考虑如何制约，防止其权力滥用；也考虑如何促进其积极行使，发挥保障权利的功能。另一方面从权利本身入手，考虑如何维权的问题。

在这样一个全新的背景中，依法治国作为基本治国方略，方略的实施需要普法，促进国人的法律意识与法治观念。而它的制度化实践实际上最关键的要素在于按照法治的基本精神与观念塑造成一个能够推进法治制度化进步的法律职业共同体，这个群体可以说是法治最基础与最关键的力量，没有它的存在，法治无从谈起。

法律教育改革从法律职业共同体培养入手，显然可以看出其转向以及其基本特征。培养合格的法律人应是法律教育的最高追求。同理，对法律人的塑造应当成为法律教育模式改革的最高理想和教育革新模式设计的中心和出发点。这就要求法科学生要以法律为信仰，维护法律正义，形成法律人特有的人生观、世界观和价值观。而法律教育和司法研修是形成法律人职业能力的必经途径，在此过程中会产生法律人强烈的职业认同感。

（二）市场经济

经济环境的变化是一个基础背景。1980 年，邓小平提出"计划调节和市场调节相结合"；1985 年，他强调"把计划经济和市场经济结合起来，就更能解放生产力，加速经济发展"；1992 年，他讲"计划多一点还是市场多一点，不是社会主义与资本主义的本质区别。计划和市场都是经济手段"。经济实践和理论突破发展到此，社会主义市场经济才正式提出，包括经济体制改革的目标、所有制改革、企业制度改革、分配制度改革、农村改革、市场体系建设、宏观管理体制改革等。

市场经济与依法治国具有高度的关联性，原因在于市场经济从本质上是一种法治经济，也是一种规则经济。显然，法律教育一味地强调意识形态和政治性，不在实践中研究法律学科自身特点，肯定不合时宜。这个背景要求法律教育必须研究法律规则，加强法科学生的实践。只有熟知法律规则与技术，并且在法治观念与法治精神的引导下，将法律规则与技术在实践中应用，从中加深理解、解决问题，才能真正促进市场经济的成熟，完成规范的完全的市场经济形态。

（三）中国入世

世界贸易组织是最具全球化含义的组织，其致力于维护和促进经济全球化和贸易的自由秩序。世界贸易组织是在《关税和贸易总协定》基础上发展而来的。20 世纪 30 年代经济危机使各国意识到加强国际贸易协调与合作的必要性。美国于 1943 年倡议成立国际贸易组织，主张在多边基础上相互削减关税，促进贸易自由化。1948 年，由美国等 22 国签约的《关贸总协定》生效。

《关贸总协定》在促进世界贸易自由的同时，也暴露出其临时文件的弱点，许多规则缺乏法律约束力和必要的监督措施，"一般性例外""安全例外""边境贸易、关税同盟和自由贸易区例外"等种种例外，也助长了对文件宗旨的背离，削弱了文件原则和法律严肃性。随着新科技革命和跨国公司的发展，国际货物贸易带动了与此有关的银行业、运输业、保险业等服务贸易的发展，知识产权领域亦是如此。1986年，"乌拉圭回合"谈判后，历时7年的艰难谈判，最终将服务贸易、知识产权纳入世界贸易范围，支持建立专门的贸易争端解决机构，在组织化、全面化和法律化等方面实现了对《关贸总协定》的超越。1994年，109个国家签约发表《马拉喀什宣言》，世界贸易组织（WTO）宣告成立。

世界贸易组织在目标上指向贸易自由化和经济全球化，但要求成员国政府建立法制的普遍立场说明，自由与开放的市场经济是需要成员国政府法制保障的经济形态，转换成学术命题就是"市场经济就是法制经济"。入世首先是政府入世，就意味着政府建立法制是维持和发展自由的市场经济的基础保障。由此不难理解，WTO重视成员国政府法治建设要超过其对贸易本身的关注。实行市场经济，就意味着在政府管理形态和管理职能上应当与此相适应，建设法制。

当中国融入全球化之中，我国的法律教育与法律服务进入全球化服务领域，社会需要大量的具有复合型、交叉型知识、能力结构的法律职业人才，法律教育在面向法律人才法律规则的理解与掌握的同时，还需要具备一种全球化的视野和国际化的视野，而这种视野仅靠书本知识是很难获得的，必须将自己融入实践中，在实践中体验和磨砺。

二、现实分析：中国法律教育实践性的凸显

在感受中国法律教育近年来迅猛发展的同时，也感受到法律教育观念的不断更新。其中一个具体表现就是，实践教学已日益受到关注。越来越能达成共识的是法律理论教学和实践教学必须有效结合。在探讨新世纪法律教育发展的问题中，正确认识实践教学与理论教学并重的作用，并在设计法律教育的评价体系中给予足够的考虑，同时不断促进实践观念更新，完善自身的

发展模式与评估体系，将是十分重要的问题。

（一）中国法律教育实践性的基本视野

中国法律教育的实践性凸显的贡献在于，在更新法律教育理念和探索法律教学规律过程中，形成了一个开阔而大气的视野，这个视野与法治实践的背景呼应，也是大势所趋。

第一，法律教育应当置于整个高等教育所倡导的素质教育的大视野中。视野问题的正确认识直接关系法律人才目标培养的定位问题，也只有在素质教育的宽阔视野中，实践教学才得以深化发展，得以在整个法律教育中处于重要地位。

第二，在法律教育方向上重视理论教学与实践教学并重，凸显实践性的功能。这一定位，准确地把握了现代素质教育前提下的法律教育所要培养的人才特征。具体说来，有以下要求：（1）要体现法科学生的专业特点，能够比较系统地掌握法律基本理论、基本知识与操作技能；（2）要训练和培养法科学生创造性思维，能够独立思考，其批判思维并能解决法律新问题；（3）要体现法科学生的实践能力，能够进行法律理论研究和实务处理；（4）培养学生宽阔的认知视野和能力，对政治、经济、历史、科技等诸多文化因素复杂构造而成的社会活动或者社会信息具有体察、感悟并建立起公民公正价值观的能力，逐渐形成法律职业道德和伦理规范准则。

（二）中国法律教育实践性的基本观点

首先，实践是重要环节，也是检验标准。之所以说实践是重要环节，这是相对于"实习训练"而言的，早期的实践教学主要是指毕业实习，即在走向社会岗位前的职前培训。这主要是在改革开放之后，法律教育发展初期，法律系毕业的学生进入公检法系统的必要训练。而现在将实践作为法律教育教学的重要环节，是将实践以课程设置的形式进行建设，而不是毕业前的训练，贯穿于法律教育教学的全过程。

之所以说实践也是检验标准，这主要取决于通过理论教学与实践教学培养出来的法律人才在法律的从业过程中能否得心应手、运用自如，以此来检验法律人才培养的质量。当然，这种检验有助于检视实践教学的模式与运行的科学性问题。

其次，实践是过程性培养，也是法律人格塑成的源泉。实践教学已经不仅仅是教学的重要环节，而是贯穿于整个法科学习全过程的系统性教学方式，并通过评估体系的引入，能够动态反映实践教学过程和实践教学成果，是培养学生反思能力的学习模式。比如，在四年的法律教育中，按照年级的不同，有所侧重地安排实践内容；逐渐将表演性模拟法庭改变为实战性模拟法庭；在评价体系上，更多地导入学生过程性锻炼的感受与体验评价，而不仅仅是一个结果评价。设立在法律教师或者法律从业人员指导下的法律援助中心等实践模式，强调体验法律生活，培养法律职业所应具有的公正与责任等品质，养成法律职业道德规范意识。在实习实践中，更加注重反思性实践能力的培养等。

最后，实践是理论检视的视角，也是法律教育的目标。在引导学生实践性学习或者说从事实践教学的过程中，能够发现法律教育中理论研究的不足，促进理论的发展与进步。从这个角度来看，实践教学就构成了理论检视的一个重要视角。这个观点还表明，无论是理论教学，还是实践教学，归根结底都是为了法治建设的实践进步，那么在法律教育层面的实践性教育就构成了一个基础，这是一个法律共同体形成的基础。

（三）中国法律教育实践性的现实意义

我国大学的法律院直接从普通高中招生，法律教育既要为法科学生成为合格的法律职业者提供技能技巧训练，使学生系统地掌握法律专业所必须的基础理论知识；同时又要为这些刚刚接受了中等教育、走入大学的法科学生提供人文素质教育，使学生成长为一个有理想、有道德、有内涵的法律工作者。这样的任务在欧美等其他国家需要至少5年以上的时间完成，而我国法律教育的本科学制仅为四年。

法科学生应当具有扎实、完整的专业知识和理论体系；稳定的专业思维能力；良好的人文素养和司法伦理修养；全球意识、世界视野和一定程度的国际交流能力和竞争力。从微观的角度考察，高等院校中的法律教育在培养法律人才这个根本任务上担负的社会责任，大致可以分为三个层而：（1）解决做人的问题，主要有三个方面，首先开展人生观、价值观和世界观的教育，树立社会主导的价值观和价值取向。其次应当具有现代理性精神，即怀疑精神、批判精神和探索精神。最后养成独立的法律人格，而不是培养工具型人才。（2）解决方法尤其是思维方法问题，以获得自我发展的能力。（3）解决做事的问题，即满足从事法律职业的基本需要。应当使学生掌握从事法律职业必须具备的基本知识、职业素养和职业技能。这三个方面统一于每个个体之中，不可分离。

2005年2月1日，中青联发〔2005〕3号文件《关于进一步加强和改进大学生社会实践的意见》指出："进一步加强以教学实践、专业实习为主要内容的实践教学。把实践教学作为课堂教学的重要组成部分和巩固理论教学成果的重要环节，使大学生在参与实践教学的过程中，深刻体会蕴涵在每一门课程中反映人类文明成果、弘扬民族精神、体现科学精神、揭示事物本质规律的内容，培养大学生的创新精神和实践能力。"教育部在《关于进一步加强高等学校本科教学工作的若干意见》中也指出，着眼于国家现代化建设和人的全面发展需要，加大教学投入，强化教学管理，深化教学改革，坚持传授知识、培养能力、提高素质协调发展，更加注重能力培养，着力提高大学生的学习能力、实践能力和创新能力，全面推进素质教育。

法律院的教学对本科生还有素质教育的任务。在本科教育阶段，进行实践教学，在具有法律实务经验又有法律理论的教师指导下，让法科学生及早接触社会，参与法律实务工作，为社会特别是社会弱势群体提供法律服务，培养各类专业学生深刻理解特定专业、职业、行业的社会意义，正确把握自身的知识和能力对他人的发展、群体的合作、社会进步的实际价值，转变目前学生为学习而学习、为考试而学习，缺乏必要的事业心和社会责任感的状态，提高其基本素质和法律素养是十分必要的。

法律教育与法律职业的内在连续性，决定了法律教育应当将法律技能训练作为一项重要的教育目标。各国法律教育发展的历程也说明了法律教育自身也具有实现技能训练的可能性。因此，训练学生的法律职业技能是法律教育所具有的操作性价值之一。所以，法律实践教学在法律教育中起着非常重要的作用，是必不可少的教学环节。

第二节　高校法律实践教学支撑体系的构建

三层次的法律实践教学培养模式需要具体的实施步骤，这就要逐步构建一个法律实践的合理体系，构建这一体系的指导思想是坚持以法律综合能力、素质培养为主线，贯彻以人为本的教育思想，以促进学生创新能力和实践能力为根本，全方位、多视点地构建规范、完善、合理的实践体系。应该以法律本科教学应用性人才培养目标为指导，整合和开发教学资源和手段，搭建知识、能力、素质教育平台。这一法律实践教学体系应该包括法律实践教学的课程体系、组织体系、师资体系、保障体系、评估体系。

一、构建法律实践教学之课程体系

要改变课堂讲授学时过多、实践学时过少的状况，构建模块式课程结构和弹性学制，必须加强对实践教学的改革，改革的主导思想必须立足国家自主创新对于创新性人才的培养要求，通过对学生知识、能力与创新要素的综合分析研究，构建一个以学生为中心，以满足创新型人才培养的个性化需求（培养目标、专业需求、知识积累、发展兴趣等），有利于学生自我设计、自主学习为目标的跨学科立体化实验教学课程新体系。因此，对法律教育的实践、实习环节，需要通过统一的协调行动，保障全日制法律教育系列的法律专业学生有接近法律实践操作的机会，形成对法律理论、知识、价值和实务、纪律、操作的贯通。

法律教育的一个重要目的在于对有志于从事法律实务的人进行科学且严格的职业训练，使他们掌握法律的实践技能及操作技巧，能够娴熟地处理社会当中各种错综复杂的矛盾。这就要求转变教学观念，加强实践教学在整个教学体系中的比重，完善实践教学的方式和内容。因此，建构重视实践环节的法律实践教学课程体系，将法律实践纳入学分管理是十分必要的，这样能够强化学生对实践重要性的认识，确保法律专业实践教学活动的质量。

二、构建法律实践教学之组织体系

要扎实有效地开展实践教学工作，还必须有相应的组织保障，否则在整个本科学习期间，因为每个学生的实践环节安排不同，时间又长达7个学期，具体实践过程中涉及的人员和单位比较多，如果没有专门的组织机构进行统筹管理，就不能保证每个学生参与实践教学环节的质量，容易使实践教学活动流于形式。但如果完全由教学管理组织实行全面的行政方式管理，必定要求投入较多的师资，加大管理成本。因此，设立比较合理、适用的实践教学组织机构是非常重要的。

第一，建立一个专门的实践教学的教研机构，由一到三名专职教师负责全面的实践教学工作的宏观管理，负责整个实践教学的科研、规划、督促检查、学生实践教学学分成绩的统计与认可等事务性工作，协调与实践教学各基地的沟通与联络。

第二，建立完善的校外教学实践基地，由基地的聘任教师负责学生实习、实践期间各方面的教育管理活动。

第三，以学生为主，以志愿者工作团队的形式建立大学生法律援助中心，让学生在该组织中自我管理，承担主要组织管理任务，教师和校外聘任教师则以顾问的形式，对法律援助中的专业问题提供指导和帮助。

第四，对于提高学生实践工作能力的模拟法庭及法律诊所课程，则以教师为主导，实行管理与教学、指导与参与相结合的方式，通过帮助指导学生，达到提高学生能力的目的。

三、构建法律实践教学之师资体系

教师是法律实践教学的指导者，法律实践教学的效果在很大程度上取决于教师的素质，然而教师为了职称、学术地位、学术论文等，往往把大量的精力放在法律理论的研究当中，不太关注法律实践问题，没有法律理论应用于实践的意识，没有具体的法律实践经验。教师缺乏法律运用能力，很难指导学生实践，而从事法律实务的教师，又将主要的精力放在实务工作中，无暇指导学生的实践课程。

2005年2月1日，中青联发〔2005〕3号文件《关于进一步加强和改进大学生社会实践的意见》指出，把大学生社会实践与教师社会实践结合起来，组织高校干部教师参加、指导社会实践。学校党政干部和共青团干部、思想政治理论课和哲学社会科学课教师、辅导员和班主任都要参加大学生社会实践活动。鼓励专业教师参与、指导大学生社会实践。根据文件精神，针对法律实践性教学师资薄弱的现实，应该尽快加强建设，加强实践教学教师的培养，建立师资队伍体系，目前可以采用"请进来，走出去"的办法。

（1）请进来。要通过政策引导，吸引高水平教师从事实践环节教学工作。法律院可以聘请富有经验的法官和律师担任实践教学的指导教师，讲授与实践紧密结合的课程，让法官和律师等指导教师将鲜活的经验传授给学生，使学生接触真实的法律实践。

（2）走出去。法律院应该创造条件，鼓励教师参与实践，在不影响教学科研工作的同时进行兼职，参与法律实务工作，如代理案件、担任法律顾问等，通过接触实践，提高指导学生实践的能力。同时，法律院通过建立实践基地等场所，将有志于此的专业教师脱产半年到一年送入法院或律师事务所进行实践培训，亲身接触法律实务，体会法律实务工作，对实务中的问题进行认识和思考、探讨和研究，提高运用法律的能力和理论联系实际的能力。当然，对于教师参与实践，应当注意加强管理。

四、构建法律实践教学之保障体系

构建法律实践教学基地、法律实验室，建立实践教学的各项制度，加强教师与学生、学生与学生、学校与社会的沟通，多方筹集资金，为实践教学构建强有力的保障。

（一）法律实践教学基地的建立

实践教学基地建设是实践教学的重要支撑，是理论课教学的延伸，是促进产、学、研结合，加强学校和社会联系，利用社会力量和资源联合办学的重要举措，是确保实践质量和增强学生实践能力、创新能力的重要手段，建设高质量的实践教学基地直接关系到实践教学质量，是培养复合型应用型人才的必备条件。

实践基地要能够提供基本生活、学习、卫生、安全等条件，考虑到节约实习经费，应就近建立实践教学基地。为了规范双方的权利义务，便于规范化的管理，应签订必要的协议书。同时，实践教学基地建立以后要加强联系，巩固双方合作基础，可以考虑每年定期与实践教学基地负责人联系、沟通，召开实践教学基地人员参加的联谊会，组织实践教学基地负责人座谈，听取他们对实践教学基地建设的意见，感谢他们的支持。本着"互惠互利，共同发展"的原则，在完成实践教学任务的同时，帮助基地培养人才，培训业务骨干，提供相应服务；聘请实践教学基地的专家为学生做报告、担任兼职教授，指导学生的毕业论文（设计）和答辩，做学生的导师，以巩固双方合作的基础，这样有利于实践教学基地的长期稳定。

（二）法律实践教学实验室的建立

教育部 2007 年高教一号文件提出，大力加强实验、实践教学改革，重点建设 500 个左右实验教学示范中心，推进高校实验教学内容、方法、手段、队伍、管理及实验教学模式的改革与创新，法律实践教学的实验室主要有模拟法庭、法援中心、多媒体诊所教室等，要加大投入力度，为法律学生提供必要的实践条件。模拟法庭实验室，是模拟法庭教学必备的场所，也是校内法律实践教学的重要基地，国内许多著名大学均建有功能齐全的模拟法庭实验室。模拟法庭实验室一般最小应能容纳一个班的学生，包括必要的实验设备和设施等。大学生法律援助中心也是校内的法律实验室，学校应对法律学生实践课程进行管理，由于需要接待来访者，因此应当建立，固定的场所，提供必要的设施和经费保障。

（三）法律实践教学规章制度的制定

实践教学课程能够顺利开展起来并长期地进行下去，其管理难度要远远超过课堂教学，如果仅靠教师的工作积极性、学生的能力和热情，将很难保障这项工作的长久开展。因此，需要将其制度化、法治化，以保障其成为一项常规工作，而不是一项短期活动。法律院应针对实践教学的各个环节，进行规章制度的建设，使得法律实践教学在一个制度体系的层面上开展工作，保障其长久性与稳定性。如为了保证实践教学，法律院应该制定《实践教学安排及要求》《实践教学各模块考核细则》《实践课指导教师职责》《实践教学指导规范》《实践课成绩考核办法》等规章制度，保证教学计划要求的实践教学内容能够完美实施。

（四）法律实践教学沟通系统的建立

由于法律实践教学具有开放性、互动性、分散性、自主性等特点，因此要建立一套沟通系统，保障教师和学生、学生和学生的交流沟通，而网络技术的运用促进了优质教学资源的共享和学生的自主学习，是实现这一目标的有效途径。网络教学系统具有灵活、快捷、开放、交互等特点，可突破地域的限制，建立多元交互的学习环境。2007年，教育部也提出要积极推进网络教育资源开发和共享平台建设。

构造一个方便的交流环境，模拟现实世界的交流环境，是建立法律实践教学网上沟通体系的一个重要问题。网上的交流环境是多方面的，包括文字交流、语音交流、视频交流等。通过电子邮件，学生能够很容易地从教师那里获得个别化的学习指导和帮助；通过微信，身处异地的学习者可以轻松地跨越时空走到一起，共同分享学习经验和体会，共同探讨或解决学习上遇到的困难和问题，从而培养他们之间相互协作的精神，并增进彼此的了解和友谊；通过网上讨论区域，学生可以探讨疑难、热点、前沿问题，从而激发学生学习积极性和主动性，提高教学效果，弥补法律实践教学教与学时空分离的问题；同时，利用网络进行法律实践教学，获取教学资源，开展教学活动，学生自主地依靠网上资源进行学习，有利于培养学生利用网络进行信息的获取、分析、加工的能力，从而有利于学生信息能力的培养。

（五）法律实践教学评估体系的构建

2005年，教育部颁布的《关于进一步加强高等学校本科教学工作的若干意见》提出了"强化教学管理，确保教学工作正常秩序""强化教师教学工作制度，完善教师教学考核机制""高等学校要努力探索和建立本校教学质量保证与监控机制"等措施。教学评估作为高校加强教学管理，增强教学质量的自我监控，提高教学质量的重要手段，已越来越多地受到人们的关注。

建立科学、规范、有效的实践教学评估体系，是提高教学质量、保证教育可持续发展的现实需要，更是为国家和地方经济发展培养适应生产、建设、服务第一线的应用型高素质人才的需要。因此，积极探索出一套既符合高等教育教学规律，又便于操作的实践教学评估体系，是确保实践教学质量的关键，是实现人才培养目标的基础。

法律实践作为一个系统，必须要有评价。评价是在教学过程中，对教师教学、学生学习的情况进行分析，根据相关的评价体系，把教学过程中发生的情况真实、全面地反馈给系统各方面，用以发现问题，提高各方面素质。它是教学质量监控系统中的一个重要环节，是提高教学质量的极其重要的因素。没有科学的评价方式很难保证教学的实践性特征，在完整的教学过程中，它是一个不可或缺的环节。通过评估，掌握学生的真实情况，了解学生的切实需要，收集反馈意见，进行分析、综合、评价，根据评价结果，纠正和调整教学方法和教学活动，以达到预期的教学目的。

实践教学的成效最终取决于学生知识的掌握和素质的提高，将实践教学实施过程中学生的表现、得出的结论与实践教学所预期达到的目标和要求进行比较，是评价实践教学成效的重要环节。

（1）评价实践教学本身。对实践教学本身的评价可以从三部分进行评价。教师对实践教学的评价：教师可以根据教学目标对实践教学进行评价。学生对实践教学的评价：学生对教学质量最有发言权，通过制定评价指标，对实践教学的情况进行评价。校外人员对实践教学的评价：实践教学不同于校内的其他课程，学生参与实践与校外接触非常多。在教学质量的评价中，校外专家、同行、实习基地人员、实践过程中的当事人的评价也十分重要，他们的评价从另一个角度反映了实践教学的开展情况。

（2）对实践教学本身评价，可以从对实践教学的开展情况、师资配备数量质量、基地建设、实验室建设、管理体制规章制度、教学投入、教学效果七个方面进行评价。

当然，评价并不是目的，通过对评价进行分析，对下一步的实践教学进行全面质量控制，发扬优点、改进不足才是建立评价体系的目标。

1. 评价实践教学活动的参与者

主要考察教师的教学情况和学生的学习情况。

对学生的评价，主要通过学生自我评价、学生间的相互评价、校外人士对学生的评价、教师对学生的评价进行。

（1）学生自我评价：学生是实践教学的直接参与者和自主学习的主体，学生的自我评价是最基础的一步，学生应当给自己做出一个评价，这也是学生自我提高的过程。学生的自我评价可以通过填写事先拟制好的自我评价表，有条件的法律院可以对学生的学习活动进行录音录像，学生对照设定的目标要求进行自我分析、自我评价。

（2）学生间的相互评价：实践教学过程中往往是学生多人共同参加，各自之间需要分工合作，因而在行动之后，除了学生自我评价外，往往需要其他参加者共同进行评价，一方面指出优缺点，另一方面也是一个共同学习的过程，有极好的教育价值。

（3）校外人士对学生的评价：当事人、法官等外界人士对参与实践的学生表现所做的评价，是实践教学区别于其他课程评价的重要特征，也是实践教学开放性原则的重要体现。

（4）教师对学生的评价：主要考察通过实践教学活动，学生的法律研修能力是否得到加强，职业道德的困惑能否得以解决或者能够找到一种解决的方法或途径，对法律的学习方法是否有更深一步的了解和在实践中学习到的方法是否应用到其他课程的学习。

诊所教育中设计了教师对学生的评价过程一般分为三种类型：①日常评价。根据学生在实践教学过程中各个阶段的差异进行不同的评价。②阶段性评价。阶段性评价是教师根据一段时间以来学生的表现，讨论学生的进步与不足，提出下一阶段的指导性建议，阶段性评价在教学中起着承上启下的作用，一般至少在学期的1/3或一半时举行一次。③期末评价，期末评价是教师共同讨论，形成统一的意见，由指导教师执笔，对学生做出全面、具体的书面评价并评定等级。

教师对学生的评价可以是口头的，也可以是书面的。教师对学生的评价一定要建立在一定的技术资料基础之上进行客观、公正和真实的评价。教师日记是教师对学生评价的最重要的原始记录，而教师书面评价报告是对学生进行综合评价的正式评价结论。

2.评价实践教学教师

实践教学教师在法律教育中起着举足轻重的作用，因此对教师的评价也是评价体系的重要组成部分。通过评价，检验教师是否深刻领会实践教学的教育理念，并自如运用教学法使学生受益。评价的重点包括：教师课程的驾驭能力，是否将教育方法成功运用到教学实践中，学生在指导下有无明显受益，教师的敬业精神与职业道德，教师的教学质量，教师的感召力与教学魅力，教师所确定的教学目标实现的程度，教师的教学特色与效果，等等。评估评价的内容主要有以下两部分：

（1）对教师的评价：敬业精神及态度、教育理念、知识水平、业务能力、教学内容、教学方法、教学手段、教学特色与效果8个方面。

（2）对学生的评价：学习态度和工作态度、责任心和敬业精神、团队合作、工作效率和工作能力、职业道德5个方面。

实践教学环节中的评价标准不宜绝对化，在实施某个实践教学环节时，不应仅看结果，还应看过程，实践教学的评价标准与课堂教学考试成绩评价标准的最大不同，应表现在实践教学对过程与结果同等重视，甚至重视过程更应甚于重视结果。

第三节　高校法律实践教学运行体系的构建

一、构建高校法律教育实践教学体系

传统观念认为，法律并不需要实验室，但法律专业的实践教学要真正融入社会实践中。比如，以校外合作单位、课外实践活动、校园实习等方式进行。但是，根据现代教育理论，法律的实践教学更需要实验室，而且实验室的种类要更加全面与丰富。

（一）模拟法庭实验室的构建

模拟法庭实验室是比较有效的实践教学手段之一，在模拟法庭实验室中，法律专业学生能够将理论知识加以应用和实践。为了提高模拟法庭实验室的教学效果，学校需要建设专门的、完备的模拟法庭，引进法院正式的案件审判活动，以满足学生经常性开展模拟法庭审判活动的需求。

（二）刑事侦查实验室的构建

在刑事侦查实验室中，涵盖了刑事侦查的各主要部分，比如刑事照相室、心理测试实验室、痕迹物证实验室等，这些实验室能够方便学生进行侦查技术、提起公诉实务等课程实验学习。

（三）法律援助实验室的构建

为了拓宽学生实践的途径，可以在高校校园内建立法律援助实验室，为社会公众和弱势群体提供法律援助。设置法律援助实验室，需要学校提供专门的场地、设备等硬件设施，打造真实的法律服务场所，使学生能在真正的法律服务活动中，体验到真实的司法实践。同时，法律援助实验室还可以细分为律师与公证实务、企业经济法律实务等部分，并设置相应的教学实验室。

（四）卷宗阅读实验室的构建

卷宗阅读实验室储存的是真实的司法案例，在卷宗阅读实验室，学生可以真正地了解某一案件从结案到执行的全过程。同时，卷宗阅读实验室也承担着相应的法律实践教学任务，比如相关法律文书写作、法条记忆、案例分析等活动，都将在此实验室举行。

二、高校法律教育实践教学的方法

在法律专业教学实践中，有各不相同的教学逻辑法则。整体来看，应用比较多的抽象方法，主要有归纳、演绎、分析、对比、综合等，运用这些抽象方法，能提高学生的逻辑思维能力。另外，具体方法有辩论、枚举、实证、设疑、评析等，运用这些方法能促进学生法律专业能力的提升。这些方法共同构成了法律教学基本方法体系。其中的每一种方法都不是独立的，而是有机联系、相互影响的。在实践教学中，首先，要对不同课程的教学目标、评价方法、反馈机制等，进行清楚明确的界定。其次，教师要采用多种方法，引导学生积极参与到法律专业实践教学中来，形成师生共同学习、互动交流的良好课堂气氛。最后，要加强学生的社会实践教学，通过采取"学生走出去，专家请进来"的方式，打破法律专业实践教学相对封闭的教学模式，使学生能在社会大学校中，主动接受更多理论与实务界专家学者的教育，从而更好地发挥实践教学的作用，促进学生专业素养的提升。

第七章 "互联网+"背景下法律教学改革主要方向

第一节 法律教学理念改革研究

教育理念是在教育实践中产生、发展和完善的。教育是指培养新一代人从事社会生活的整个过程，或者用道理说服人使之依照规则、指示或要求做事。教育理念的"理"，是指教育的规律，教育理念的"念"是指想法和打算。

教育教学改革首先是教育理念改革，马克思主义之所以具有持久的生命力，原因在于马克思主义是发展的、开放的。真理的探索是无止境的。法律专业课具有重要的社会意义，一批又一批成千上万的大学生接受法律专业课教育，弄通伦理与道德、民主与法治理论，恪守道德规范，知法懂法，增强法治观念，提高依法办事的自觉性，为推动道德建设、民主与法治建设，保证我国政治、经济和社会的长期稳定发展做出了重大贡献。但是，由于法律专业课这门课程的时代性、现实性和开放性较强，从而必然产生教学内容、教学方式和考试方式等改革的现实需要。

任何学科，都是用学科知识来教育人，而不是仅仅教授学科。以道德规范和法律规范为重要编写基础的法律专业课的社会实践性很强，所进行的应当是理想信念、道德修养、法律信仰、法律原理、法律规范和道德法律应用能力相结合的综合素质教育。

法律专业课不是培养伦理学和法学、法律专家的课，而是为非思想政治教育和法律专业学生开设的公共政治课，因此是一门培养"四有新人"和合格公民的课，其考试不能仅仅成为法律知识竞赛，而应当侧重于法律基本应用能力的考核。

人民是历史前进的动力，道德建设和依法治国的主体是广大人民群众，公民的道德素质和法律素质，将在很大程度上决定着我国建设中国特色社会主义目标的实现。进行法律专业课教育理论、教材建设、教学方法和考试方式等改革的必要性和重要性主要体现在：

其一，改革是提高法律专业课教学效果，保证该学科自身生存发展质量的需要。对于公共课，有的学生甚至能一连串地说出三个"问题不大"："好几个班的学生凑在一起，那么多人在大教室里上课，老师点名也点不过来，所以不经常点名——不去上课问题不大；看点课外书老师也不知道——去了不听课问题不大；考试的时候大教室里那么多人一块考，监考老师也顾不过来——打个小抄问题不大。"这不能不引起我们教育工作者的深思。

当然，部分学生的学习态度不端正是一个客观事实。但是，教育一方有没有责任和办法呢？在高等学校非思想政治教育和非法律专业开设法律专业课，是道德和法治建设的重要内容。法律专业课应当进行以德治国方略、依法治国方略、道德修养、法律信仰和道德规范、法律规范教育，目的是教给学生道德实践和法律实践的能力，使学生做到"知行统一"，这分明应当是一种素质教育，而不应当成为应试教育。

然而，落后于时代发展和科技发展的"你听我说、照本宣科"式的教学方法，讲完了课背书、背完了书再考核的知识竞赛型的考试方式——这似乎已经成为提高法律专业课教学效果的瓶颈——无疑也是导致部分学生缺乏学试心理的低级状态的重要原因。

"变则通"，走出无奈的出路在于改革。"现在，一些学校法律专业课很有成效，但就总体而言，法律专业课主要存在的还是效果问题。实践证明，法律专业课的生命力在于它的针对性，这是法律专业课最重要的特点，也是能受到广大学生欢迎和高等学校开设法律专业课的重要前提。"只有提高教学内容的针对性和实用性，采用更为高效的教学方式，才能增强吸引力；只有改革考试方式，由智力型考试转变为能力型考试，才能帮助学生端正学习态度，注重能力培养，矫正"应付心理"。

其二，改革有利于提高学生道德和法律素质，充分发挥学科社会功能。

在高等学校非法律专业开设法律专业课，是全民道德建设和普法教育的重要内容。现在的大学生就是以后的建设者和接班人。"人是生产力先进与否的决定因素，因而也是社会发展、国家兴旺的基础之基础。专家研究表明，国家的力量＝（可以利用的资源＋人力）×愿望。在国力三因素中，人力有其二。可见人力之重要。"

人是历史的、社会的产物，是生活在社会关系中，受社会关系制约的人，马克思在 1845 年所著的《关于费尔巴哈的提纲》中提出了一个关于人的本质的著名的命题："人的本质不是单个人所具有的抽象物，在其现实性上，它是一切社会关系的总和。"人的本质决定了在现代文明社会里，人们必须提高各种文明素质，只有这样才能拓展发展机会和提高劳动效率，只有这样才能有利于社会生产力的发展。

在社会主义和谐社会里，道德和法律素质应当是文明素质的题中应有之义。素质教育是一项培养学生全面素质的系统工程，在社会主义和谐社会里，素质教育当然包括道德和法律素质教育。1991 年，国际 21 世纪教育委员会向联合国教科文组织（UNESC）提交了一份题为《教育——财富蕴藏其中》的报告，提出教育的基本原则为学会认知、学会做事、学会共同生活和学会生存。在现代社会里，做事、共同生活和生存都离不开道德和法律素质的提高，都需要培养道德和法律责任感。现代社会，人们越来越认识到国家利益、社会公共利益与个人利益是一个密切联系的链条结构，国家利益和社会公共利益就是大家最重要的共同利益。

相对于国家、社会和家庭的培养教育而言，一个人的有效工作时间是短暂的，如果不能履行道德和法律义务，不能维护合法权益，甚至违法犯罪，不仅会阻碍自己的发展道路，而且还会给集体和国家带来损失。人的各种素质并不是一成不变的绝对值。道德和法律素质高的人，其各种其他素质的总和越高，在充分发挥作用时才越能够对国家、社会、集体和自己的合法权益进行有力保障。

道德和法律素质的提高离不开教育。邓小平曾经指出，"加强法制重要的是进行教育，根本问题是教育人"。

道德和法律素质教育在高校是指以法律专业课课为依托，以提高学生的道德和法律意识，培养学生树立道德意识和遵纪守法习惯、养成法治氛围为宗旨，调动各种教学手段培养学生学习积极性，培养基本道德和法律应用能力的素质教育。道德和法律素质与高校思想政治教育和非法律专业学生应当具备的素质是有一定区别的。思想政治教育和法律专业素质应当以上述法律素质为基础和重要组成部分，但是又不应当仅限于此。其中，法律专业素质还应当包括从事公、检、法、仲裁、律师、公证等专业工作的能力。当今社会，人们越来越关注物质与精神文明的生产、分配、交换和消费等行为的合法性，"维权意识"越来越强，越来越愿意通过诉讼途径解决纠纷，这表明法治越来越成为人们公认的治国良策。

知识具有可扩散性，这就使法律专业课的学科社会功能不仅限于使大学生自己受教育，还可以通过大学生将道德和法律知识和道德、法律信仰"辐射"到家庭、单位和社会，"传递"给他们的亲属、学生（如果大学生毕业后做了教师的话）、同事和朋友，从而使该学科的社会功能得到延伸。

教育教学改革的指导思想和原则把握改革的目的，是提高学生的道德和法律素质，发挥该学科不可替代的社会功能和十分重要的作用；增强法律专业课的吸引力、针对性和实效性，发挥法治教育的主阵地作用。法律专业课的教学目标，是使学生认识到道德和法律的作用和法治的意义，增强道德和法治观念，培养道德意识和道德能力，培养法律意识和依法办事、依法维护自身合法权益的能力，以适应社会主义和谐社会的要求。

改革的指导思想和政策依据，要充分体现依法治国方略，贯彻中共中央宣传部、教育部的相关文件精神。

改革的原则把握，首先是系统讲授道德原则和道德规范、民主法制理论、依法治国方略和法律渊源，让学生知道以德治国的"德"、依法治国的"法"主要是指什么。

其次，联系实际，与时俱进，增强教课内容的时代特色，力求鲜明地反映我国的法治建设时代特征，把理论性、现实性和针对性统一起来，以提高教学效果。

再次，有所创新，有所作为；总体规划，循序渐进；量力而行，抓出成效；在改革过程中根据物质和技术硬件条件、当前工作基础和师资队伍现状的软件条件有所取舍，稳步推进。将教学内容、教学方式、考试方式、教学管理改革和教师师资队伍建设结合起来，有计划有步骤地全面实施，突出做好教学内容、教学方式和考试方式改革。

最后，课堂教学学时，执行国家教育主管部门制定的教育计划，讨论课、实践课在课外时间组织进行，不占用课堂教学学时。

为了提高教学效果，还应当解放思想，开发校内外教育资源。应当实行"开放式"备课，适度开展国家级、省级、地市级、校级集体探讨交流活动，以增强备课的实效性。

从高校外部，定期聘请公、检、法、司等部门专家开设讲座。通过与校外单位的合作，还可逐步建立校外教育基地，为安排和组织学生参加社会调查、参观考察等社会实践活动创造条件。在高校内部，发挥高校辅导员的思想工作优势，做好促学工作。

法律专业课这门课既不是高校的伦理专业课、心理专业课和法律专业课，也不是中学的社会品德课和法律常识课，它介于二者之间，如果教师讲得深了，讲成了专业课了固然不行，让高校非思想政治教育和非法律专业的学生学习法律专业课，显然不是为了使学生们成为伦理和法律专家，而是为了让他们能够有理想、爱祖国、讲道德、讲法律。

道德和法律知识的实践性很强，所以教师必须充分了解、及时掌握社会道德和法治建设动态；特别是在社会转型期，法律知识更新速度比较快，所以教师必须不断地更新自己的知识结构，讲课时必须做到"法理联系实际"。

法律专业课教师的一项历史责任就是通过社会调查、社会服务等形式接触社会、认识和了解社会，收集人民群众中鲜活的典型道德和法治建设资料，尤其是刚发生的"热"资料，从人民群众"公民意识"的觉醒和社会道德法治风气的转变中归纳和总结经验规律，运用鲜活的教育资料，切实提高教学效果。

第二节　教学内容改革研究

内容是指事物内部所包含的实质或意义。教学内容是指教学的知识点本身及其实例、练习、实验、应用训练等。教学内容改革是指以提高教学效果为目的，对教学内容进行有意识的、系统的优化处理。

教学内容改革具有重要的意义和作用。教学内容改革就是教学内容的优化,如果用"皮之不存,毛将焉附"这个成语来说明的话,教学内容就是"皮",教学方式方法等就是"毛",教学内容是基础。

一、增强和保持教学内容的时代感、针对性和实用性

法律专业课教材体系是系统而全面的,既包括思想道德修养部分,又包括法律基础部分,而且两部分有机地结合在一起。思想道德修养部分包括理想信念、爱国主义、道德修养、情感与择业创业等内容,法律基础部分主要包含两部分,第一部分为法理——法学基础理论,讲授法律最一般的原理和依法治国方略;第二部分为国内法,包括根本法——宪法,讲授我国的国体、政体、公民的基本权利和义务等内容,以及普通法——行政法、民法、经济法、刑法、诉讼法等几个主要部门法,讲授部门法基本原则、基本概念和基本规范。不过,在教育教学实践中,也有学生反映教材体系在某些地方仍有"蜻蜓点水"之憾,在深度和针对性以及开放性方面尚有发展空间。

法律专业课教学应当立足于社会现实需要,通过及时更新和补充教材,回答学生普遍关心的道德和法治热点问题。"要结合世界大变革以及经济全球化趋势的实际,要结合当前我国改革开放和社会主义现代化建设的实际……如果我们教师不能把握学生存在的困惑问题、关心的热点和难点问题,讲和学两张'皮',学生听课学习就没有积极性。"这就要求我们增强和保持教学内容的时代感、针对性和实用性。

由于市场经济对个人的影响越来越大,教学中可以增加一点经济意识、理财能力和感恩意识教育内容,现实中有一些学生由于缺乏必要的理财能力,半月花光 2000 元甚至更多本来应当数个月用的钱,而使以后的生活"捉襟见肘",影响自己的学习和生活,也给家庭带来不必要的经济负担。

二、教学内容改革应面向未来,面向世界

我国进行经济结构战略调整,知识成为最重要的社会发展资源之一,经济增长的支柱正由有形的物质资源向无形的科技资源转化,因此法律专业课教材中可以适当增加知识产权法的比重和与知识经济相关的其他法律制度的

内容。

在全球化进程中，我国只有在法制的现代化等诸多方面和国际接轨，才能更好地从全球化进程中受益。我们以往习惯于将法律意识定位成人们对国内客观法律现象的主观反映，但是，随着经济全球化趋势的加快，中国"入世"以后，参与全球化的深度和广度增大。这时的"法律意识"应当是人们对国际社会和国内社会客观法律现象的主观反映，即人们关于国际法、国内法和国际国内法律现象的思想、观点、知识和心理的统称。其性质和水平反映了一个国家法律文化的发展水平。因此，从长远的角度看，如果教材体系中长期缺乏必要的国际法和国际习惯的内容，必将不适应当代国际政治经济形势发展的需要。

首先，国际法是国际政治斗争的重要法律武器，是多极化趋势的发展，国际政治形势总体趋向缓和。和地区霸权主义的存在使国际政治斗争更加复杂化，至战争不断（战争是政治斗争的另类方式）。国际法对于我国维护国家利益是非常重要的。

其次，国际经济斗争必须依照国际经济法和国际习惯进行。中国参与经济全球化进程的重要步骤是加入 WTO，而 WTO 的所有规则又都是国际经济法律规则。在 WTO 内部，发展中国家"占成员总数的 3/4 以上……可以看出，世贸组织不再是'富人俱乐部'，已成为发展中国家维护自身利益的一个场所"。

在经济全球化进程中，我国需要大批精通本专业知识并兼通、粗通国际法和国际习惯的人才，以提高在国际政治、经济、文化交往中的利益安全保障能力。WTO 的有关协定为发展中国家提供了依照自身经贸状况及竞争力进行经济结构战略调整，利用 WTO 争端解决机制维护本国经济主权、反对某些西方发达国家单方经济强权的法律武器。"美国'空气清新法'的实施对委内瑞拉、巴西构成影响，为此，（两国）向世贸组织状告美国。美国败诉，按世贸组织裁决结果，美国修改国内立法。我们可以想象，如果这两国不是世贸组织成员，凭其经济实力是不可能与美国进行贸易对抗的。"

再次，我国与世界各国的政治、经济和文化交往日益密切，在国际交往过程中，我国公民迫切需要掌握并且能够运用国际法和国际习惯。即便是普通的中国消费者，在购买外国商品和服务时，也必须懂一点国际法国际习惯知识，才能更好地维护合法权益。因此，有必要向学生讲授经济全球化和政治多极化所涉及的国际法和国际习惯。

为适应我国参与经济全球化和政治多极化进程的需要，应当向学生讲授必要的国际法和国际习惯基础知识，建议增加"经济全球化与国际法"的内容。具体内容可包括四个问题：一、"经济全球化、政治多极化与国际法国际习惯综述"，二、"国际公法"，三、"国际私法"，四、"国际经济法和国际习惯"。

第一个问题主要讲授经济全球化、政治多极化的发展进程及其特点；中国参与经济全球化、政治多极化的历程以及国际法、国际习惯的作用；经济全球化、政治多极化与国际法和国际惯例的关系；并从对外开放讲起，分析中国主动参与经济全球化、国际惯例教育，提高学生从现在起直至毕业后在涉外交往中，维护国家、公共利益和其他权利的能力。主要讲授国际法的基本原则，国际组织的概况，联合国、WTO（世界贸易组织）、IMF（国际货币基金组织）和 IBRD（世界银行）的宗旨和原则，外交和领事关系，条约的签订和效力，国际贸易惯例，国际争端解决途径，中国与国际经济新秩序的建立，西方重要国家和我国周边重要国家的法律特色以及物权、债权、婚姻、继承等重要民商法规则，等等。

课时不足是法律专业课教学中一直存在的问题。但是，这个矛盾只有通过改革以往的单向灌输教学方式、适当增加社会实践课时来解决，而不能使这一矛盾成为教学改革的障碍，不能以牺牲教学内容的优化调整为代价使教材失去时代性。应当说，在现有基础上再增加一定的关于国际法和国际惯例的内容，在教学内容和教材篇幅上是可行的。

第八章 "互联网+"背景下
法律教育教学形式的变革

教学方式方法具有重要的意义和作用。方式是指说话做事所采取的方法和形式。方法是指解决问题的门路和程序。教学方式方法是指实现教学目的的途径、思路和手段等教育教学保障措施。哲人说，"方法就是世界"，能力主要体现为方法，教学能力的一个重要体现就是教学方式方法。

一、教学能力的一个重要体现就是教学方式方法

单调的教学方式容易引起学生厌烦，因此依靠单调的教学方式是不能有效保证教学效果的。法律专业课教学方式改革的出路，在于一方面优化传统教学手段，开展互动式教学；另一方面加强各种教学方法的协调和配合，根据青年学生愿意接受新生事物的心理特点，广泛应用现代教育技术，综合利用各种方式以提高教学效果。

系统讲授的教学方式是必不可少的。道德规范和法律规范都属于与一定的社会相适应的、调整社会关系的社会规范。因此，对这些社会规范的认识和掌握绝不可能是"与生俱来"的本能，不可能依靠生物遗传而获得，而必须通过后天直接或间接的经验才能认识和掌握。"个人慢慢长大时，语言知识是和从技术知识增加时所获得的技术名词相平行发展的。礼貌客套、命令口号、法律措辞等社会性的词汇，是慢慢地由他加入了社会组织及担负了社会责任时逐渐获得的。最后他对于宗教及道德价值的经验增加后，他获得了文化及伦理的公式。"

道具教学方法也是很有用的。有时候，一个小小的教学道具，就是介绍课程特点和主要内容，或者总的教学目标的"引子"。例如，一张100元的

人民币：同学们看，这是什么？对，一张 100 元的人民币，那么是真币还是假币呢？真币有一条水印线，在阳光下或者在灯光下可以看到内部有"100"字样，还有毛泽东头像。如果不知道这些判断标准，我们甚至不知道钱的真假。如果不知道法律、道德和纪律标准，我们也无法判断自己和他人的行为是否适当。更何况，法律、道德和纪律是实现权利的保障。思想政治理论课，同时也是人生指导课，体现了国家和人民对大学生的关心和爱护。

在适应人生新阶段、肩负历史新使命和核心价值体系的教育部分，多媒体授课、案例分析与课堂讨论，可以从案例分析、播放视频入手，分析当代优秀大学生和"感动中国"模范人物的共同特点，总结少数违法犯罪大学生的人生经验教训，指出人品和创造力同样重要，指出"德才兼备"对于人生成功的重要性。

授课方式应当"理论环节"和"实践环节"相结合。"理论环节"授课方式是指有重点地统筹授课，通过讲授和答疑，帮助学生系统地掌握基本知识。法律专业课有许多概念、基本知识和基本理论是学生以前未接触过的，倘若不经过讲授，就无法保证学生准确理解和正确掌握。因而课堂讲授的教学手段具有不可替代的职能和作用。

授课原则应当为："突出核心内容，有所讲有所不讲"，非重点部分少讲或不讲，给学生留有一定的自主学习的空间；"以教材为基础但高于教材"。所谓"以教材为基础"是指要优先完成教学大纲规定的任务，所谓"高于教材"是指在新度、深度和广度上对教材内容进行拓展、延伸、补充和升华，教学内容改革的基础是按照教学大纲的基本要求，对现有统编教材进行重组、深化、优化，提高知识含量。要注意因材施教，就是指根据各学科的不同特点，对不同专业的学生进行教材内容的适当侧重处理，做到因材施教。

"专题环节"授课方式是对系统讲授的补充。"专题环节"授课方式是指以"专题讲座"的形式有重点地统筹授课。通过讲授和答疑，向学生系统传授基本知识。

"实践环节"授课方式是指拿出适量的课时并辅以一定的课外时间，由教师对学生提供正确的指导，采取社会调查、主题研讨、社会考察、撰写报告和论文等形式，强调"针对性"，针对实践教学方式的理论依据是"实践、认识、再实践、再认识"的马克思主义认识规律，以加深学生对理论知识的理解为目的，引导学生通过社会调查、社会考察等形式亲身参与各种道德与法制实践活动。"社会环境、舆论环境虽然不是学校内部的，但对学校教育起重要影响，学校要善于争取和利用。"

"教材内容"是"教学内容"的基础和依据，"教学内容"是"教材内容"的合理发展和优化。我们必须逐渐探索出一套保持教学内容的先进性的有效做法，随着我国道德与法治建设的发展进程对教学内容进行及时的修改和充实，特别是在任课过程中，每年都有一些重要法律法规出台或修改，应当及时对新的法律法规进行研究，及时向学生补充讲授。道德与法治建设是与时俱进的，相关知识更新速度比较快，所以任课教师需要本着接受终身教育的思想，不断地学习新思想新观点新法规，讲课时做到"理论联系实际"。

时间安排和组织方式要科学。"实践环节"授课方式应安排在专题讲座中间，组织方式多种多样，例如：其一，演讲赛，在全校组织选拔参赛选手。其二，多媒体教学讨论，制作多媒体课件，利用多媒体手段向学生播放，组织学生进行讨论，由教师给予正确引导。其三，组织学术交流和学术报告，体现大学教学知识含量高的特点。

对于"实践环节"教学方式，应加强组织管理。主题研讨教学方式需要师生共同参与才能完成。在选定具有理论和实践意义的问题以后，先由学生准备，然后将分析问题的过程和结论集中拿到课堂上交流和辩论。

课堂讨论的主要功能就是引导学生互相学习和借鉴，培养学生自己发现疑点、运用所学知识分析解决社会问题的能力。研讨课如果组织得当，能够活跃课堂气氛。

模拟法庭教学方式是指在教师的指导下，选择有教育意义的典型实例和案件，由学生经过精心准备然后经过课堂辩论，使参加者受到教育。实例和案情的选择应当注意多样化，包括各种类型，以便让学生学习到各种道德和法律知识。

辩论赛教学方式是由教师策划、组织题目，通过辩论形式，使参赛和到场学生获取知识。这样既可收到素质教育功效，又能培养学生的组织性、纪律性和语言表达能力。

在形式上，还应注意趣味性和感染力。例如，多媒体教学具有图文与声像同步传输，生动形象的特点，新鲜感和真实感强，具有一定的趣味性，有利于提高教学效果。

"要重视和充分运用信息网络技术,使思想政治工作提高实效性,扩大覆盖面,增强影响力。"实践证明,高科技的教学方式比较容易吸引学生。电视、电脑等科技含量高的教学方式具有生动形象、直观可信、使人印象深刻、乐于接受等优点。互联网还具有互动性强、信息量大、方式新颖等优点。为了利用好高科技的教学方式,一方面,应当尽快建立起各级教学网络,开辟师生网上交流渠道。另一方面,还应当借鉴试题库建设经验,及时搜集和更新能够反映我国以德治国和依法治国事例的典型资料,创建录音、录像、光盘等课件资料库。此外,还可以采取组织兴趣学习小组、开设拓展选修课等形式。

校园文化是社会文化链条中的重要环节,因而道德和法律素质教育理应与校园文化建设结合起来。以丰富多彩的校园文化氛围,达到对在校生进行全程道德和法律素质教育的效果。

全程道德和法律素质教育是指通过有效的组织形式(例如网络互动课程、选修课、模拟法庭等),使学生在整个在校期间,都能受到道德和法律教育。这样做打破了学期限制,能够让学生在校期间多接受一些信息,不失为提高教学效果的良方。

二、改革考试方式,采用科学的能力测评手段

在应试教育中,"教育为考试服务";在素质教育中,"考试为教育服务",这是两种相反的考试观。在应试教育中曾经被异化为教育目的的考试,在素质教育中重新被回归为手段,这本身就是一种教学改革即考核目的的改革。

法律专业课考试改革的目的,是要改变以往采取的单一闭卷考试的弊端——主要是对死记硬背结果的检验,转变为对能力和素质的检验——侧重于考核理论素养和灵活运用理论知识分析、解决问题的能力,并适当结合考评学生的学习态度和道德实践以及遵纪守法的行为。

考试不应当仅仅是一种智力闯关,而更应当是一种能力闯关。应当进行考试内容改革,加强对实践技能的考核,增强试题的针对性和时代感,形式灵活多样,紧密联系国际国内客观社会现实。改革之后的考核实际上成为一

种"道德和法律素质综合考评",综合考评成绩仍然设计为 100 分制,但却不再是"一张闭卷定终身",而是由三部分成绩换算而来。

第一部分成绩来自"闭卷考试",主要考核学生掌握的理想、道德和法律理论、道德和法律概念、道德和法律规范、道德和法律意识水平,知识范畴就是"专题环节"的授课内容,闭卷成绩占综合考评 1/3 的份额。

第二部分成绩来自"开卷考试",侧重于考核学生运用所学道德和法律知识分析、解决问题的能力,题目(包括分析实例和案例题、重大道德和法治事件评述题、道德和法律建议与论展的特点,属于"实践环节"素质考评,开卷考试成绩占综合考评 1/3 的份额。

第三部分成绩来自"作业+行为",也属于"实践环节"素质考评,侧重于考核学生的素质表现,考试内容主要包括以下两部分:

其一为摆写论文或者调查报告情况——"作业"。正如全国马克思主义理论课教学指导委员会委员、清华大学教授刘美珣所言,"过去'千人一卷'的考核方式很难考出学生的真正水平,不利于调动学生学习的积极性、主动性和参与意识,更不利于培养学生分析问题、解决问题的能力"。清华大学在"邓小平理论概论"课中就采用了"小组论文+小组答辩"的考核方式,"法律基础"课考试可以借鉴其具体操作方法,适当地安排组织一定形式的论文答辩活动。另外,凡在正式出版的报刊、杂志上发表具有一定的理论性的法律论文的,根据具体情况每篇次奖励一定的分数。

其二为考查学生在学习期间的遵纪守法表现——"行为"。会同学校有关部门公平公正地评定学生的"行为"成绩,凡有比较重要的拾金不昧、见义勇为等行为得到学校有关部门通报表扬或者被新闻媒体宣传报道的,根据具体情况每人次奖励一定的分数(10—20 分);凡有在学习期间违法乱纪受到学校有关部门纪律处分,甚至因故意或者重大过失行为被公安等有关机关追究法律责任的,根据具体情况每人次适当扣分(10—20 分)。"作业+行为"成绩占综合考评 1/3 的份额。

根据"知行统一"的原则要求,凡出现严重违法乱纪情形被留校察看或受到其他更严重处分的,报学校有关部门批准认定为本轮次法律专业课"综合考评"成绩不及格。根据"学生必须有端正的学习态度"的原则要求,凡不参加"闭卷考试"或者"开卷考试"的,均按"缺考"处理。

总之，道德和法治建设是社会和谐的保障，法律是最低的道德要求，法治已经不再仅仅是国家对公民和社会组织行为方式的最低要求，同时更是达到社会资源最优配置、保障个人自由发展的需要。在法治国家，国家的民主政治、经济和社会生活都处于依法运行状态，宪法和法律是人们的行为规则，只有懂法才能在工作、学习和生活中保护国家、社会、集体和自己的合法权益。法律专业课的教育与考试改革应当充分体现以德治国和依法治国方略，注重培养学生的道德意识、道德素质、法律信仰和法律素质，充分发挥该学科的社会功能。

第一节 "互联网+"法律教学目标

教育的内在价值认为，教育的目的应当由人的本性、本能的需要来决定，教育的根本目的就是促进人的本性和本能的全面发展。教育的外在价值却认为，教育的目的是由社会的需要所决定的，教育要追求的根本目的是培养社会所需要的人，教育应该按照社会对个人的需求来设计。完整的教育目的，不仅要从教育的内在价值和外在价值来理解，还要结合时代特征来看，教育是历史时代中的教育，教育还应该具有时代价值。互联网时代的教育要站在历史的高度和时代的高度，体现教育的时代担当，提出构建具有全球视野的新人文教育观。

（一）教育的个人担当：要回归到人的本真存在

教育的内在价值和本真目的是追求人的全面自由发展，追求个体的不断自我完善，而不是片面地求利、求效，立德树人是教育的根本目的。而在当下，教育的价值在多元思想的冲击下出现了道德失范和价值迷失等问题。教育求利、求效的现象趋于严重。教育的市场化、功利化体现在急功近利地追求应试教育的成绩，唯分数论、唯升学论的观点还比较普遍。人的主体性和整体性受到漠视。教育被"利""效"异化，比任何时候都需要回归到人的本真存在。因为教育的目的是努力使学习者用其内心的力量和天赋以及其理性天然的直觉能力去把握和追求真、善、美。

回归到人的本真存在的教育应关注人性、人的价值和尊严。教育不仅强调要发展人的理性因素，而且还要发展人的非理性因素。理性因素和非理性因素共同构成了人的全面发展不可缺少的两翼，相互关联，相互影响。也就是说，教育不仅仅是传授知识，更是传播和创造思想的过程。英国思想家纽曼曾说："知识是一种习得的精神启示，是一种习惯，是一笔个人财富，是一种内在的禀赋。"这就是我们觉得把学校称为教育场所比教学场所要更为确切、更符合习惯的原因。从这个角度来讲，教育就是要唤醒人的内在本质，全面挖掘人的潜力，培养理性和非理性的因素，从而实现人的全面自由发展，进而推动社会的创新发展。教育是灵魂的教育。教育最终是以心养心的过程，是生命对生命的影响。

（二）教育的社会担当：要承担引领社会创新发展的使命

教育的外在价值是社会工具价值，承担社会发展所需要的人才培养和选拔功能，联合国教科文组织总干事伊琳娜·博科娃认为"再没有比教育更加强大的变革力量"，教育承担着引领社会发展的使命。

这是一个怎样发展的社会呢？信息化带来了第三次工业革命，3D打印具有能够实现让我们的创意从计算机软件中的建模到打印出实物的功能，智能制造和绿色制造正在向我们走来，个性化、分散化和协作化的社会正在前进的路上。在这样一个技术迭代升级越来越快的新的社会里，我们不仅要了解我们的社会发展，还要了解一个因为新技术而带来变革的社会里，究竟需要什么样的人才，新时代的教育怎么培养社会需要的人才。

教育要承担促进社会进步发展的使命，需要培养大批能够适应时代需求的创新型人才。以数字化制造、新能源、新材料应用以及计算机网络为代表的第三次工业革命时代不仅需要高素质的基础劳动者，更需要高素质的高端创新型人才。要适应第三次工业革命给创新人才培养带来的挑战，我国的教育差距甚大，任重道远。这在客观上急切呼唤教育目标的变革。

（三）教育的时代担当：构建具有全球视野的新人文教育观

教育目标的定位，需要站在互联网信息时代和全球视野的高度来进行，社会历史变迁对人才培养提出的新要求始终是推动教育教学变革最重要的历史与现实动因。现行的教育教学体系是三百年工业文明的产物，为工业社会培养了大量的人才，有力促进了经济社会发展。但是这些人才大多是普通流水线上的普通劳动者。当人类社会全面迈入信息时代，传统的人才培养目标已经不再适用。2016 年 9 月发布的《中国学生发展核心素养》明确了信息（知识）时代学生适应终身发展和社会发展应具备的品格和关键能力。中国学生发展核心素养分为文化基础、自主发展、社会参与三个维度。文化基础维度包括人文底蕴、科学精神；自主发展维度包括学会学习、健康生活；社会参与维度包括责任担当、实践创新等素养。中国学生发展核心素养的提出是在新的时代重新思考的人才培养目标，是从学习者自身全面发展和社会创新发展两个维度来思考的面向未来的核心素养。互联网信息时代的教育体现了一种新的教育目标观，这种新的教育目标又称为新人文教育。

新人文教育还体现了教育的社会价值。新人文教育强调培养科学精神，善于思辨，掌握技能，适应未来生活；强调开放、创新，勇于探索。第三次工业革命需要创新型人才，而创新型人才的培养需要关注批评性思维、协作能力、沟通能力、解决复杂问题的能力以及解决多学科的开放性问题的能力、创新能力、交流与合作的能力的培养和提升，只有这样，才能适应以创新为主要特征的信息时代的要求。

在全球化的宏观背景下，新人文教育还强调做有全球观、中国心、正义感的现代公民；重视终身学习，不断自我完善和发展；注重绿色生态教育，注重与人的协作，培养同理心。

信息时代教育目标的变革正是需要体现教育的内在价值和社会价值，体现个人担当、社会担当和时代担当。个人担当要坚持以人为本，充满人文关怀，注重个性发展、健全人格等，实现个性化和人的自由全面发展；社会担当要融汇优良教育传统，传承和发展文明，培育全球观、中国心和正义感的现代公民，要承担起社会责任和历史重任；时代担当要站在人类历史发展的高度，带着全球视野、全球意识和全球观念来变革教育目标，关注全球的绿色生态和自然环境，关注文化的丰富性和多元性，求同存异，和谐共生，要有科学精神，勇于创新和探索，适应未来生活。

第二节 "互联网+"法律课程

一、建设网络课程的基本思路

（一）课程学习空间需整体设计，要注意其布局、内容充实度及创新点

紧紧围绕学科专业，利用信息技术的特点，将课程内容根据内在逻辑性，有目的地展现在学生面前。可运用唯美的图片、简表、代码装扮，将声音、图像、视频、动画与内容融为一体，把客观事物具体化、形象化，使空间凝练简洁、页面赏心悦目，引发学生兴趣，激起其好奇心，吸引学生去选择、去思索，通过自省建构其知识结构。

（二）课程设计应关注网络学习的过程，而不仅仅是课程内容的呈现，重视练习与测试环节

它所含的教学模式应是开放性的、可互动的，含有学习活动设计，使学生在学习过程中产生美妙的探究体验，并与他人进行分享。通过互动，促使个人知识与他人知识的交融而构建自身认知体系，提高学生自主学习能力，加快学生开放性思维的形成，并促使学生积极参与其中，为学生终身学习能力的发展奠定基础。一个学习者要想比较扎实地掌握知识，练习和阶段测试评价必不可少。网络课程网站能够很好地实现与所学知识的同步练习与测试。

（三）课程学习空间应注重学习情境的营造

以工具、手段等形式设置的有形学习环境影响着学生的学习，而以理念、方式、文化形式形成的无形学习环境更能影响学生的发展。在网络环境中给学生创设必须思考、促进思考、验证思考的多种情境，也可设置多种知识实际应用和学习体验的情境，引发学习者共鸣，在充满生机与活动的学习情境

中展开"对话""实践"和"创造"，促进学生积极持续地参与学习。

（四）促进网络课程建设的对策

网络课程建设要以学生实际特征为中心，注重"两用"在网络课程建设中的针对性，需"以学生为主体，以市场为导向"，充分考虑学生的需求。对专科生来讲，课程要体现技能化、实践化；对本科生来讲，课程要体现系统化、知识化；对继续教育学生来讲，课程要体现时间碎片化、学习泛在化、实践技能化、终身学习化。"两用"是指"有用"和"实用"。"有用"主要体现的是需求性，网络课程适应学习者的学习需求，为学习者提供个性化、多样化的学习资源和学习环境，为学生发展提供学习平台和成长的通道；"实用"主要体现的是应用性，网络课程要适合人的发展需求，学习者能将学习到的知识运用到实践中。现在的学生对网络非常依赖，而且非常挑剔，获取知识的渠道也非常多，这就要求网络课程的设计、设置及内容必须生动、灵活、便于查阅。例如，可以开通网络课程的微信互动平台，将一些资源内置到手机 App 软件中，方便学生获取资源。只有从实际出发，注重网络课程的"两用"，才能设计出契合学生实际特征的网络课程，才有可能让学生对这样的课程感兴趣。

目前，各级教育主管部门对网络课程都制定有具体的检查、评价、验收办法和相应的评分标准，并进行了多次修订，但网络课程监测和评价体系的建设还不完善，这在一定程度上造成网络课程建设重初期申报建设、轻后期应用管理维护的现状。要想真正发挥网络课程的作用，就要建立完善、科学的课程监测和评价体系。要让学生真正参与到网络课程的建设中来，将学生的评价作为网络课程建设的一个重要指标。学生是网络课程的最终使用者，也是最大受益者。因此，首先，可以设计调查问卷搜集学生使用后的感受，然后不断地调整和优化网络课程；其次，在现有评价机制的基础上，不断增加网站的可访问性、互动性和持续更新等方面的权重，使这成为评价网络课程好坏的重要标准；最后，对网络课程的评价不应集中在一个固定的时间点进行，而要建立长期的动态检查机制，经常性地对网络课程进行抽查，全面了解其应用情况。

网络信息资源具有打破时空界限和资源共享的特征，但学校的网络课程，有时连校内的共享都难以真正实现，更别说全国乃至世界范围的共享。为了增强网络课程的影响力和辐射面，首先，教育主管部门要制定网络课程的统一标准，包括内容如何呈现和管理、基本功能如何设计、资源如何建设和共享等，以方便使用者获取和利用资源；其次，面对当前众多层次的网络课程，教育主管部门应协调各方将各级网络课程统一加入教育部的国家教育资源公共服务平台，并增加国外相关开放课程，方便网络课程之间的相互比较和提高；最后，实现不同学校学生在网络课程平台学习成果的互相认可。

对课程的及时更新是保持课程生命力的首要条件，对于网络课程更要如此。教育主管部门应该建立长期的监控机制，一旦发现有网络课程更新不及时，就给予警告处理，对情况严重的要予以淘汰，课程的负责人也要受到相应的处罚；而对于更新及时、应用效果好、影响大的网络课程可以持续给予支持。对网络课程建设者而言，为保证网站的稳定运行，要在课程建设团队中增加课程专授教师和懂得网站维护的专业人员，这样既保证网站内容更新的及时性，也避免出现缺乏维护而不能有效使用网站的情况。

网络课程不受学生欢迎，很大一部分原因是易用性和互动性差。易用性要体现在其便捷性上，网络课程应操作简便，导航清晰，符合认知规律和网络学习习惯。若网络设计过于复杂、专业，学生无法快速找到自己想要的东西；或是问题提出后，很长时间没有回应，这些都会打击学生的积极性。为了增强网络课程的易用性，可以在网站上增加导学功能，为学习者自主学习提供指导。导学的内容主要包括网络课程介绍、学习者须具备的条件、学习目标、学习重点和难点、学习方法等。为了增强互动性，需引入主流的在线交流工具，如微信、微博等，方便学习者随时随地交流和讨论。此外，随着网络课程的推广，使用者的差别越来越大，网站可以对不同的使用者分别设立讨论区，如教室讨论区、学术讨论区、自学者讨论区等，使讨论更具有针对性，提高互动性。

网络课程建设比较复杂，涉及课程设计、内容设计、界面设计、内容具体制作、系统开发等多方面。一门优秀的网络课程需要专业教师、教育技术人员一起配合，分工制作。网络课程的制作费时费力，但是制作完成之后，可以提高教学效果，提高课程影响力。企业要从长远的发展需要出发，高度重视，在人力、财力、物力多方面加大对网络课程建设的投入，以保证网络课程建设健康、扎实地开展，以此深层次地促进教育教学改革，提高人才培养质量。

二、"互联网+"背景下的课程资源建设

"互联网+"背景下的课程资源建设有四个层次的含义，第一个层次是素材类课程资源的建设；第二个层次是网络课程的建设；第三个层次是课程资源管理系统平台的建设；第四个层次是课程资源建设的评价。

（一）素材类课程资源的建设

多媒体素材就是综合运用现代多媒体技术，在多媒体课件中所用到的各种文本、图形和图像、声音、动画和视频资料。在课件中综合运用各种素材可以使得传统教学手段中难以实现的实验和动态演示过程得以轻松实现，帮助学生对重点、难点加以理解，并留下深刻印象。

我们可以通过多种途径获取有利于教学用的多媒体素材。

1. 杂志教材的征订、多媒体素材光盘获取素材

国内有许多专业性的公司提供各学科课件素材，以光盘等媒体形式发售，学校可根据自身经济实力做出一定的选择。另外，其他兄弟学校也有一些新颖而形式多样的课件素材，我们可以通过相互交换、资源共享，从而共同完善和丰富教学素材资源。

2. 充分开发和利用 Internet 网络信息资源

以 Internet 网络为代表的信息化资源有着容量大、智能化、虚拟化、网络化和多媒体化等特点，在开阔视野、延伸感官、提高效率等方面具有其他资源无法替代的优势。Internet 上的信息资源可以划分为下列八大类：电子书籍、电子期刊、电子报纸、数据库、虚拟图书馆、电子百科、专题教育网站虚拟软件资源库和电子论坛。我们可以充分利用这些网络资源选取适合教学所用的各种素材类资源。

3. 组织教师运用各种软件制作教学中所需的素材

我们通过以上途径获取的素材资源极大地丰富成果件的内容。但是具体到各个学校、各门学科，可能这些素材还不能完全吻合我们现实中的课堂教

学实践，这时就需要教师学会运用各种素材编辑软件对这些素材进行二次加工。例如，教师要学会利用 office、Photoshop、Flash 等专业软件对文字、图像、声音、动画、视频素材进行编辑处理，使这些素材资源能够更好地服务于课堂教学实践。

（二）课程资源管理系统平台的建设

课程资源管理系统平台的建设主要包括两个层次：一是网络课程系统支撑平台的建设；二是课程资源库的结构和功能设计。

1. 网络课程系统支撑平台的建设

网络课程系统支撑平台是指通过网络实施课程教学的学习管理软件系统，是一套用来建立、储存、组织管理、维护、追踪及提供个性化课程学习对象的软件系统。目前的网络课程教学支撑平台主要建立、运行在 Web 上，教师和学习者均可以通过浏览器进行学习与沟通。网络课程系统支撑平台基本功能包括：学习者、教师、系统管理员等用户的管理；网络课程的创作、存储与发布，网络课程学习过程的支持工具，相关标准的适应与交换，各种通信工具和学习工具的提供。

2. 课程资源库的结构和功能设计

课程资源库是平台结构的主体部分，主要由素材库、课件库、课程库、资料库和工具库五部分构成。按照教育部颁布的《现代远程教育资源建设技术规范》要求，课程资源数据库要搜集国内外相关的多媒体课程资源，建设多媒体课程资源数据库平台和服务门户，集中展示优秀的课程资源。同时，将优秀的多媒体教学资源整合于共享平台，展示建设绩效，推进资源共享，提高多媒体教学资源开放共享的整体水平。所以，课程资源库后台要采用功能强大的计算机数据库平台，系统采用用户注册的开放式使用环境，用户可以通过系统注册来使用本系统资源，同时可以提供一些自己已有的教学资源，以达到资源共享以及与其他用户互通有无的目的。另外，还要增加一些引导性功能，如系统强大的搜索功能：用户仅需输入关键词，就可以从海量资源中找到其所需的资源；排行榜：给用户提供最近热门的资源；资源点击率记录：给用户评价该资源提供参考。通过这些功能的实现和不断加强，提升系统的可操作性，方便用户使用。

（三）课程资源建设的评价

课程资源建设的评价是资源建设中十分重要的环节，它关系到课程资源能否发挥教育教学的实际效果。我们可以从以下几个方面对课程资源建设的效果进行评价。

1. 资源的教学性

课程资源的教学性要从课程属性和学习对象上进行定位，进而进行学习目标的确定；在课程资源中要体现学习方法和兴趣的激励与指导；内容上要体现科学性和动态性，要与时俱进。

2. 资源的可用性

信息化的课程资源要有交互，包括人机交互、人与人交互；要有良好的用户界面，导航要做到清晰、快捷和方便；要能够提供学习过程的记录功能；要有学习帮助和资源检索的功能；同时资源具有上传和下载功能，以实现资源最大限度的共享。

3. 资源的技术性

资源的技术性体现在资源链接要准确、无死链接，响应及时、有效，安装、卸载方便；系统平台可以跨平台使用，实现兼容性；要有一定的安全措施，让学习者不能随意删除或添加数据，同时课程中的资源达到《现代远程教育资源建设技术规范》的要求。

4. 资源的艺术性

资源的艺术性表现在整体的结构布局和设计风格上，在结构布局中页面的长度要适中，不超过三屏；页面布局要合理、美观大方；在设计风格上要做到设计风格统一，体现学科特点，色彩使用要协调。

三、互联网+"三个课堂"建设

2020年3月3日《教育部关于加强"三个课堂"应用的指导意见》以习近平新时代中国特色社会主义思想为指导，全面贯彻党的教育方针，落实立德树人根本任务，发展素质教育，促进信息技术与教育教学实践深度融合，推动课堂革命，创新教育教学模式，促进育人方式转变，支撑构建"互联网＋教育"新生态，针对基础教育阶段促进教育公平、提升教育质量的现实需求，在各地实践探索的基础上要求进一步加强"专递课堂""名师课堂"和"名校网络课堂"建设，发展更加公平更有质量的教育，加快推进教育现代化。

（一）"三个课堂"应用模式

"专递课堂"强调专门性，主要针对农村薄弱学校和教学点缺少师资、开不出开不足开不好国家规定课程的问题。采用网上专门开课或同步上课，利用互联网按照教学进度推送适切的优质教育资源等形式，帮助其开齐开足开好国家规定课程，促进教育公平和均衡发展。

"名师课堂"强调共享性，主要针对教师教学能力不强、专业发展水平不高的问题。通过组建网络研修共同体等方式，发挥名师名课示范效应，探索网络环境下，教研活动的新形态，以优秀教师带动普通教师水平提升，使名师资源得到更大范围共享，促进教师专业发展。

"名校网络课堂"强调开放性，主要针对有效缩小区域、城乡、校际教育质量差距的迫切需求。以优质学校为主体，通过网络学校、网络课程等形式，系统、全方位地推动优质教育资源在区域或全国范围内共享，满足学生对个性化发展和高质量教育的需求。

（二）"三个课堂"总体目标

到2022年，全面实现"三个课堂"在广大高校的常态化按需应用，建立健全利用信息化手段扩大优质教育资源覆盖面的有效机制，开不齐开不足开不好课的问题得到根本改变，课堂教学质量显著提高，教师教学能力和信息素养持续优化，学校办学水平普遍提升，区域、城乡、校际差距有效弥合，推动实现教育优质均衡发展。

（三）"三个课堂"主要任务

1. 加强统筹规划和落地实施，推动应用普及

各省级教育部门要以问题为导向，按照省级统筹规划、区域整体推进、学校按需使用的原则，制定分级分层、相互协调的"三个课堂"总体推进计划，

有组织地推进"三个课堂"实施。各市县教育部门要根据区域教育发展水平，结合教育信息化工作部署，制定"三个课堂"应用实施方案，确定时间表和路线图，系统推进"三个课堂"常态化应用。各学校要结合实际，强化课堂主阵地作用，加强与学科教学的融合，并向全方位育人拓展，制定"三个课堂"常态化应用的实施细则，使教学教研活动有章可循。鼓励特色发展，不同区域和学校要因地制宜、创新路径、分类推进，形成区域内、区域间"三个课堂"应用的新形态。

2. 健全运行机制和考核激励机制，激发应用活力

健全组织运行机制，把"三个课堂"纳入日常教学管理体系进行统一管理与调度，明确不同应用模式下输出端与接收端的工作要求和操作规程；科学确定输出端的辐射范围，合理控制接收端的数量；加强输出端和接收端的线下互动，增进师生之间的情感交流和人文关怀。推广"中心校带教学点""一校带多点、一校带多校"的教学和教研组织模式，鼓励组建实体机构以"联校网教"的方式集中开展"三个课堂"应用实践。完善考核激励机制，统筹优化本地教师队伍结构，合理配备英语、音乐、美术等学科的教师；把教师在"三个课堂"中承担的教学和教研任务纳入工作量计算，并在绩效考核、评先评优、职称晋升等方面给予适当倾斜。建立多方参与机制，积极引导行业企业、高等学校、科研院所、公益机构、志愿者团体等社会力量参与，构建共建共用、共享共赢的"三个课堂"应用生态。创新建设运维机制，鼓励采用购买服务的方式建立专业化的运维服务体系。

四、微课的含义与特点

（一）微课的含义

微课的概念不同于"微课程"。它是基于"微学习"而建设的"微内容"，是经过精心的信息化教学设计，以流媒体形式展示的围绕某个知识点或教学环节而开展的简短、完整的教学活动。

（二）微课的特点

1.教学内容上主题突出，指向明确

微课是教师通过在线视频的方式针对某个学科知识点或教学环节对学生进行的讲解。因此，相比传统课堂而言，微课的教学内容更加精简、教学目标更加单一、教学主题更加突出、教学指向更为明确。

2.资源类型上丰富多样，情境真实

虽然微课是以在线教学视频为主要载体的网络视频课程，但它却包含了传统一节课所具有的各个环节，且由于它不仅可以是对某个知识点的教学，也可以是对某个教学环节的教学，因此它在课程的资源类型上更加丰富。此外，由于微课的教学视频是建立在对教师真实的授课过程进行录制的基础之上的，所以它实际上是对教师真实授课过程的再现，这样学生对于微课的学习情境就显得非常真实了。

3.教学时间上短小精悍，使用方便

微课的授课时间都较短，一般控制在 10 分钟以内，因此它更符合学生的认知特点，可以使学生在注意力最集中的时间内对微课内容进行效率最高的学习。此外，微课的资源容量比较小，其视频一般为流媒体格式，再加上与教学主题相配套的教学课件等资源容量也比较小，因此，学生既能对其进行在线观看，也可将其下载并保存到手机、电脑等移动设备上，从而使学生的学习更加方便灵活。

4.资源组成上半结构化，易于扩充

微课不是由多种类型资源简单叠加而成，它主要是通过网络媒体等将某个与其教学主题相关的教学知识点或教学环节作结构化的组合。同时，微课还有半结构化的开放性特点，它其中的各要素都可以根据实际授课情况来进行修改及扩展，并随着教学需要的变化而不断地生长和充实，以进行更新。

5.师生交流上交互性强，应用面广

微课在主体上是教学视频，要求短小精悍，在时间上一般不会超过 20 分钟，在授课途径上主要是通过互联网络来进行的。因此，它的主要教学载体是在线网络视频，其形式不仅仅局限于课堂上师生面对面的交流，在对教学

资源（包括微课视频、素材课件等）的分享上更加灵活、方便。在课堂上，教师不仅可以播放自己的教学片段，还可以播放其他教师的优秀教学片段；在课下，教师可以将自己的教学片段放到网上，以便其他老师和学生使用，从而增强了微课视频的交互性，拓展了它的应用面。

五、慕课的含义与特点

慕课即 MOOC，是 Massive Open Online Course（大规模开放在线课程）的缩写，是近些年来开放教育领域出现的全新课程模式的一种。其中，"大规模"是指对同时参与其中的学习者数量不做限制，一门课程的学习者可以成百上千；"网络"指教与学的活动主要发生在网络环境下；"开放"则指任何感兴趣的人都能参与其中，并且免费。

（一）慕课的特点

MOOC 与常规的网络课程相比，有两个关键特征：①开放获取——任何人都能够免费参与网络课程；②可扩展性——课程可以设计成可以支持无限多学习者同时参与其中的形式。MOOC 的特点是将传统课堂与网络课堂相结合，是一种在线教育模式，它的缺点在于过多地保持了传统课堂的教学模式，优势则是突破了传统课堂的时空局限，利用互联网平台可以实现实时的学习交互、资源共享等活动。

1. 大规模

大规模意味着慕课平台中参与的高校及课程资源的数量很多。目前，Coursera 平台加入了全球 83 所顶尖高校及机构，并对外提供了 408 门课程。

2. 开放性

慕课的开放性首先表现在学习对象上，即真正意义上的"有教无类"。它不像传统的教学那样，会受到时间、地域、年龄、文化、收入等因素的阻碍，人们可以在任何时间、任何地点，根据自己的实际条件及需要，通过在线网络来进行学习，不再受制于其他条件。

其次是教学与学习形式的开放。慕课平台所提供的课程是在主动学习、深度学习等理念的基础上进行的，它可以利用各种社会软件和云服务来促进学习及讨论，并创建和分享视频以积极参与其他所有的活动。因此，它充分体现了教学与学习形式的开放互动。

再次是课程内容和资源的开放性。慕课显然是通过网络进行的，授课时间较短，但它的课程内容及资源却很完整，一节慕课包括很多资源，而且这些资源都比较灵活，能够进行修改及扩展，并随着课堂需要及教学环境的变化而不断地进行变化。

最后也是最为重要的是教育理念的开放。很多国家的大学，课程之间的隔离比比皆是。但是，慕课及与其相关的开放教育运动所传播出来的精神，则足以跨越时空、国界以及学科，从而实现知识的有效传播。

3. 在线性

在线性首先表现在慕课的授课方式主要是通过网络来进行的。慕课是大规模的网络在线课程，它的主要授课方式是通过网络视频在线讲解。因此，随着网络技术的不断发展，上传到网络平台的慕课内容也就更加多样化，这样它就更加便于慕课开发者随时随地将自己录制好的视频上传到网络上，以便学生对其进行学习。

其次，在线体现为任何人都可以在任何时间、任何地点，根据自己的兴趣爱好及需要来对自己所喜爱的课程进行学习。由于慕课提供的是在线且双向的学习方式。因此，它可以使学生的学习更加方便灵活。

最后，在线还意味着可以随时记录学生的学习行为，便于慕课的开发和管理者及时掌握学生的学习情况，从而根据学生的实际情况去促进他们的学习。由于慕课的主要授课方式是在线视频教学，因此，随着慕课平台中记录及存储的数据的不断增加，在线课程的开发和管理者可以及时地发现学习者对不同知识点的反应，从而根据学习者的实际情况随时改善慕课质量，以便更好地促进学生的学习。

4. 个性化

首先，个性化体现在慕课更能充分地实现学生的个性化学习。慕课是一种大规模的在线开放课程，学习者可以依据自己的兴趣爱好及需要来选择自己要修习的课程，确定课程的学习路径，最后根据自己的实际情况来自定学习步调。

其次，个性化体现在课程学习方案的个性化推荐。以网络技术为依托的慕课平台可根据学习者个人的学习记录来向学习者推荐他所感兴趣的课程，从而使学生可以根据自己的兴趣和需要创建个性化的学习方案，以促进学生学习。

在"互联网+"背景下，逐步实施底层共享、中层分立、高层互选的课程体系。加强行业企业调研，校企共同构建项目化课程体系和实施体系，以岗位需求为依据，以职业能力为目标，以企业大型项目为主线，将职业素质、职业道德、职业规范贯穿始终，参照职业资格标准，校企共同研究开发大型教学项目。以学生为主体，充分考虑学生的个性发展和未来职业规划，优化教学团队、教学组织、教学场所、教学评价，打破传统课程体系。

第三节 "互联网+"法律教学

互联网的广域性、远程性和开放性使得知识传播突破了时空局限，将引起教育者、受教育者和教育内容等教育基本要素之间发生实质性与结构性的变化，这必然导致教育模式的彻底革命，传统的高等教育范式日益受到挑战。

一、"互联网+法律"与传统网络教学的区别

传统的网络教学很重视将课堂教学内容和教学方式复制到网络平台，依靠视频方式进行讲解，但没有进行教学内容的碎片化设计和重构，无法利用网络技术实现协作式和个性教学，存在众多影响教学质量的问题。一是基于论坛的网络互动教学方式缺乏科学组织，讨论主题和课堂教学结合不够，学生围绕教师进行学习，无法形成自己的学习模式，网络系统提供的固定功能和模块也难以体现教师教学设计的创新和学生自主学习的规划。二是目前的网络学习平台更专注于对学习结果的评价，没有对学习过程的记录和分析，也无法帮助教师准确分析学习者的学习进度、困难，难以为学生制订个性化的学习方案，而学生也对网络工具的个性化功能充满疑虑。三是学习过程设

计存在较大区别。教学过程通常包括知识传授和知识内化两个阶段。知识传授通过课堂中的讲授完成，内化则需要学生在课后通过作业、操作或者实践完成。

二、"互联网＋法律"促使学习模式的变革

混合式教学、翻转课堂、微课、慕课等崭新教学模式的出现重构了教学过程和师生关系。通过互联网搭建的教学平台，新型的课堂教学时间由实验和课内讨论等活动代替，而课堂讲解则以视频等媒介形式由学生在课外活动时间完成。学生可以在线学习概念性知识或操作方法，在课堂上做作业并与教师和同学讨论、解决问题。互联网教学还从根本上改变了传统教学过程中的师生角色和关系。教师与学生的互动更为个性化，教师侧重个别辅导而不是讲课，其角色将从教学活动的主体逐渐转变为教学过程的组织者、引导者。教师不再是获取知识的唯一来源；学生作为认知主体的角色将得到充分体现，每个人既是知识的学习者，也可以成为知识的贡献者。

在"互联网＋"的教育观中，课程的提供者为教师，但课程教学围绕学生的需求和个人偏好实施，教师是主体，学生是中心。学生和教师共同制订教学和学习方案，学生根据"互联网＋"平台提供的学习应用软件和系统模块，选择适合自己的学习方式和学习进程。利用互联网平台，学生在课前进行课程重难点的视频化的自主预习，形成较为严密的学习型组织。同时与传统的课堂统一学习不同，学生可以在任何时候、任何地点按照自己的学习习惯和节奏进行学习。然后，师生再在课堂上一起完成作业答疑、协作探究和互动交流等活动。在课堂教学环节，教师是学习的规划者和指导者，在教学设计和教学组织中仍然处于主导地位。教师在课堂中组织高质量的教学活动，让学生在具体环境中应用所学内容，帮助学生培养独立解决问题的能力，通过开展探究活动和实施基于项目的学习，使得课堂教学更加人性化。教师和学生将学习过程的数据上传到大数据平台，进行数据分析和信息共享，分析所得的数据将作为教师实施个性化教学和分层教学的科学依据。

三、基于"互联网＋法律"教学的新特征

（一）"互联网＋"教学承载媒介多元化

基于新的通信和互联网技术的迅速发展，不但移动设备成为人们生活的必需品，以大数据为支持的互联网也使每个学习者的信息采集更加便利，使得移动设备成为虚拟社区、虚拟课堂的载体。学习者利用云技术扩充学习领域的知识范围，从一台电脑扩充到整个互联网，接受教育的地点也从生活周边扩充到全世界。通过虚拟建模、人工智能等技术，网络知识体系可以被随意切割、分类重构，而且能够借由虚拟3D技术，立体生动地展示在学习者面前，让学习变得更加独立、有序和生动。

（二）"互联网＋"教学打破时空和人数限制

"互联网＋"教学给"任何时间、任何地点"学习模式赋予了新的革命性内容。以慕课（MOOC）为代表的网络教学模式为例，慕课将传统在线教学的内容进行碎片化处理，形成彼此独立的知识点，学生可以从任何知识点开始进行重复学习，直到学懂为止。传统在线教学虽然在时间上也实现了自由化，但学习者仍然要按照知识体系进行顺序学习，如果学习者在学习期间出现知识断层或者毅力不佳，又无法获得教师的实时指导，就会放弃学习。因此，"互联网＋"教学对学习者来说，是一种全新的体验模式，不用担心学习的门槛，仅需花费较少的学习时间就能获得解决问题的方法。慕课教学开发人员考虑到国人有限的外语水平，在设计慕课课程时，力求短小精悍、通俗易懂，并配有翻译字幕，提供在线讨论和答疑板块，让学习者获得最好的学习体验。因此，类似慕课的"互联网＋"教学模式不但真正打破了时间、地域限制，还突破了语言和文化壁垒，使得整个教学体系更加完善，学习者可以获得世界范围内的优秀教育资源。

（三）教学内容和方式的突破

当代的学习者正经历着现代教学方式变革的不断冲击，在多样化的教学模式和学习方法中找寻适合自己的模式，不断尝试着慕课、翻转课堂、导学案、

微课等新兴教学模式，借助新兴教学模式，学生成为学习的发起者、讨论的组织者甚至知识应用的创新者，这样势必导致旧有的知识体系、基于学习的人际关系、教育价值观和教育体制的变革和突破，教育的使命、教育的价值观、教育体制正通过互联网与教育的不断融合而重新定义。这些变革不是将传统教学简单地搬上网就能实现的，而是需要通过真正的变革让学生更加愿意学，教师更加愿意教；需要依靠互联网和大数据技术提供有效的个性化和协作化教学服务，培养学生的自主学习意识，将学习内化为自身特质，实现基于"O2O"的教学价值推送，形成真正的教学内容和方式的突破。

四、"互联网+法律"教学模式的构建

（一）"互联网+法律"教学模式学习环境的构建

"互联网+"教学的一个主要任务是构建个性化和协作型的教学模式。教育家李秉德教授认为教学环境对教学模式、教学活动的顺利组织实施有着重要的影响，传统的教学环境建设往往立足于教师的管理，强调课堂纪律、教学活动稳定有序，但互联网环境下的教学则更多"以学生为中心"来构建教学和学习环境，着眼于学生，个性化的发展，挖掘学生的自主学习潜力，在充分协作参与教学活动的过程中获取知识和经验。

根据建构主义学习理论，"互联网+"教学注重学生个体差异，培养学生通过获取外界信息结合自身能力对知识和经验进行重构的能力。模式沿用了建构主义学习环境的构建模式，即对教学情境、工具、资源、组织架构四个基本要素进行设计。"互联网+"教学的学习情境基于日常生活和现实任务，适用于线上线下的混合教学，情境设计符合多元社会文化和健康舆论导向。工具主要包括过程加工工具、处理工具、交流工具、可视化工具，通过这些工具帮助教师以学生为中心设计教学方案、提供多媒体资源、组织协作学习和讨论活动，让学习者在教师的指导下接受个性化教学，培养自主学习能力。资源则泛指促进教学的多形式的静态和动态素材（狭义的资源指根据个体需求按照一定教学策略组织、碎片化和重组加工后的元知识）。组织架构是根据个体需要而进行重组的知识在互联网中的表现形式，涉及知识图谱的排列

顺序、元认知形式、知识使用程序和学习策略，教师将学习环境要素与互联网教学相结合，科学搭建真实的学习环境，更能激发学生主动学习的兴趣，提高教学质量。

（二）基于"互联网+法律"教学模式设计

教学模式以是否使用了互联网为依据，可以分成纯线上模式和线上线下相结合模式，这两类在线学习模式都存在各自的缺陷。

纯线上教学模式存在退学率高、缺乏面对面教学指导和难以考核认证等问题，这些问题导致纯线上教学模式虽有较好的学习体验、较低的学习成本，但过于强调学习者的个人主动性和探索能力，大部分学习者难以坚持学完课程并获得与传统教学模式同等水平的教学效果。

线上线下相结合的模式可以解决纯线上模式在教学支持和教学效果方面的问题，但对教学场所、学习人数有一定的要求。虽然没有纯线上模式那么方便和应用广泛，但其教学质量和教学效果比较接近传统教学。从"互联网+"角度来看，是较符合将传统教育产业的价值通过互联网进行传播从而产生新的价值的一种教学模式。本文借鉴了翻转课堂、慕课模式的各种优势，重新设计了线上线下相结合的"互联网+"教学模式，立足个性化和协作化相结合的教学方式，既尊重个体的学习习惯、学习兴趣，又能根据学习者认知能力的不同构成协作小组，既能让学习者根据自身能力进行分层递进式学习，又能让学生在合作中取长补短，促进学生间的情感交流，将学习动力进行内化，实现主动学习，获得适合个人需求的教学体验和知识能力。

1. 教学准备

在本环节，教师组建课程教学团队，对团队成员进行合理分工，完成课程的教学设计、内容准备、资源整合和优化、构建教学场景和任务、协商线上线下教学组织模式、确定各个学习任务的评价方式和内容。教学准备主要体现在如下几个方面：一是在教学设计上，有明确的教学目标并体现个性化教学要求，考虑学习者差异。二是教学内容具有足够的广度、深度，保障内容的先进性和时效性。三是教学准备过程中要区分线上线下教学资源，线上教学视频应具有合适的时长和足够高的清晰度；如以教师为第一人称的方式进行讲学，整个教学过程要有一定的趣味性和启发性，并为进入课堂讨论做好准备；所制作和挑选的教学资源要适合网络平台的技术要求。四是线下教学秉承翻转课堂的特征，以讨论、实践、应用和探究为主，关注参与线下学习的学生个体，注重面对面的交流。五是设置合理的答疑环节，及时反馈和解决学生的问题，组织线上线下的交流和互动。六是教师应为学习者开发多样化的考核评价方法，符合课程同行和第三方评审要求。

2. 课前自学

在本环节，学生可以通过网络平台的视频和多媒体资源明确了解课程的教学目标、教学任务和教学内容、组织过程。在网络虚拟教室中，利用教师事先录制的视频学习理论知识，进行练习和自测，并以自组织的形式参与到网络讨论中，总结出有探究意义的问题，初步完成对接线下知识应用和创新阶段的准备，教师同步做好线下课堂或者线上虚拟课堂的内容，为协作式和探究式个性化教学的组织做准备。在整个实施过程中，多采用合作学习来获得知识和自主学习体验，构建属于学生自己的知识体系与学习经验。

3. 课堂学习

在课堂学习环节，教师首先构建完整明确的学习场景，抛出多个与教学相关的学习任务或讨论主题。在确立场景和主题的过程中充分使用师生协商机制。即学生可以选择教师提供的多个主题之一，也可以自主确定相关主题；学生根据自己的学习能力或者教师的建议选择独立探究学习或者协作学习，在这个过程中教师进行个性化的指导，聆听并记录学生学习的难点，观察学生的总体表现，判断教学目标特别是教学重点是否实现了。其次，学生展示学习成果，进行学生间、组间交流，也可以在平台上提交学习疑问进行网上交流。再次，教师对成果进行评价，对重难点进行讲解和答疑解惑。最后，教师可以直接根据学生的表现评定成绩，也可以通过布置习题或者测试来评测学生知识技能的掌握程度。

4. 协作学习

协作学习的主要元素由协作小组、成员、辅导教师和协作学习环境组成。协作小组是协作学习模式的基本活动单元，一般来说，协作小组的人数不能太多，以 3~5 人比较合适。成员是指学习者，成员的分派依据学习者的学习成绩、认知能力、认知方式、性格差异等因素实施，辅导教师是协作学习质量的保障，教师也要转变角色，从知识的灌输者变为协作学习的组织者与帮助者，变学生的被动接受为主动求知，给学习者更大的自主空间。

5. 个性化学习

"互联网+"教学以为学习者的个性化学习提供教学产品、模式和平台为目标。在进入学习前，学习者可以进行自我评估；在学习过程中，学习者和教师可以通过平台大数据，分析判断学习程度、学习效果，进行补充式的自我学习，即通过特定知识点间的有效链接，获得完成当下任务或者学习当前知识点所需要的前续知识，知其然并知其所以然。

6. 课后提升

课后，教师需要布置任务以拓展学生的知识面、提升其学习能力。任务的形式可以是对知识技能的综合应用，完成大型的项目，也可以选择合适的主题进行探究学习。课后学习活动需要依托系统化学习平台来获得拓展任务，上传过程性资料，进行网上讨论及训练成果的评价。组织实施形式应该多样化、个性化，教师定时进行课后学习的监控和答疑，鼓励创新和探索，激发学生学习兴趣，激励学生独立完成相关任务。

7. 反馈评价

互联网环境下的教学评价根据学习者的不同特质进行制订，强调学生的差异性、测试场景的复杂性和有效性，形式多样。注重学习过程的阶段性考评，累积学习者个体学习状态和结果数据，通过大数据进行个体学习分析，不断制订和调整学习计划和习惯，促进个人学习经验的积累，最终提升自主学习和协作学习的能力，从而完善整个"互联网+"教学模式，提升教学能力，推动教育改革。

第四节 "互联网+"法律知识学习

随着"互联网+"的深度融入，学习者的学习方式正在发生变化。基于互联网的移动学习、泛在学习、混合学习、在线课程学习等学习模式将越来越多地走进校园。因此，我们需要研究新的学习方式，构建"以学习者为中心"的课堂。

一、移动学习

即随时、随地、按需学习。学习者可以随身携带移动终端设备，在移动互联网络的支持下学习自己想要的内容。利用手机或 PAD，实现快速方便的学习。东北师范大学王伟在《大学生移动学习的实证研究》中得出了这样的结论，其中 97.5% 的受访者都选择"支持移动学习"，并满意移动学习的学习效果。学习者在移动互联网中能很快找到自己想要的答案，利用零碎、闲散的时间学习，人们就不会感到学习的枯燥和乏味。能在短时间内解决问题，也激发了人们对移动学习的热情。

（一）移动学习的特点

移动学习在一定程度上拓宽了教育的领域。与其他形式的学习相比，移动学习模式特点突出。

1. 自由的学习模式

移动学习在学习时间和学习资源上都十分灵活，学习者能够根据自己的需求自由支配。在学习时间上移动学习不受时间限制，学习者可以使用零碎时间进行学习。从学习工具上来看，学习者可以利用手机、PAD、智能手机等便携式移动设备充分学习。从学习内容上看，学习者可以选择自己需要的资源进行学习。学习者可根据自己的需要选择学习时间、地点和学习内容，还可以自己决定学习进度、学习模式、学习方法，制订适合自己的个性化学习方案。

2. 高效性

摆脱了时间、地点的束缚，移动学习者能够充分抓住零碎时间随时随地进行学习和交流，从而提高学习效率。互联网是移动学习的平台，利用移动学习工具，从而实现网络教学以提高效率。从学习资源上来看，互联网为学习者提供的资源更加实时丰富。

3. 及时性

由于移动设备的便携性，能够随时为使用者提供学习体验与服务，方便同伴交流学习，加强教与学的沟通互动。

4. 突破时间空间限制

移动学习的使用者无论是教师、学生还是管理者，都能够不受时间和空间的限制，随时开展活动，能够将自己最新的学习资源上传下载，从而有效合理配置资源，缓解教育资源的不合理分布。

5. 虚拟性

使用者能够通过网络动态组建班级、教学讨论组、项目实施小组等一代虚拟学习环境，管理者也能够进行虚拟管理。

6. 普及性

移动学习具有很高的普及性，具有大范围推广的可能和需求。任何具备移动学习工具的用户，不分年龄、性别、学历和国籍都能够使用移动学习资源。

（二）移动学习的基本方法

根据无线通信技术的现状，目前可以实施的移动学习方法有基于短消息模式的移动学习、基于多媒体模式的移动学习、基于链接浏览的移动学习、基于校园无线网络的移动学习和基于学习型电子书的移动学习等形式。

1. 基于短消息模式的移动学习

基于短消息的移动学习，通过短消息传递文本和语言信息。一方面学习者之间可以通过短消息分享学习资源进行学习讨论；另一方面学习者可以向服务器发送请求，进行交互。学习者通过手机等移动学习终端向互联网教学服务器发送短消息，教学服务器将用户的短信息接收后转化成数据请求，并进行数据分析、处理，再发送到学习者手机。利用这一特点，可实现学生通过无线网络与互联网之间的通信并以此来完成一定的教学活动。

2. 基于多媒体模式的移动学习

相较于短消息模式，基于多媒体的移动学习则是在学习资源的呈现形式及交互手段上取得了不小的进步。由于使用了图像、图片、动画、音视频等多媒体作为信息的载体，该模式所能表达的信息极其丰富。

3.基于链接浏览的移动学习

对于基于链接浏览的移动学习来说，由于数据通信的间断，不能实时连接，导致不能利用该种方式实现移动学习终端对学习网站的浏览，使得多媒体教学资源难以输出显示。随着通信技术的快速发展，移动通信得到很大改进，通信的速度大大提高，基于链接浏览方式的移动学习将会得到广泛的应用。使用此方式的学习者利用移动学习终端实施学习，经过电信的网关后接入互联网，通过 WAP 协议访问教学服务器，完成浏览、查询等实时行为。基于链接浏览的移动学习方式的优点在可以传输文本，语言已经图像化等。

4.基于校园无线网络的移动学习

移动学习是指可以在局部范围内实现移动学习的移动产品。无线同域网络技术的发展为移动学习的实现提供了技术保障，这也是目前作为传统教育的补充的移动学习方式现实可行的方式。随着 5G 技术的发展，大范围的使用数据移动网络也成为可能。

5.基于学习型电子书的移动学习

基于学习型电子书的移动学习模式，即选取学习型电子书作为移动学习的开展平台。

该模式以混合与切换多种学习模式的理论为基础，从底层的学习环境的搭建直到上层的基于不同情境的学习应用，层层相关，相互联系、相互影响，利用移动终端设备与网络环境的支持，以学习资源为中心设计移动学习活动。学习者和教学者围绕学习资源来调用（使用）基于学习型电子书的平台，开展双向互动，根据不同学习活动的适应情境，选择具体的适合情境的学习方式，或是自主学习，或是集体学习，或是碎片化学习，或是系统化学习，或是正式学习，或是非正式学习等，最终目的都是为了获得最佳的学习体验以达到相应的学习效果。

（三）移动学习工具

移动学习的无线终端设备主要有三类：笔记本、手机、PAD。在这三者中，手机普及率最高，也是目前公认的移动学习主要工具，很多移动学习的硬件和软件都是基于手机设计的。从便携的角度来说，笔记本最不方便携带，

PAD 与手机由于体积较小相对便于携带，更符合移动学习的需求。在软件兼容性方面，由于笔记本能够安装的软件较多，几乎不存在兼容性的问题，能够播放各类课件。目前市面上的课件种类繁多，教学资源各种各样，但手机和 PAD 并不能播放所有资源，所以教育资源的开发仍有待统一。显然，有关移动学习的各项技术逐渐成熟，手机是支持移动学习的最佳工具。

二、泛在学习

泛在学习是指任何人、在任何时间、任何地点的状况下通过智能终端设备，就可以获得所需要的信息，是一种由学习者为主导的学习方式。科学技术迅猛发展，人们对知识的渴求也越来越广，人们希望获取大量各种各样的知识以满足自身需求。这就使泛在学习快速进入到我们每个人的生活中。在移动互联条件下，这种泛在学习方式更容易实现，因为学习者是自我导向的学习。在学习中，学习者的渴望更加强烈，当其对某些内容有疑问和不解时，便可马上利用手中的移动终端查询并解决，同时也可实现实时的交互和分享，学习更加灵活、便捷和轻松。

（一）泛在学习的特点

泛在学习的出现，打破了传统的学习模式，为广大学习者提供了一种更加快捷、便利的学习方式，它使每个人的终身学习成为可能，这也是泛在学习近年来逐渐受到国内外学者关注的缘由。

目前，国内外学者普遍认为，泛在学习具有如下几个特点：

1. 永久性

允许学习主体对学习进度进行记录，只要不对记录进行特意删除，学习者永远可以保留已有的学习进度并查看，学习活动中的所有行为都会被依次记录。

2. 可获取性

学习者可以自主控制整个学习过程，在任何时间、任何地方，学习者都可以对所需要的学习资源和信息进行获取，包括文档资源、数据资源和影音资源等。

3. 及时性

无论身处何处，学习者都能够及时地获取到所需的信息，因此在学习的过程中，可以记录遇到的问题并立刻搜寻答案，以提高解决问题的效率。

4. 交互性

学习者可以与专家、教师或其他学习者进行协作与共享交流。让学习行为不局限于校园内，而是扩展到整个社会，让真实的生活空间与无线的智能空间完美融合。

5. 教学行为的场景性

学习者可以把学习活动融入自己每时每刻的生活，在学习过程中所出现的问题或所需的知识可以以自然有效的方式呈现，学习者甚至意识不到学习场景的存在。

6. 适应性

学习者可以根据所处环境和自身的需求以适合的方式获得相应的信息。

（二）泛在学习模型

1. 学习者分析

对于在校大学生而言，利用零散的时间进行学习的需求也越来越强烈，如今 Android 移动终端设备已广泛普及，对于大多数泛在学习者，使用 Android 智能手机或其他 Android 终端设备作为开展泛在学习的设备都不存在购买压力，这为想要进行泛在学习的用户奠定了基本的硬件基础。此外，由于 Android 操作系统具有平台开放、硬件选择丰富、不受运营商束缚等特点，这极有利于开发者开发主界面内容丰富、用户体验良好的泛在学习客户端软件。随着 Android 平台系统版本的不断更新，该平台在技术上已经具备良好的开发条件。本文在分析泛在学习理论及其现阶段特点的基础上，以学生为学习主体，以大学校园为学习环境，进行泛在学习系统的设计与实现。

2. 构建泛在学习模型

泛在学习模型旨在解决传统学习模式的单向、被动等问题，激发学习者的主动性，进而产生主观认知需求，弥补传统模式所缺失的自下而上的过程，因此泛在学习模型不是独立作用的模型，它与传统学习模式相互补充，共同满足学习者的认知需求。传统学习模式的优势是标准化与精细化的知识体系框架，作为泛在学习模型的支持层面向学习者提供基础性资源。泛在学习模型中认知过程的起始点是学习者，认知需求在自下而上的扩展与延伸过程中，拓宽了基础性资源的有效范围，将情境化、即时性、持久性的扩展空间与现实问题相适配，与学习者产生更强的关联，实现学习者与现实问题之间类似人与人沟通时的会话效果。在双向会话过程中，学习者更关注如何发挥人类无限的想象力和创造力，现实问题则更关注如何高效、按需、连续地支撑学习者不断延展的认知需求。

三、混合式学习

随着互联网多媒体技术的发展和革新，混合学习模式作为一种新兴的教学模式逐渐在教育教学中流行起来，并形成了现代信息技术对传统高校教育模式的挑战。混合学习模式是传统面对面教学与在线教学的有机结合，既克服了单纯计算机和在线学习模式缺乏师生、生生互动，反馈不能"班级同步"，反思过程缺少思想交流的缺憾，又解决了传统教学模式缺少信息更新时效性，独立思考空间和时间有限，教师过于主导化的不足。混合学习模式在教育中的运用能够有效弥补单一教学模式的缺憾，将数字化教学模式和传统教学模式中的各种元素有机结合，实现单一教学模式所不能实现的结果，并在教学实践中为不同的教育教学模式下不同的学习者提供最优化的信息获取通道。

（一）混合学习模式概念

混合学习模式最先应用在企业培训中，随着电子信息技术和互联网技术的发展，混合学习作为一种教学模式在教育中逐渐运用起来，并处于不断成熟和发展中。关于混合学习模式的概念至今没有统一的定论，国内外学者从不同的角度给出了不同的解释。

从学习者的观点看，混合学习是一种能力，指从所有可以得到的，并与自己以前的知识和学习风格相匹配的设备、工具、技术、媒体和教材中进行选择，以适于自己达到教学目标；从教师和教学设计者的观点看，混合学习是组织和分配所有可以得到的设备、技术、媒体和教材，以达到教学目标，即使有些事情有可能交叉重叠；从教育管理者的观点看，混合学习是尽可能经济地组织和分配现有价值的设备、工具、技术、媒体和教材，以达到教学目标，即使有些事情有可能交叉重叠。

何克抗教授指出，所谓 Blended Learning 就是要把传统学习方式的优势和 E-Learning 的优势结合起来。也就是说，既要发挥教师引导、后发、监控教学过程的主导作用，又要体现学生作为学习过程主体的主动性、积极性与创造性。只有将这二者结合起来，使二者优势互补，才能获得最佳的学习效果。

黎加厚认为，混合学习是指对所有的教学要素进行优化选择和组合，以达到教学目标。教师和学生在教学活动中，将各种教学方法、模式、策略、媒体、技术等按照教学的需要娴熟地运用，达到一种艺术的境界。

邹景平认为："混合学习就是教师或开课单位在课程中视教学需要，而机动选用实体教室、同步模式或非同步模式来进行教学的。"

笔者认为的混合学习是将各种不同的媒体技术和学习者的学习方式有机融合在一起，优化教学环境，采用适当的教学方法，有效地将多媒体、在线学习与传统学习相结合的教学模式。

（二）基于 ELKOE 平台的混合式教学设计

ELKOE 平台支持下的混合式教学设计突出以学习者为中心，培养学生的自主学习能力和协作交流能力。根据上一章对混合式教学模式的分析，在课堂教学中融合混合式学习的思想，构建了基于 ELKOE 平台的混合式教学设计。

前期对课程教学的基本情况进行分析，确定该课程是否适合开展混合式学习，以及如何设计合理有效的混合式学习。前期阶段主要对学习环境、学习需求、学习内容和学习者特征进行分析。

1. 学习环境分析

学习环境是影响学习者学习的外部条件，不仅可以促进学习者主动建构知识意义，而且有助于学习者能力的生成。学习环境主要包括物理学习环境和技术学习环境，物理环境分析班级容量、教师等物理资源，这些因素都与教师要开展的教学模式相关，并会影响教学的效果和效率。诸如学习环境可否支持教师开展协作、探究学习模式。学习环境是一种支持性的条件。技术学习环境是基于 ELKOE 平台的虚拟学习环境，分析三个方面界面的友好程度及提供的学习支持等。通过设置评价量表，选取部分学习者提前体验 ELKOE 平台中的相关功能，并做出评价，以便及时对平台功能做出改善。

2. 学习需求分析

学习需求分析是分析学习者当前水平与所期望达到的水平之间的差距。这个差距需要从多个维度来考虑，主要是知识、技能、情感和态度四个方面。知识方面主要分析学习者对课程知识的掌握现状；技能着重于确定学习者需要了解和熟悉 ELKOE 平台功能的方法；情感和态度指学习者对混合式教学模式的接受程度以及学习者的学习动机。具体分析方法可以采用问卷调查、访谈、评估量表等。通过学习需求分析，确定总的教学目标，指导混合式教学设计各环节的有效实施。

3. 学习内容分析

学习内容是指要求学习者系统学习后，获得知识、技能和行为经验，目的是实现个人能力。分析学习内容，基于前面分析的学习需求，进一步明确学习者需求所需的知识、技能、行为经验，确定学习者需要学习内容的深度和广度。学习内容分析处于教学设计一般过程模式图的前端，学习内容分析是整个教学设计不可或缺的环节。学习内容分析可采取四种分析方法，包括归类分析法、图解分析法、层级分析法和信息加工分析法。

4. 学习者分析

分析学习者的目的是了解学习者的学习风格、学习准备状态、一般特征等方面的情况，为教学目标的确定、教学活动的设置、教学策略的采用等提供科学依据。因此，学习者的分析是混合式教学设计期的重要环节。可以设计调查问卷，通过分析学生的作答、学习风格等方式进行。皮亚杰的认知发展理论可帮助教师推断学生的一般特征。对学习者分析后制定的混合式教学可以使学生认识事物的准确性和透彻性增强，可以从本质上抓住问题的细节特征，学生思考问题的独立性、深入性和全面性也有进一步发展。与此同时，学生注意力的集中度、稳定性和长久性加强。

5. 学习活动设计

混合式学习活动主要指将课堂活动和基于 ELKOE 平台的在线学习活动

相结合。在线学习环境中，学生可以运用资源开展自主学习、协作学习、拓展学习、讨论交流、测验等活动。ELKOE功能丰富，支持学生制订学习计划，学生可以进行月计划调计划、日任务管理，结合教师要求，促使学生有计划地学习；资源共享，学生彼此间可以共享资源，同时能够丰富资源库；拓展资源，提供典型案例、经典文献、讲座与报告，学生拓展学习过程不断积累；讨论交流，主要通过论坛、博客和短消息方式。在课堂教学中，教师对课程知识的重难点进行讲解，学生借助资源完成课堂目标，获得知识。

（三）基于移动学习环境的混合学习模式

移动学习作为混合学习模式的一部分融入混合学习范畴，作为混合学习的补充，增强混合学习的效果。移动学习作为独立于混合学习外的学习方式，其学习模式采用混合学习模式的思路。学习理论指出，学习通常要经过"吸收"与"内化"两个关键阶段。传统的学习中，学生主要是在课堂上接受教师的知识传授，吸收知识，课外通过做作业等形式内化课堂上所学的知识。实际上，知识内化阶段对学生来说面临的困难很多，需要教师及时指导。鉴于此，我们需要根据学习者的学习需求，借助互联网技术，把"吸收"与"内化"两个阶段的学习进行"翻转"，即课下"吸收"，课上"内化"。借助互联网技术通过翻转教学流程、教学理念、师生角色、教学模式等，让学生始终处于主体地位，充分尊重每一个学生的学习需求，通过在线学习与面对面教学的有机融合，真正实现个性化学习。

总体而言，我们需要顺应时代发展需求，充分借助互联网技术开展"翻转学习"，始终把学生置于主体地位，探索新的教学路径，提升学生学习能力与学习质效。

第九章 "互联网+"背景下法律专业人才培养课程建设与改革

"高校法律专业人才教育培养计划"要求对现有的课程设置及教学方法进行改革，两大法系的经验可资借鉴。如课程设置与培养目标紧密挂钩，注重职业培训，教学方法采取讲授、案例、讨论等方法。这些方法都符合高校法律专业人才培养的要求。国内法学教育在课程设置上需要建立职业化课程体系、开放型理论课程体系及实务性课程体系。要处理好选修课与必修课的关系、核心课与非核心课的关系、法学教学与国家司法考试良性互动的关系、法学课程设置与体现特色的关系、案例教学与理论教学的关系及"双千计划"的教学安排等问题。同时，要在教学方法上真正实现"诊所式教学""研讨式教学"的价值和理念，而不是流于形式。

第一节 课程改革

（一）词源

现有文献显示，在我国，与现代的"课程"含义相近的概念最早出现在南宋朱熹的《朱子全书论学》中。书中的"课程"含有"学习的范围、时限和进程"的意思，即"课程"是指"学习内容及进程"，包括对学习内容的次序的安排和规定，所以又被称为"学程"。英语中的"课程"一词是从拉丁语中派生出来，常被定义为"学习的进程"。其含义既可指一门学程，又可指学校所有学程的总和。从词源上看，我国和英语国家使用"课程"一词的源起之意基本一致：所谓课程指的是学程，也即学习的内容及其进程。但是随着课程理论的不断发展，人们对课程内涵的认识也日渐丰富。

（二）内涵

定义是对事物本质的界定，是一事物区别于其他事物的根本特征。进行课程研究绕不开对课程本质的探讨，因为它是课程研究的逻辑起点。那么，什么是课程？现实表明，尽管"课程"在教育领域使用十分广泛，但是迄今尚无一公认的定义。几乎每位教育工作者都对"课程"持有自己的见解。教育部门官员认为课程即教学计划，课程专家认为课程即经验，学科专家认为课程即知识与技能，教师代表认为课程即教材（教科书）。根据美国学者鲁尔的博士论文《课程含义的哲学探讨》，早在 1973 年，课程已有多种定义。其中有几种定义被视为经典，为教育理论和实践工作者所认可。

1. 课程是教学科目

这一观点认为课程就是教学科目，是由某一门类或者某一学科的知识内容所组成的。这是古往今来被广泛认可的一种定义，且见诸各种文献和工具书中。在我国古代，课程也多是被理解为某一门类的知识内容及其构成。现有涉及课程理论的一些著作认为，古代课程的基础是我国传统的礼、乐、射、御、书、数，而汉以后的《论语》《孟子》《大学》《中庸》和《诗》《书》《易》《礼》《春秋》是各级学校主要的甚至是唯一的课程，它们都是关乎某种技能、某专业知识的课程。

在西方国家，中世纪的大学是现代大学的起源，其所授课程主要是"文法、修辞、辩证法、算术、几何、天文、音乐"，简称"七艺"。其中，前三科是文科课程，后四科为理科课程。这种分法同样是将课程等同于所教科目，强调向学生传授学科的知识。最早采用英文"课程"一词的斯宾塞，也是从指导人类活动的各门学科的角度，来探讨知识的价值和训练的价值的。此外，"课程"的学科定义在各大工具书中也有记载。如工具书《中国大百科全书》提到"课程"的一个典型定义就是：课程是课业及进程。狭义的课程指一门学科；广义的课程指所有学科的总和，或指学生在教师指导下的各种活动的总和。

《牛津当代百科大辞典》认为：课程就是（学校的）授课课程，（大学的）

学习课程。《教育大百科全书》（课程卷）认为：课程是由教学大纲、教科书和教师指南组成的。《辞海》指出：狭义的课程是指教学计划中设置的一门学科，即教学科目。《教育大辞典》将课程定义为：为实现学校教育目标而选择的教育内容的总和；课程是学科的同义语，如语文课程、数学课程等。《国际教育百科全书》概括出了九个经典的课程定义，其中之一认为：课程基本由五个方面的学科构成，即母语、数学、自然科学、历史、外语。这些工具书中的"课程"词条都体现了课程即教学科目的内涵。可见，中外国家普遍将课程定义为学习的科目，或者说学科知识及其体系，并且，该定义在工具书中得以记载和传承，也是具有广泛认可度的一种界定。

2. 课程是学习计划

这种观点认为课程就是学习计划，课程是对学习内容的计划性安排，是对学什么、为什么学、怎么学等内容的文本规定。有学者称其为行动计划，是指达到设定目标或目的的策略的书面文献。我国有学者认为，课程指一门学科有目的、有计划的教学进程，是各级各类学校某级学生所应学习的学科及其目的、内容、范围、分量和进程、安排的总和。在这里，"计划"通常也被理解为"课程计划（教学计划、课程标准、教学大纲、教科书、教学参考书、练习册以及教师备课的教案"等一系列具有文本特征的内容。在西方，学者盖伦·塞勒认为，课程是"为受教育者提供一系列学习机会的计划"。戴维普拉特认为，"课程是正规教育和（或）培训的一套有组织的打算"。乔恩·威尔斯和约瑟夫邦迪认为，"课程即学习计划，据此目标去决定什么样的学习是重要的"。这些学者都鲜明地提出了课程是学习计划的观点。

3. 课程是学习经验

这种观点认为，课程就是学生的学习经验。施良方在其《课程理论》一书中将课程的定义归纳为六种，其中包含课程即学习经验的阐释。在这里，课程试图去把握学生实际学到什么，即学生体验到的意义，而不是学生再现的事实或者要学生演示的行为。学生的学习取决于他自己做了些什么，而不是教师做了些什么。也就是说，唯有学习经验才是学生实际认识到的或学习到的课程。无独有偶，有专家进一步拓展了课程的内涵，认为课程是有计划地安排每个学生学习机会的过程，并使学生获得知识、参与活动、增加体验。

学习机会是比较复杂的概念，不仅包括课堂教学所提供的学习机会，还包括活动课程、实践课程等非课堂教学所带来的学习机会。学生在这些学习机会中的经验与收获，也即增加知识、参与活动、增加体验，这些统称为课程。这个定义表明课程是一种安排学习机会的计划，重要的是，它强调了学生在学习机会中的体验与获得。所以，这个定义同样可以理解为对"课程就是学习经验"的一种演绎。

在美国，实用主义教育哲学家杜威认为，所谓教育，就是"连续地改造和建构经验"，"教育是通过经验谋求经验的不断成长和发展"，"经验是教育的目的"。同样，杜威的观点可以归纳为课程就是"学习经验"。杜威认为经验是主体与客体主动的交互作用，是主体在"能动性、实践性和思维性"基础上获得的经验。所以，杜威的经验主义课程是以学生为中心的课程。他对课程的界定同样是强调学生的学习经验。相比较而言，"学习经验说"的集大成者是博比特，他在《课程》一书中确立了"课程即教育性经验"的概念。他阐述说，"课程包括经验的整体范围，既是指导性的又是非指导性的，涉及个体能力的展开；或者它是一系列有意识指导的训练经验，学校用来完成和完善能力的展开"。他对"课程"的这一界定引入了"指导性"经验和"非指导性"经验两个名词。前者指"校内"经验，而后者指"校外"经验。他还将校内和校外的事情都看成课程的重要组成部分。显然，他已将课程是学习经验的含义进行了拓展。

综上所述，对课程的定义是仁者见仁，智者见智。有研究认为，"课程问题的实质就是课程的本质的问题。多种定义并存表明人们对课程本质的认识还有待深化"。但更多的观点认为，课程定义的分歧是客观存在的，不可能统一。认为"知识是固定不变的"，那么就会视课程为"知识体系"；认为"知识是个人主动构建的"，那么就会视课程为"学习经验和体验"。有人注重过程，那么课程就是教学活动，会注重"学习计划"；有人注重结果或者产品，那么课程就是"学习结果"……还有，社会所处的环境不同，对课程的认识也会不一样。如社会经济繁荣，课程的多样化就会被关注；反之，学校课程就会受到各种指责，国家就注重课程目标的具体性。所以，社会背景、认识论基础和方法论依据的差异必然导致对课程观内涵的不同界定。

通过对课程内涵的分析，以及出于本文的研究需要，笔者认为课程是个系统化的概念，它涵盖了静态课程和动态课程两个方面。前者不仅包括学科知识及其体系，还包括学科体系付诸实践的计划安排；而后者是将课程计划付诸实践，并内化为学生经验的过程。仅有一个方面，不足以构成现代课程含义的全部。因此，本研究认为课程不仅涵盖所授科目（学习科目）、课程体系（学习计划），还涵盖经验内化的课程的有效实施（学习经验）。该观点可用图 9-1 表示：

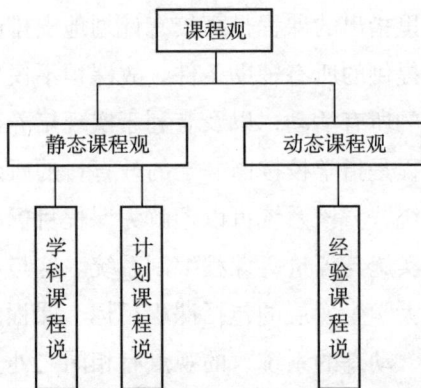

图 9-1

第二节　大学法律课程

（一）定义

课程是教学活动的最小单位，也是教学环节中最基本、最核心的元素之一。换言之，课程是教学的核心，教学是教育的外在表现形式。教育是培养人才最直接、最有效的途径，也是高校的两大重要职责之一。在转型期的中国，人才培养的重要意义甚至比科研更为明显，因此，课程是大学真正的生命线所在。围绕课程展开的课程建设是大学当前最重要的任务之一。

因为课程有狭义和广义之分，大学课程也相应地有狭义和广义之分。有观点认为，狭义的大学课程指"被列入教学计划的各门学科（科目），及其在教学计划中的地位和开设顺序的总和"。简单地说，大学课程就是一门具体的教学科目。而广义的大学课程是指"学生在高校习得的一切文化的总和"。这其中包含了列入教学计划的所有知识性课程，也包含了未列入教学计划而被学生习得的精神的、制度的、思想的、环境的文化内容。与此相区别的是，有学者认为广义的课程应该是"学校有计划地为引导学生获得预期的学习结果而付出的综合性的一切努力"，是"大学的教学计划或人才培养方案中安排的所有活动"。这里指出的课程是高校有计划地安排的学生参与学习的内容，以及围绕内容而提供的所有辅助条件。故课程不仅仅指一门教学科目，而是指列入教学计划的所有活动，以及有利于实现培养目标的文化总和。也有研究者认为，"课程是指学校按照一定的教育目的所建构的各学科和各种教育、教学活动的系统"。该系统可以理解为课程目标的确立、课程内容的选择与组织、课程的实施与评价等课程编制系统。这与"大学课程是一个旨在适应与促进社会、大学生发展的包括课程目标、课程内容、课程实施、课程评价在内的有机的、动态的系统"的观点有相同之处。此观点是课程编制目标模式理论在大学教育这个层面的应用。基于对大学课程内涵的分析与理解，本书中的大学课程主要研究的是教学计划或人才培养方案中有关计划安排的内容，以及为达到人才培养目标而开展的课程实施、课程评价等相关内容。

传统观点大多将课程教学局限于教师的个人行为，课程教学的好坏更多地体现在教师的个人魅力，忽视了课程建设的科学性和重要意义。20世纪90年代以后，中国的大学更多地将精力放在了更大、更美丽的校园硬件建设和越来越高规格的科研建设之上，使得课程和人才培养备受冷落，直接导致21世纪头十年中国的大学人才培养走入怪圈，专业与课程建设严重远离实际，教材同社会需要脱节，教学理念几十年不变，培养出的人才走出校门后没有市场。

正本清源，要走出怪圈，必须先厘清课程的概念。目前，在学术界对课程的认识并不统一。其中，施良方认为，从教育哲学层面入手，大致有以下六种认识：课程即教学科目、课程即有计划的教学活动、课程即预期的学习结果、课程即学习经验、课程即社会文化的再生产、课程即社会改造。具体到大学中的单门课程，通常在专业范围内，根据教学需要，将知识体系按照学科内在规律，分解成若干个具体的知识体系，每个具体的知识体系即课程。在这个基础上，学界通常认为，每门课程都应该是一个完整的系统，每个课程即系统都应该是有计划的教学内容，是一系列教学指标如教学大纲、教学内容、课程大纲、考试大纲等的集合。狭义地将课程理解为各种冰冷的指标集合，抹杀了其中积极、灵活的因素，从而成为一种死板的教条。

课程应该是学校教育中为所有学生提供的有关人类知识和经验的总和。一方面，它具有多维性，包含课程目标、课程结构、课程内容、课程实施、课程管理等各项因素；另一方面，它具有层次性，包含课程计划、教学科目、实践活动等外在表现形式和隐性的教师影响、师生互动、校园氛围、预期和非预期的目标等内在因素。这种广义的课程概念才是一种相对完整的现代课程的概念。它建立在多元智力理论的基础之上，其核心是强调人的个性的全面发展，以满足和适应现代社会的发展。

（二）特点

1. 自主性

《中华人民共和国高等教育法》规定，高等学校拥有"自主调节系科招生比例""自主设置和调整学科、专业""自主制定教学计划、选编教材、组织实施教学活动"等七大办学自主权。据此，大学的课程编制没有预设的国家课程标准，开设什么课程、如何安排课程、如何组织实施课程等都是高校的自主行为。这是大学课程一个非常重要的特点。然而，我国高等教育仍然具有较强的行政色彩，大学的课程计划安排与教育教学活动一定程度上要接受国家教育主管部门的指导。因此，教育主管部门的相关政策文件也会影响大学的课程编制。

2. 专业性

大学课程究竟是综合性课程还是专业性课程？笔者认为，从实然角度，专业性仍然是大学课程的基本特点。在专业性课程和综合性课程的构成比例上，虽然设置综合性课程的呼声很高，但是在实践领域，综合性课程的设置数量非常有限。另外，大学是按照学科发展、分类及社会职业分工需要来确定专业的，在专业下建构知识体系，并以课程的形式加以明确。因此，从课程的知识体系上看，专业性仍是大学课程的特点。

3. 前沿性

大学课程内容不能固守陈旧的知识，学科领域由发展出的新理论、新方法、新技术、新的学科研究方向等也应注意引入课程中。在大学教育过程中，那些落后的知识内容在不断地被删除，而处于科学文化知识发展前沿的知识内容也在不断地被补充进来。一些知识领域，特别是那些专门化了的知识领域的最新进展，被直接反映到课程内容中。这是大学课程的特点之一。

4. 探究性

知识与技术创新是现代高等学校的职能之一。高校的课程结构是以有利于探究高深学问的方式来加以组织的，特别是现代高等教育，如果不能在课程结构上建立一种有利于探究新知的系统，却降低到一般的职业训练或纯粹的基础教育的水准，那就不能保持大学的宗旨——探究新知了，也就不成其为大学了。

（三）意义

教育必须通过一定的载体表现出来。在大学教育中，这表现为学科建设和专业建设。学科和专业并非实体，它们是虚拟出来的一种符号，只具有方向性的引导作用。作为一种符号，必须借助一定的实体为人所感知和认可。课程就是这个最基本的符号和表现形式。课程作为教学的基本环节，是人才培养的重要载体。

教育和人才培养最终通过课程体现出来，科学合理的课程设置对人才的培养有至关重要的作用，最终决定着专业的发展和学科的走向。综上所述，课程是学科建设的基本内容和人才培养的根本保证。

第三节　法律专业课程编制

课程编制是课程研究领域的核心问题，也是本研究的核心内容。什么是课程编制，如何进行课程编制，是本研究开展的基础。在此，笔者就课程编制的基本问题进行分析与探讨。

（一）定义

众所周知，"现代课程理论之父"泰勒围绕"学校应该达到哪些教育目标、提供哪些教育经验才能实现这些目标、怎样才能有效地组织这些教育经验、我们怎样才能确定这些目标正在得到实现"四个基本问题，展开了对课程理论的探讨。在我国学者施良方的观点中，他对上述四个基本问题的回答构成了课程编制过程的四个步骤。他认为，课程编制就是完成一项课程计划的整个过程，包括确定课程目标、选择和组织课程内容、实施课程和评价课程等阶段。

奥利沃在其《课程编制》一书中提出，课程是学校指导学生获得学习经验的学习计划。课程编制就是为排列和指导学习经验提供媒介并让媒介发挥作用。与此类似，我国学者钟启泉教授同样认为，课程编制主要是指涉及学校教育中的教学的媒体——教学内容、教学活动的组织和改善的方法和技术。从广义上说，包括国家、社区和每所学校的课程构成——不同层次的课程编订、实验实施及对其过程与成果的评价、改进。奥利沃所指的媒体是让年轻人获得学习经验的载体，如教学内容、教学活动等。这与钟启泉所说的教学媒体是一致的，提供教学媒体是课程编制的主要内容。同时，要使这些媒介发挥作用，自然而然，就要让课程组织实施、课程评价改进的方法技术成为课程系统工程的重要组成部门。

泰勒和理查德指出，课程编制是课程活动的总和。通过课程编制，设计出学程或教育活动方案，并提供给教育机构，作为其学程或教育活动模式的方案。从定义可以看出，泰勒和理查德所说的课程编制是指对教育机构具有参考甚或标准意义上的理想课程。用具有我国国情特色的术语表示，就是课程标准是由一些研究机构、学术团体和课程专家提出的学程设计和教学活动模式，并建议运用到教育机构。一旦被国家教育主管部门采纳，该课程标准就成为国家课程的基本纲领性文件，对全国相关教育机构具有指导作用。

综上可知，泰勒的课程理论对不同层面的课程编制，如国家课程、社区课程、学校课程等仍然具有重要影响。其课程编制依然绕不开泰勒课程理论四个方面的问题，而且教育机构在进行课程编制时会受到国家课程标准的影响。以此为启示，本研究依然以泰勒课程理论作为主要研究纬度，探讨国家课程标准影响下学校层面的课程编制问题。

（二）内容

在了解了课程编制内涵的基础上，本研究将具体分析有关课程编制四个方面内容的基本理论，以此奠定应用型本科教育课程研究的基本框架，并为深入认识和了解应用型本科教育课程编制提供参考。

1.课程目标

课程目标是国家教育目的、各级各类学校培养目标的体现，是指导课程编制的准则。教育目的是"对受教育者未来素质要求的总体规定，按一定社会发展对人的要求和受教育者身心发展的状况确定，是教育工作的出发点和最终目标，也是确定教育内容、选择教育方法、评价教育效果的依据"。我国 1995 年颁布并实施至今的教育法规定了国家的教育目的和教育方针，也即"教育必须为社会主义现代化建设服务，必须与生产劳动相结合，培养德、智、体等方面全面发展的社会主义事业的建设者和接班人"。

培养目标是指各级各类学校的培养要求。它是根据国家教育目的和学校办学定位提出的特定的人才规格定位。而课程目标是国家教育目的和学校培养目标在课程教学中的体现，是实现人才培养目标的基础。除此之外，课程目标的确定还要考虑学生特点、学科特点以及当前的社会特点。首先，课程编制者要对学生的教育需求和学习兴趣进行调查，对学生的心理发展、社会化程度，还有学生个性的养成有所评估和判断。其次，学校课程传递的毕竟是"知识"，而学科是知识最主要的支柱。不同学科的基本概念、逻辑结构、探究方式等都有区别，因此，对学科的研究同样是课程目标确立的最主要的依据之一。最后，对社会的研究能够更好地实现学校教育的文化功能、政治功能、经济功能。

由此可见，课程目标不仅要反映我国的教育目的、学校的培养目标，还要反映学生的发展需求、学科的发展特点、社会的发展要求等。这些内容共同决定了课程目标的确定。尽管不同教育阶段、不同人才培养目标、不同的社会发展阶段课程目标的侧重点可能会有所不同，理论上，我们仍可以从某个教育阶段的课程目标表述中得知诸多信息，如国家教育目的、学校的培养目标、学科或专业的知识领域，还有学生的发展要求、社会的适用性，等等。

这为本书进行课程目标研究提供了理论依据。

2. 课程内容

在课程目标明确的前提下，课程内容的选择有一定的针对性。在笔者看来，课程内容包括的主要还是各门学科中的事实和观点、原理和问题以及具有学科特点的思维方式与方法。课程内容要具有一定的基础性，同时还要贴近社会生活，且要与学生和学校教育的特点相适应。虽然社会各界一直批评学校教育的学科中心色彩浓厚的问题，但迄今为止，脱离了学科的学校教育几乎是不存在的。以学科为基础的课程教学仍然是现代教育的重要特点。基于这样的特点，连续性、顺序性和整合性是课程内容组织需要考虑的问题。从课程内容的组织要求可以看出，这里的课程组织有两方面含义：一是某门课程的内容组织问题，它强调了课程内容的连续性和顺序性。二是各门课程之间的内容组织问题，它重视的是各门课程或者说不同类型课程之间的组织配合和课程内容的相互联系。如目前探讨的"工具类、知识类、技艺类学科以何种比例为宜""必修课、选修课、活动课、社会实践活动之间如何协调"这两个问题就属于后者的研究范围。这也是本研究意欲探讨的问题。由于本研究侧重对中观层面的课程体系进行研究，因此，这里只对课程内容的基本情况和课程组织情况进行分析，而不考虑某一门课程的内容选择和组织。

3. 课程实施

课程实施也即把课程计划付诸实践。它是课程目标实现的途径。

教师和学生以课程为中心开展的活动就是教学活动。教学是课程实施的主要途径。因此，本研究关于课程实施的阐述将主要探讨教学活动问题。影响教学过程的要素有多种，如受教育者、课程计划、教师、教学课件等。笔者认为，课程最终是通过教师的教案得到实施的，因此教师对课程计划的理解以及教师的思维方式、教学方法、教学内容安排以及教学组织形式等都会对课程的实施效果产生直接影响。因此，本研究也将重点突出教学过程中的教师这一影响因素。

4. 课程评价

课程评价是对课程价值的判断。古往今来，课程评价所反映的价值取向主要有科学主义（自然主义）与人文主义、内部评价与结果评价、形成性评价与总结性评价几种类型。反观现今，如有些专家所言，教育科研的基石是证据。那么教育评价的基石更根源于证据。大数据时代的大数据思维方式使得过程评价的可能性和科学性加强。因为以互联网与移动互联网为载体，各式电脑和移动终端无时无刻不在记录人的思考、决策与行为。大数据有能力关注每个评价对象的微观表现。因此，基于数据的过程评价应该得到更为广泛的重视。但事实上，各教育机构所开展的课程评价基本还难以做到基于大数据的科学评价。定性评价、结果评价、总结性评价这些课程评价取向所占比例相当高。本研究将逐步验证该问题并加以探讨。

（三）特点

课程理论是对课程的本质、目的、价值、要素、结构以及人在课程中的定位等问题的看法。依据课程理论的基础，课程编制存在学问中心（学科中心）、社会中心（经验中心、人本中心）两种取向。现阶段，课程编制的价值取向主要在"学问中心""人本中心"之间"摇摆"。此处就这两种课程编制的价值取向及特点作一简单介绍。

1. 学问中心课程的编制特点

学问中心课程理论通常把学术性作为课程的基本特点。该理论认为，知识是课程不可或缺的要素，强调要把人类文化遗产中最具学术性的知识作为课程内容。该理论特别重视知识体系本身的逻辑程序和结构。这一观点的代表人物有布鲁纳、古德拉德、施瓦布等。基于此，学科中心课程的编制特点主要体现在学问化、结构化和专业化三个方面。费尼克斯在其著作《课程面临的决策》中提出："一切课程内容应当从学问中引申出来，换言之，唯有学问中所包含的知识才是课程的适当内容。"学问也即系统化的知识，学问化的知识才能成为教学内容。面对新世纪知识激增的局面，应对的唯一办法就是教授"科学的结构"，即"基本观念""关键概念""学问的研究方法"。通过结构构造，亦可使七零八落的现象得以系统化。学问中心课程反对教育内容的相关化、融合化、广域化、统整化。它强调的是专业的学问。它认为每门学问都具有不同的结构，将不同学问进行统整是不可能的。在学问中心课程理论中，学生所学的原理越是基础，对后继知识的适用性就越是宽广。掌握学科结构的目的，就是要学生学会如何学习。

2. 人本中心课程的编制特点

人本中心课程理论特别重视课程的情意基础，强调要以学生的兴趣爱好、动机和需要、能力和态度等为基础进行课程编制，重视"融合教育""艺术教育""审美教育"在"整体的人"的培养过程中的作用。人本中心课程追求课程的适切性，课程要同学问之外的客观世界确立更灵活的关系。即使是倡导学科中心课程的费尼克斯也深深认识到："仅仅囿于学问性学科，会导致学问的片段化和不适切倾向。学问性学科还得有包括了着眼于基本的人格问题的跨学科研究。"他认为，智力的功能是在于有限的范畴，而人类的意识却根植于超越。由此，他提出了"超越课程"理论，认为由超越意识产生的希望、创造性、觉悟、怀疑与信念，惊异虔诚与尊崇对教学有着决定性的作用。因此，全美教育协会《年代的课程》从"谁接受教育、学习什么、为什么需要教育、如何进行教育、在怎样的环境中引起学习、需要怎样的控制"六个方面勾勒了人本中心课程的编制特点。其中，学习内容不仅包括学校正规学术性课程、计划化的课外活动，还包括"集体参与"与"人际关系"课程以及"自我觉醒"与"自我发展"课程。这体现了"学科中心课程"与"人本中心课程"共同的课程观。

3. 学科中心课程与人本中心课程在教育过程中不是绝对对立的

理论的提出和使用是有特定环境的，在推进过程中出现问题往往是因为使用者忽略了理论产生的社会背景以及对理论的过度使用。学科中心课程理论的出现是 20 世纪 60 年代，美国受到苏联卫星上天的冲击，决心致力于学校课程的科学化，试图培养大批科技人才。这使得美国 20 世纪 60 年代课程改革形成了学问中心课程的内容与方向。另外，随着第二次工业革命的到来，人类进入了科学技术的新时代。控制系统、自动化、新能源、新的宇宙探索，所有这一切催化了学问中心课程在学校里的使用。

与此同时，学问中心课程的代表人物布鲁纳仍然不否认"教育应作为训练民主社会里和谐发展的公民"这一理想，只是一些理论推进者的教育观和唯理智论使他们对该理论过度使用，泛化了理论的价值，直至出现理论使用的畸形。如学校教育曾出现过一系列问题：强制性上学、在校时间拉长、崇尚集团性经验、教育过程就是评价过程等。学校的基本教育变成了"驯服教育"。这一现象引起了教育改革者的不满，于是学校作为陶冶人的"人的学校"思想开始复兴，催生了人本中心课程理论。该理论以人的全面发展为目的，认为课程除了发展智力外，还应该关注情绪、态度、理想、雄心、价值等，弥补了学科中心课程理论的不足。在笔者看来，某一理论的提出受限于一定的社会环境，更何况理论提出者并没有完全否认另一课程理论的意义，所以理论推进者和实践者不应该片面强调某一理论的绝对价值。课程实践过程中，纯粹的、极端的学科中心或人本中心课程理论都是不可取的。

4. 在课程编制方面还存在两大法系之争

自法学教育开始之日，对其课程设置及教学方法的探讨就一刻也没有停止过，国内国外概莫能外。这一点在不同学者的研究中都得到了佐证。赵长林、董全增在《哈佛大学的课程改革及启示》一文中对哈佛大学四次教学改革进行了梳理，并提出了这四次改革对我国高校教学改革的启示。汪习根在《美国法学教育的最新改革及其启示——以哈佛大学法学院为样本》一文中认为，在全球化浪潮的冲击下，美国的法学教育模式正在经历100年来最为深刻的变革。哈佛大学法学院强调引入"研究性学习"的新理念，以问题解决和创新能力的培养为主旨，开设"立法与规则""国际法/比较法课程""问题和理论"三类新课程，特设"一月学期"。这些对基于成文法教育模式的中国法学教育改革与发展具有一定参考价值。胡铭在《司法竞技、法律诊所与现实主义法学教育——从耶鲁的法律现实主义传统展开》一文中认为，作为法学教育界领袖的耶鲁法学院的崛起绝非偶然。这背后是法学教育理念的变迁和现实主义法学教育的勃兴。现实主义法学教育是对兰德尔所创立的案例教学法的批判与修正。它适应了司法竞技主义与对抗式诉讼的需要，是法律人专业化大背景下的一项改革，也是法律职业在面临的道德性与非道德性困局时的一种妥协。法律诊所是现实主义法学教育的一个重要载体，与学徒式和实践型法学教育模式相契合。相应地，当代美国法学教育的内容、方法、课程设置、师资配备、授课方式等诸多方面发生了重大变革，其背后是理想主义与现实主义之间的抉择。相对于美国，德国更加注重法律人才的阶段性培养。邵建东在《德国法学教育制度及其对我们的启示》一文中认为，德国法学教育的典型特征是双轨制。法学教育由大学基础学习阶段和见习阶段组成，是一种学术教育与职业教育相结合的制度。大学基础阶段的学习以通过第一次国家考试为终结的标志，见习阶段则以通过第二次国家考试为终结的标志。

虽然存在两大法系的差异，但是归结起来，法学课程设置及教学方法主要表现出以下特点：

（1）研究与培养目标相适应且符合法律人才培养规律的课程设置。法律人才的培养是一种理论与实践相结合的产物，而这正体现了法学教育的本质。但由于美国是英美法系国家，德国、日本是大陆法系国家。两者课程设置的侧重点并不完全一致。美国的课程设置主要以实践性的课程为主，德国、日本则以理论性课程为主。但两者都是理论与实践相结合的课程设置。如必修课一般约占全部课程的三分之一，构成了律师所必须具有的基础知识和技能，其余则为选修课。而且法律写作课和职业道德课贯穿于学习的全过程。德国和日本首先强调基础知识和基础理论的掌握，在此基础上加以实务训练。如德国的实务训练阶段大约要 2~3 年时间，日本为 2 年的职业进修期间。从上面的课程设置我们可以看出，无论是大陆法系国家还是英美法系国家，其法律人才培养模式都采用了基本相同的二元结构——大学法学教育和法律职业培训教育。

（2）教学方法富于实效。与培养目标和课程设置相适应，其教学方法丰富多彩且富有实效。美国法律教育基本以案例教学法为主，模拟审判（模拟法庭）也是美国各法学院广泛采用的方法。而诊所法律教育是目前美国法学院比较推崇的培养手段和方法。学生直接参与实际的案件处理，能提高学生的司法实务能力。而同属大陆法系的德国和日本教学方法十分相似，主要有四种方法：讲授法，即依据教材或者讲义仔细讲解；练习法，即内容都是案例分析；专题讨论法，即围绕某一主题与指导教授和同学展开充分的讨论；自由讨论法，即就讲义、练习、专题进行讨论以及就司法实践中感兴趣的问题发表自己的见解，展开自由讨论。以上四种方法都建立在学生课前充分预习的基础上。客观上讲，这些方法有利于巩固法律基础知识、培养学生独立思考的能力。

第四节　法律课程建设的具体内容

（一）课程建设的主要内容

1. 教学理念

教学理念是指导教育的核心所在，包括教什么、怎么教、要培养什么样的人才、怎么培养、考核标准如何设定等。这些标准通常都是以理念的形式表现出来。如20世纪80年代，我国教育体系以应试教育为主。在这样的教学理念下，课程教学和人才培养都围绕标准化模式而展开。培养出的人才也同样具有应试能力强、变通性不足的特性。20世纪90年代之后，教育趋向于以素质教育为教学理念、以培养创造性人才为目标。这一教学理念的确立直接导致填鸭式教学模式和满堂灌的教学方法被淘汰。标准化答案不再是教育追求的目的，取而代之的是启发式教育方法、互动的教学交流模式，突出学生在教学整个过程中的主体性，强调学生的自主性、独立性、灵活性和创新性。可见，课程教学主要围绕教学理念展开，不同的教学理念对教学过程和人才培养目标有着决定性的作用。

2. 教学内容与手段

教学内容是课程建设的直接表现，同时也是体现教育目标的重要组成部分。它建立在本专业领域所有前人的研究成果基础之上，并在教育的过程中继续发展、不断完善。它的组成部分包括内容的选择、组织形式（即以何种方式将相关联的知识进行有机的排列组合）、教育思想、教学目的和能力培养目标等。工欲善其事，必先利其器。手段和目的两者之间本身并不冲突，而是相辅相成、相互促进的关系。教学方法与手段是教师在课程教学过程中，将教与学紧密衔接在一起的纽带，也是实现教学理念与教学目的的途径之一。随着社会的整体发展、人们思想观念的转变和教育需求的变化，教学方法与手段也在不断发展。比如，计算机技术推动现代教育技术的运用和普及，多媒体教学基本普及取代传统的板书，教学手段的多样化、教学内容多元化，音频、视频等多种元素的融入，等等。这些都使得课程教学变得生动、丰富多彩。以启发式教学为代表的新式教学方法推动了案例式教学、诊所式教学、工作室模式的出现和发展，充分调动了学生的积极性，加大学生的课程建设中的比例和份额。

3. 课程设置

教学理念是贯彻课程建设的灵魂和核心所在；教育内容和教学手段是课程建设的血液，课程设置则是整个课程建设的框架。如何开设课程，开设什么课程，通识教育、专业教育如何配置，理论课程、实践课程的比例如何分配，这些都是课程建设的重要内容之一。课程建设大多以课程设置为表现形式。如哈佛大学的新生研讨课程的设置，就直接体现了该校课程建设的特色所在，并由此带动了整个本科教育的人才培养。

4. 师资队伍建设

教师作为课堂教育的主导和主要实施者，是课程建设不可或缺的重要组成部分。师资队伍整体的素质和能力直接决定课程建设的成败。作为实际教学行为的承担者，教师是教学理念的承载者、教学内容和教学手段的实施者，同时也是教学流程的掌控者。课程建设的支撑条件最主要在于教师群体的影响力和声望。百年大计，教育为本。教育大计，教师为本。在将来的课程建设中，教师将扮演越来越重要的角色，成为课程的绝对中心，因此师资梯队结构（包括学历、年龄、性别、地域）、教师的学术水平（其中以学术道德水平尤为重要）、教学水平、个人素养和教学团队的培养都是师资队伍建设的主要内容。

5. 生源

学生是教育的对象，也是人才培养的主体。培养出的人才是衡量教育成败的重要指标。现代的课程建设体系中，学生也在扮演着越来越重要的角色。因此，高素质的生源绝对是课程建设的内容之一。于2003年正式启动的高校自主招生，就是大学在争取招生自主权。即根据本校的特色和办学理念，招收自己需要的学生。这也是培养教育创新人才、全面推进素质教育的重要举措之一。高校自主招生经过十余年的发展，已成为高校招生多元录取的重要方式之一，同时也是推动课程建设的重要动力之一。如民族地区的民族高校招生时，部分特色专业对学生有民族语言的要求。这对于立足民族地区的双语专业建设有着十分积极的意义。以内蒙古民族大学的蒙汉双语法学专业为例，该专业在招收学生时要求必须有蒙语的读写能力，学校要对学生的水平进行测试。不通过的则不能进行蒙汉双语专业的学习。可见，在内蒙古民族大学的蒙汉双语法学专业的课程建设过程中，特定的生源培养成为其中关键的一环。

6. 教材建设

一流的课程需要优秀的教材来支撑。教学内容建设是课程建设的表现形式，而教学内容的主要载体是教材。优秀的教材就是以科学的教学体系为基石，其内容应具有科学性、逻辑性和前沿性，需要及时呈现本学科领域最新的研究成果以满足社会经济和专业发展的需要。好的教材体现知行合一，表现形式不再囿于纸质教材，而呈现为多元化的表现形式，如多媒体课件、电子书籍、网络课程、资源库，形成以纸质教材为主、电子和音像教材为辅的"立体化"教学包，最大限度地满足教师教学活动和学生自主学习的需要。教材与教学资源建设作为课程建设的重要组成部分，是课程培养目标和基本要求的具体体现。在一本好的教材中，编排者要将先进的教育理念和丰富的教学内容反映出来，编写和使用优秀教材是推动教学质量全面提升、突出课程优势和特色的重要措施。

（二）课程建设的特点

要科学、合理地进行课程建设，通过课程建设实现预期效果，必须首先明确课程建设应具备的特点，从根本上把握好课程建设的方向。本研究认为课程建设应具备以下几个基本特点。

1. 科学性

课程建设应始终贯彻马克思主义的世界观和方法论，以教育的基本原理等科学理论为指导，保证课程建设始终不偏离为社会主义建设培养人才的大方向。课程建设应以党的十九大精神和习近平新时代中国特色社会主义思想为指导，认真贯彻党的教育方针，遵循高等教育发展规律，适应高等学校教学发展趋势，进一步推进教学改革，加快教育创新，创新教学方式和管理方式，提升学校的整体教学水平，提高学生的认知和科研能力，增强创新意识，最终提高人才培养的质量。

2. 先进性

它是课程质量和教学水平的重要表现之一，其包括：课程建设的质量与教学理念、师资队伍的影响和声望、教学和科研成果的层次与水平、人才培养的数量和质量、教学改革的力度和深度。教学和科研团队合作的发展与这些因素密切相关。课程建设要保证其先进性，应做到：首先，具备先进的教学理念，摈弃落后的应试教育和填鸭式的教学方法，着重对学生学习自主性和创新能力的培养；其次，课程设置应体现先进性，应与时俱进，明确课程建设的目的在于为社会培养人才，课程设计应着眼于社会需求而不断调整；最后，教学手段和方法应具有先进性，注重教学网络平台的开发和现代教学技术的运用，实现教育资源的开放性和教学技术的先进性。同时，注重对学生动手和实践能力的培养。这要求课程建设中注重产、学、研的结合，教学环节要具有先进性。

3. 多元性

首先，课程主体要多元化。要打破传统教师一元化的格局，赋予学生主体性。通过提问、讨论、学生的思考等方式激发学生在课程教学中的积极性和主动性。其中，学生的范畴还应扩展到校外学生和在职学生。其次，多元应体现在教学内容和手段上。每个学科、每门具体的课程都不是孤立的存在，彼此之间往往有着千丝万缕的联系。交叉性随着社会发展更为紧密和明显。因此，教学内容不应仅限于书本，而应具有广阔性和丰富性，从人文到自然，从书本到实践，从理论到时事，无所不包。相应的教学方法，也不应是简单化一的。"教学有法，教无定法。"每一种教学方法在适合其使用的场合都是有条件的、相对的，因而都有其积极的一面。同时也有它消极的一面，所以不存在所谓"万金油"式的教学方法。

4. 地域性

课程建设应突出地域特色。每所高校所处地域不同，所表现出来的特色也有所不同。课程建设没有标准，特色尤为重要。每所高校的特色则离不开其所处的地域。地方特色资源是高校课程建设、专业建设取之不竭的源泉，也是高校的生命线。以甘孜藏族自治州为例，这块土地上有着丰富的民族文化资源。对于地处甘孜的四川民族学院来说，只有立足于民族特色，深入挖掘地域特色，将之引入教材、融入课堂，用于建设实践教学基地，将其转化为丰富的高校课程建设资源，才是四川民族学院各专业建设、课程建设发展的必由之路。

5. 系统性与灵活性相结合

课程建设是一个系统工程，主要包括师资队伍建设、教学内容建设、教材建设、教学方法建设和教学管理机制建设。课程建设应是对教学过程中各个要素的全面建设，不仅应着眼于个体环节的改造，更要着重于个体间的衔接以及整体的配合和协作。这要求课程建设应有一定的系统性和持久性。

课程建设不是僵化的，它应随着客观环境的变化、社会的发展而不断调整。如教学计划，很多高校基本以三年或四年为一个周期进行调整。有的高校甚至在调整教学计划时，主动邀请校外相关专业的人士参与，充分体现课程建设的与时俱进。课程建设只有阶段性的进展，没有永久的完成。它是一项永无止境的工作，需要不断因时因事因人地进行调整和完善。要强调课程建设的系统性与灵活性相结合的特点，这对于将课程建设工作作为常规工作常抓不懈具有非常重要的意义。

6. 基础性

课程本身就具有基础性，是专业和学科建设的基础环节。作为高校教学的主体环节和基本任务，课程建设是人才培养的根本途径。由此可见，它有无可取代的基础性。同时，国家"十一五"课程建设规划中指出："课程建设是学科建设和专业建设的基础和中心环节，是学校教学基本建设的重要内容之一，是提高教学质量的重要方法和基本途径，是有效落实培养方案的重要保证。"

第五节　高校法律专业人才课程建设与改革的意义

2011 年 12 月 29 日，教育部、中央政法委员会联合发布《关于实施高校法律专业人才教育培养计划的若干意见》（以下简称《意见》），正式启动实施"高校法律专业人才教育培养计划"。《意见》针对近年来我国高等法学教育快速发展但还不能完全适应社会主义法治国家建设需要的现状，提出以中国特色社会主义理论体系为指导，经过10年左右的努力，形成科学先进、具有中国特色的法学教育理念，形成开放多样、符合中国国情的法律人才培养体制，培养造就一批信念执着、品德优良、知识丰富、本领过硬的高素质法律人才。《意见》将培养应用型、复合型法律职业人才作为实施高校法律专业人才教育培养计划的重点，并将"创新高校法律专业人才培养机制"作为主要任务之一，指出要探索"高校—实务部门联合培养"机制。教育部和中央政法委联合下发的《高校法律专业人才教育培养计划》，提出了"应用型、复合型法律人才教育培养模式""国际型法律人才培养模式"以及"西部基层法律人才培养模式"三种法律人才分类培养模式，建立了"高校与实务部门联合培养机制"，积极推进"双师型"教师队伍的建设工作，探索"国内—海外联合培养"机制，优化课程体系，强化实践教学环节，推进教学方法改革。可以说，"高校法律专业人才教育培养计划"是对现有法学本科专业课程设置及教学方法的变革和挑战。

1. 专业建设的载体

没有课程，专业就是一个抽象符号。没有实体的依托，专业建设就是一句空话。课程建设是专业建设和学科发展的基石。加强课程建设、完善课程体系结构，才能真正触及专业建设的核心地带。同时，课程建设集中体现了一所学校教育价值的取向，体现专业的走向和实用价值，直接关系到学生的发展和学校教育教学质量的整体提高。

2. 提升高校教育去行政化水平

科学的课程体系应确保教师的主导地位，体现学生的主体地位，实现教学过程中二元主体的互动和主动性。我国大多数高校的课程建设往往是自上而下，带有浓厚的行政色彩和领导智慧，缺乏对教师和学生主体地位的重视和尊重。这导致课程建设僵硬、教条化，缺乏科学性和可操作性，教育水平得不到提升。一门课程怎么教、教什么，通过统一的课程设计，千篇一律，千人一声。教师的主动性和自身魅力都发挥不出来，学生无法参与课程体系的建构，选择性小，完全被动地接受，学习积极性不高。课程体系建设与社会需求无法及时对接，学生的培养无法满足社会对人才的要求。课程建设的深入发展，进一步解放了传统课程体系对教师的束缚，鼓励学生积极参与到课程体系的建设中，达到削弱课程建设的权力价值取向的目的和去行政化的目的。

3. 重塑"以人为本"的课程理念

以课程建设为突破口和助推器，要求课程体系在统一性的基础上，加强课程的选择性，以促进课程适应地方学校和学生的差异。这就为地域文化进入课程体系提供了空间和平台。民族地区的高校处在具有独特民族特色的地区。改革课程结构、优化课程设置、开设一些反映民族文化历史特色的课程，是它们的地区使命，也是民族发展的历史使命。特色课程建设反映了它们别具一格的办学特色，同时也适应了地区需要和社会的多元化发展。

根据少数民族和民族地区的需要设置学科和专业，重塑课程理念，加强课程的人本性建设成为民族地区高校的迫切任务，而且在这一方面也取得了初步成就。特色专业和特色课程的开设为民族地区高校独具特色的办学之路增强了综合实力。作为民族高等教育重要承担者的民族地区高校，由于其与一般院校相比，具有少数民族文化的指向性、跨文化性和多元一体性特点，故其基本功能在于人的跨文化性与多元一体化的双向建构，从而促进人的全面发展。

4. 提升教学水平，促进民族地区高校的发展

我国民族地区高校从整体实力、办学水平、教学质量方面来看，都落后于汉族地区，存在诸多问题，效果不尽如人意。第六次人口普查，各少数民族人口为 10 643 万人，占总人口的 8.41%，但实行民族区域自治地方的面积达到国土面积的 64%。我国民族地区高校太少，且办学层次不高，缺乏高水平的、综合性大学。课程建设是提高教学质量的重要方法和基本途径。通过课程建设，推出一些有特色的专业，进行多元文化的整合，中华民族文化的多元化与一体化在民族地区师范类高校得到体现。

第六节 现行法学专业课程建设的问题和对策

通过对我国目前通行的高校法学专业课程建设进行反思，本研究发现，传统的法学教育推崇课堂理论的灌输和逻辑推演，超脱社会需求之外，与法律实践脱节，甚至认为可以以数理逻辑的推导方法将简单的法律规范适用于一切纠纷，简单地把法律教育等同于标准化的流水线作业。这种教学模式培养出来的学生进入社会之后，就会发现，看似简单明了的法律规范实则有很大的伸缩空间，课程上形成的法律思维无法解决社会上纷繁复杂的法律纠纷。对此，我国法学教育界对法学教育改革进行了积极的探索，尝试从课程体系重构、教学内容、教学模式等方面进行改进，如加重实践课程的比例，将满堂灌模式变为教师课堂讲授和学生讨论相结合的教学模式，普及法律诊所式教育，进行案例式教学，将课堂延伸至校外的法务部门等。但从本质上说，现行的法学教育始终没有取得突破性进展，仍然停留在以理解法律含义为主，进行法律知识宣讲式的教育模式。究其根本，法学教育模式的改革应首先建立在以教学理念、课程设置和教学内容安排为主的课程建设之上。通过对现行法学专业课程建设中存在的问题进行挖掘，指出我国法学教育的弊端所在，在此基础上，提出有针对性、切实可行的对策。

（一）教学理念方面

1.问题分析

第一，将课程与学科等同。要改变长期以来高校法学专业课程设置片面、固执地强调法学学科体系的完整性和系统性的面貌，抱着"课程即学科"的态度，千篇一律，毫不顾忌时代、民族、地域的特殊性。这带来的是千人一面，学生知识结构狭窄、结构体系堆砌和割裂的负面影响，学生的独立思考、自主学习、知识创新以及综合应用的意识和能力得不到培养和发展，无法实现通过课程体系的整合优化培养出复合型、创新性、应用型人才的目标。

第二，重学科，轻课程。我国目前高等院校建设更多地强调学科建设，使得专业建设中只注重专业的学科性成果（比如有多少科研项目、多少学术论文等），而忽略了专业建设的另外一个环节，即真正将专业取得的学术成就转化为学生知识和能力的载体——课程及课程体系的建设。偏重学科建设，忽视课程及课程体系的发展，必将导致法学专业教学内容陈旧、枯燥而缺乏营养的状况。学生从中吸收到的知识和技术乏善可陈，无法保证人才培养的质量。

以上问题的存在使得课程建设在较长时间内为人所忽视，课程建设观念滞后；或者将课程看作是孤立的、零散的，只见树木，不见森林，缺乏系统性和科学性，更忽视了课程是教育理念的反映和人才培养观念的具体体现；或者过于学术化，只注重知识的内在逻辑性和体系的完整性，没有很好地将学生的认知规律、思想融入课程设计。应结合社会生产和科学研究的实际，将解决问题思路和方法纳入课程内容，设计出能够启发学生创造性和想象力的课程。

2. 对策分析

厘清课程、专业、学科三者之间的藩篱，明确课程建设对于法学教育发展的作用和意义。对于大多数本科院校的法学专业，尤其是那些教学研究型或教学型大学及高等职业学院来说，法学教育的目的和人才培养的目标主要在于向社会输送大量法律技术型人才。他们需要具有较强的法务实践能力和法律思维分析能力以及法学基本理论基础。

法学教学要突出实践教学的比重和学生学习的自主性和创新性。单一地强调学科本身的学术性和系统性特点，难以满足社会对实用型法律人才的需求。以问题或主题形式出现的课程建设，用问题带出知识，反过来又用知识解决问题的课程体系一方面能够引导学生理论联系实际，知行合一，侧重实践，更能打开法学专业学生的宽广视野，培养他们济世为怀的人文精神。

综上所述，法学专业建设应当坚持以课程建设为核心，在此基础上围绕人才培养目标，建构科学、适应市场变化、满足学生需求的课程体系，选择合适的课程科目和教学内容，保证每一门课程在人才培养规划中的地位。

（二）课程教学内容方面

1. 问题分析

第一，课程设置"大一统"，缺乏特色和诚意。国内高校法学专业课程的设置基本相同，大多以法学学科的完整性为主要指导方针，甚至不同学科下的法律专业或法学临近专业，课程设置上也基本相同，连教学内容也基本相似。专业课程的设置不但没有地方特色，不具有时代精神，而且学校间的差异和特色也无从体现。同时，这样的课程设置也无法实现学生的差异化发展。这样的流水线上培养出来的统一、模式化的学生也无法满足社会不同阶段的需要。

第二，课程开设的量和比例不科学。课程的开出的量严重不足。以美国斯坦福大学为例，该校共开出 5735 门课程，52% 的课程由 8 个及以下的学生选修；75% 的课程由 15 个及以下的学生选修。足量的课程开设才能保证学生有充分的选择余地，而且低比例的选课人数也减轻了教师的教学压力，便于因材施教。反观国内大多数高校，课程开设中必修课程基本一致，选修课程种类少、范围窄、科目少，占总课程的比例低。以四川民族学院为例，法学专业选修课程四年只有 21 个学分，占总学分的 10% 左右，其中还包括 5 个全校公选课的学分。每学期在全系四个年级范围内开设 4~6 门选修课程。每门课程选修人数在 15~120 人之间浮动。学生选课压力大，为修够学分，基本不管开出的选修课是否为自己所需要、是否喜欢，都必须选择。这样的课程设置剥夺了学生的选课自由，学生的主观能动性难以发挥，学生自主学习的积极性受到了抑制，选修课名存实亡。这样无差别的教育，难以实现人才多样化的目的，也无法满足社会对多种人才的需要。

2. 对策分析

首先要正本清源，解决问题，查找它的根源。课程设置的背后是教育理念在起指导性的作用，因此，树立正确的教育理念至关重要。后现代教育观追求教育对象的个性化、人性化发展；后现代知识观提倡知识结构的多元性、生成性；后现代课程观强调课程设置的差异性、启发性。由此可见，教育的目的是为了追求人的全面自由的发展。人是教育的主体和目的，而不是工具。应实现"以人为本"的本体论，改变长期以来我国教育工具论的教育理念，追求人的全面自由发展。教学内容应从预设转变为生成，强调知识、素质、独创性的平衡发展。

其次，要从课程建设本身着眼，不断优化课程设置体系，协调课程设置动态与静态的关系，在相对稳定的基础上实现课程设置的开放性和动态化。高校应充分认识到传统的、静态的、线性的课程体系已经不能满足现代大学教育的综合性和多元化的发展需要，因此要建设开放的、动态的课程体系，加强跨学科的合作，让学生能够以辐射型的求知方式在最大程度上构建更多元化的知识结构。

最后，要注重对地域性资源的开发。教育应立足于本地方经济社会发展的需要，彰显个性。以甘孜藏族自治州为例，当地有着非常丰富的民族文化资源可以进行挖掘，它对人才的需要与我国其他区域也有天壤之别。过于统一化、系统化的课程体系明显不能适应当地的经济文化的发展。地处甘孜的四川民族学院在各专业的课程设置上，自然也应该与四川大学等高校有所不同。以法学为例，藏汉双语法学与普通法学因为学生来源不同，他们的语言、性格、爱好、能力结构、民族传统以及将来的就业方向也是完全不同的，所开设的课程也应不同。

综上，目前我国的高校不仅要制定出更科学合理的教学计划，开设更多、更多元、更综合的选修课程供学生选择，还应逐步实现从大班满堂灌式的教学模式向小班启发式的教学模式转变，因材施教、量体裁衣，彰显学生的主体性和主动性。在此基础上，制定满足本校培养目标的有浓郁地方特色的课程体系，实现产学研相结合，立足地方，服务地方。

（三）师资队伍建设方面

1.问题分析

第一，生师比过高，教师队伍的扩大赶不上学生数量增长的速度，教师数量上仍不足。这在一些民族地区的民族高校中表现得尤为明显。近年来，高等学校的规模迅速扩张，相应地，各高校都扩大了自己的教师队伍，教师数量增长较快。但总体上，教师队伍的增长速度仍然无法满足日益繁重的教学任务的要求。从小班教学的角度看，教师数量不足的问题仍很明显，特别是地处民族地区的民族高校。一方面，课程团队建设很薄弱，每名教师承担若干门课，而不是一门课由几名教师承担，没有形成一个课程教学团队。以四川民族学院为例，每学期一名普通专任教师的人均教学科目在3门左右，甚至有教师一人承担7门课程的教学。另一方面，教师人均课程量太大，部分高校的教师周课时量竟接近30节课，教师沦为上课的机器，无法拿出更多的精力去研究如何提高课程教学质量和进行学术理论研究，教学效果难以保证，教研相结合的目的也难以实现。

第二，师资队伍的质量亟待提高。教师队伍的质量问题，并不限于学历和职称高低的问题。实际上，更需要提升的应该是教师的实际教学能力、教学水平以及教学效果。学历高、职称高与实际教学水平没有直接的因果关系。诚然，高校在引进教师的层次方面有了很大幅度的提高，专任教师的学历一般在博士以上，职称也要求在副教授以上。这对提高教师的学历和职称层次确实起到了一定的推动作用。但需要指出的是，高层次的人才引进并没有带来教学水平、教学效果的大幅度提升。造成这种结果的原因除了年轻教师没有受到专业的培训和指导，缺乏教学经验和技巧之外，还存在这些原因：教师队伍本身良莠不齐，人心浮躁；学校在职称评定和教师待遇上一边倒地偏重于学术，只看学术指标，忽略教学评价，导致部分教师教学态度不端正，将大量的精力用于钻研学术，对于教学工作敷衍塞责，使得教学质量不升反降。

第三，师资队伍的结构不尽合理。高校师资队伍的学历水平在近10年的时间里有了一个质的飞跃，研究生、博士的比例在每个高校都有了大幅度的提升。但从师资结构上分析，35岁以下年轻教师的比例过大，50岁上下、资历较深的教师比例太小。这对于形成良好的教师梯队是非常不利的。引进教师时忽略了性别结构或偏重于对某一性别的教师的引进，也会造成教师队伍的性别比例失调问题。以四川民族学院某教学系部为例，该系部教师人数在30人左右，其中女性教师22人，占教师总体的70%以上。而且女性教师中，育龄女性占85%左右。近5年来，平均每年至少有2名教师休产假。这给教学管理带来了很大的难度。

此外，部分高校的师资队伍还存在学历结构、职称结构、专业结构、学缘结构、地缘结构等不少问题。

2. 对策分析

首先，要加大小班、分层教学的步伐，加大师资队伍的建设，进一步加大教师的引进工作，增加课程开设的总量，改善课程结构的合理性，进一步降低生师比。同时注重课程教学团队的建设，给教师减负，给教师更多科研时间，促进教学与科研的结合，同时为教师的教学质量和教学效果提供保障。

其次，一方面，要加强教师队伍特别是青年教师的培训，尤其是要促进师德师风建设，不断提高教师队伍的质量。要在教师队伍中宣传爱岗敬业的思想，要求教师克服浮躁心理，端正教学态度。另一方面，要拓宽进人渠道，引进人才时，注重年龄、性别、地缘、学缘结构的合理性，形成梯度明显的课程教学团队。不能将学历和职称作为唯一的考核标准。加大教学能力和教学效果在考核中的比重。实施名师工程，激发在职教师的教学热情，提高教学质量。不断改善教师队伍结构，采取各种措施鼓励在职教师提高自身的学历水平，拓宽提高学历水平的渠道。

最后，要改变目前在职称评定和教师待遇上向科研一边倒的偏向，提高教学考核在其中的比重，改变教授教学水平不如副教授、副教授教学效果比不过讲师的怪现状。

（四）在教学方法建设方面

1. 问题分析

第一，仍大量存在填鸭式、满堂灌、照本宣科的现象，教学方法仍停留在以讲授为主、学生被动接受的局面。这导致了讲台上老师口沫横飞、学生低头玩手机的病态现象。学生与教师之间的互动没有建立起来。

第二，课堂教学以书本理论为主，缺乏与实践联通的桥梁。教学囿于课堂，无法走出教室。大量学生走出学校就将在学校所学的知识忘记了。这在文科类的教学中广泛存在。

第三，片面强调运用现代教学技术进行教学，却忽略了传统板书教学的优势和作用。

2. 对策分析

首先，教学不是教师一个人的独角戏，学生也不应仅仅作为观众参与其中。教学的主体是教师和学生，而且学生的作用应该越来越大。填鸭式、满堂灌的教学方法明显已经不能再适应现代教学体系，启发式、案例式、诊所式教学应该得到大力推广和普及。课堂教学应该是教师讲授引导、学生讨论和加强自学等多方面的综合。

其次，现代教学技术的应用与传统教学手段应相辅相成，而非鱼和熊掌必取其一的关系。教师在这个过程中，不能简单地将原来的照"本"宣科变为照"课件"宣科。要加强对多媒体技术的学习，定期在教师中进行多媒体教学技术的培训，发挥多媒体辅助教学的作用，同时运用传统教学方法的优势达到引发学生思考、培养学生逻辑思维能力的目标。

最后，在教学中，教师要从以"教"为主转向以"引导"学生自己学为主，逐步培养学生自主学习的习惯和能力。教师不应该站在讲台上对学生进行宣讲。教学是平等的、相互促进的，应在平等对话中重塑师生关系，在教学中实现理论与实践的对接，教授知识应贴近生活、贴近学生需要和社会需要。走出象牙塔，教师应用自己的经验引导学生观察生活、体验生活，明白知识的获得过程，实现从一维、静止、片面的学习观向多维、动态、互动的学习观转变，以加深对教学内容的理解，并能更广泛、更深刻、更敏捷地感受生活、反思生活和表达生活。

（五）教材建设方面

1. 问题分析

第一，教材同质化，质量亟待提高。一本高质量、有特色的教材，应是对教学成果进行认真的理论总结，又应结合最新的科研成果。但是，重实用的功利性思想侵入高校的学术研究，教材建设追求短、平、快。统一课程的教材，作者不同、版本不同，内容的重复度却很高。这样的教材，大多以前人的教材结构为模板，然后随意拼凑一些内容，缺乏创新性，知识点混乱，甚至出现常识性错误。如此质量的教材，又怎么能成为提高教学质量、加强课程建设的载体？

第二，教材的特色性、层次性、实用性不强。随着教学阶段的转变，教学对象从精英转变为普通劳动者，传统的教材建设也应转变自己的定位，以特色性、多层次、实用性为目标。以法学教材为例，虽然市面上法学教材汗牛充栋，但是基本千篇一律，毫无特色。高职高专教材、本科生教材、研究生教材的区别只在于知识点的多少或者理论层次的略微不同，根本不能体现专业不同方向、不同地域的适用性的特点，缺乏层次性和实用性。教材建设与人才培养严重脱节。没有合适的教材，如何保证双语法学人才的培养方向和培养质量？

第三，教材体系不够完善，教材形式单一。一方面，实践教学作为课程教学中的重要一环，对学生实践能力、创新能力的培养有着非常重要的意义，是学生综合素质的体现。但是，实践科目的教材少之又少，甚至空白。比如，法学专业的实践课程以"司法文书写作"和"模拟法庭"为代表，但是这两门课程的教材乏善可陈，仅有的基本教材还存在知识点陈旧、与实践脱节严重的问题。目前，我国高校的实践课程多以自编教程或者不用教材为主，既缺乏标准性，又不利于资源共享，对层次较低的高校尤为不利。另一方面，目前的教材基本是书籍，且以纸质书籍为主，形式单一，枯燥乏味，学生的学习积极性不高。

2. 对策分析

首先，要加强教材编写的制度化建设，建立准入机制，将一些低劣的教材排除在市场之外。同时，加强教材编写的规划和管理，改变消灭人人都能写教材的怪局面。

其次，加强特色教材的建设。在高等教育多元化、综合化方针的指导下，组织、编写和选用有地域特色、民族特色，有学科层次指针性，理论与实践相结合，能有效指导实践，实用性强的教材。

最后，加强实验教学的教材建设，完善教材体系，更好地满足实践教学的需要，以提高实践教学的质量。同时，加强立体化教材建设。建立体现个性化教与学的立体化教材体系，通过纸质教科书、音像制品、电子和网络出版物等形式，通过教学服务专用网站，为教师和学生提供网上交流环境，为教育行业提供教学资源整体解决方案，最大限度地满足学校教学和现代化人才培养的需要。

（六）其他方面

1. 教学效果的评价体制建设

长期以来，学生是教师教学效果的唯一评价主体。教学效果评价一般以学期末的网络总结性评价为主要评价形式，以期中、期末考试等量化评价为主要评价方式，以课堂教学内容为主要评价内容。但是，这种学生评价一般不计入教师的工作量和工作表现的计量标准，通常情况下只作为教师评优的参考数据，对教师提高教学质量的激励作用不够明显。而且，这种评价方式往往还会隐含功利性色彩。曾经就出现过因学生评教分数太低，教师找学生要求其改评，否则就让其挂科的情况。这种制度忽略了师生间的情感交流，将两者放在对立的位置上。忽视学生精神上的需要，仅以教学内容作为单一的评价内容也有失偏颇。师者，传道授业解惑也。教师传授专业知识之外，同样要关注学生精神层面的需求，需要与之进行情感交流。

因此，应建立以学生评价为主的多层次的评价机制，在评价形式上提倡多元化教学评估，将定量评估与定性评估、绝对评估与相对评估、总结性评估与诊断性评估相结合，尊重主体的多元性与复杂性。这样，才能使得评价体系更为科学合理。此外，适当将评价结果作为教师职称、工作量、评优的直接参考依据，更有利于激发教师的教学热情和积极性。

2. 教学管理机制建设在一定程度上影响着课程建设的质量

校院（系）两级管理体制行政化色彩明显。校级管理权力集中，但远离教学一线的行政机关往往没有足够的教学经验，制定的政策基本自上而下，缺乏科学性和灵活性。而教学一线的院（系）这一级的管理权力局限性较大，体制没有建立健全，执行力度也不够，管理的主动性不够强。

因此，应该强化院（系）一级的教学管理机制建设，权力下放，实现教学管理去行政化、管理重心下移，充分发挥院（系）一级教学管理的主动性、积极性与创新性，转变管理观念，改进管理方法，增强管理过程中的科学性和灵活性，强化管理队伍，使教学管理工作落到实处。

综上所述，只有充分了解和认识目前课程建设中存在的问题，积极寻找解决问题的对策与建议，科学合理的课程建设工作才能不断向前推进。

第七节　高校法律专业人才课程建设与改革的展望

如果法学专业想有所作为，就必须按照培养"应用型、复合型法律人才"的目标，改革教学课程体系，着力培养创新实践能力强、综合素质高、能为区域地方法治服务的法律人才。为实现这一目标,必须按照"专业—课程—课堂"的逻辑思路进行教学内容的改革,开展多样态的实践教学探索,构建"师生互动""在线交流""协同育人"三大教学平台体系,以回应高校法律专业人才培养的现实诉求。

　　法学是实践性学科,高等学校法学专业首先是培养合格的律师、法官和检察官等面向法律职业的实践性人才,然后才是法学家、高校教师等理论工作者。换句话说,实务型法律人才的培养是高校法学专业培养的"大众",而理论工作者的培养则是"小众"。这是由我国法律人才培养的现实所决定的。因此,自 2011 年以来,教育部、中央政法委、最高人民法院为贯彻落实全国教育工作会议的精神和《纲要》的精神,制定了一系列政策措施。主要有教育部、中央政法委员会联合发布的《关于实施高校法律专业人才教育培养计划的若干意见》(教高〔2011〕10 号);教育部、财政部联合发布的《关于实施高等学校创新能力提升计划的意见》(教技〔2012〕6 号)以及最高人民法院《关于人民法院与法学院校的双向交流机制发布指导意见》等政策文件。其中针对法学高等教育提出了教育改革项目——"高校法律专业人才教育培养计划",将创新"应用型、复合型法律人才教育培养模式""国际型法律人才培养模式"以及"西部基层法律人才培养模式"三种法律人才分类培养模式,建立高校与实务部门联合培养机制,积极推进"双师型"教师队伍的建设工作(即教师到法律实务部门的实际岗位工作、法律实务工作者担任兼职教师),探索国内—海外联合培养机制,优化课程体系,强化实践教学环节,推进教学方法改革。根据《教育部、中央政法委员会关于实施高校法律专业人才教育培养计划的若干意见》的要求,教育部已经在 2012 年 6 月启动了高等学校分批建设"高校法律专业人才教育培养基地"计划。首批高校法律专业人才教育培养基地中,共有 60 个应用型、复合型法律职业人才教育培养基地,22 个涉外法律人才教育培养基地,12 个西部基层法律人才教育培养基地。其中,广东省的中山大学、华南理工大学、暨南大学、广东财经大学为应用型、复合型法律职业人才教育培养基地首批入选高校。

第十章 "互联网+"背景下高校法律专业师资队伍建设与发展

近年来，随着我国经济社会的快速发展，人民群众的收入水平不断提高。越来越多的家庭支持孩子进入大学继续专业学习，人民群众对高质量高等教育的需求持续增长。1999 年，国务院批转教育部《面向 21 世纪教育振兴行动计划》。从此以后，我国高校招生人数连年高速增长，给了无数年轻人走进大学改变命运的机会。这一政策文件对无数中国年轻人改变命运产生了重要作用。但是，高校招生规模持续扩张也带来了一系列问题，如高等教育质量下降、不少专业人才供过于求、就业率持续下降等。

1999 年之后，我国高等教育更加大众化。高校招生规模呈爆发式增长态势。一方面，使得更多年轻学子有机会踏入大学之门，通过自身努力改变命运；另一方面，学生数量的急剧增长也为我国高等教育带来了前所未有的压力，法学教育作为热门专业也产生了师资紧缺、培养质量不高、就业困难等问题。其中，高校教师数量规模的扩张严重滞后于大学生数量的增长速度，给高等院校的教学、科研带来了前所未有的压力，也给高等教育质量带来不良影响。法学教育作为高校培养法律人才的重要阵地，同样面临这样的现状。

第一节 "互联网+"高校法律专业人才培养师资队伍的机遇与挑战

面对高校扩招后法学专业所培养的法律人才质量下降、就业困难等问题，教育部联合中央政法委员会于 2011 年底共同印发了《关于实施高校法律专业人才教育培养计划的若干意见》（以下简称《意见》），以便贯彻执行纲要提出的"高校法律专业人才计划"，解决"高等法学教育还不能完全适应社会主义法治国家建设的需要"的问题。《意见》于 2012 年付诸实施，并经评审产生了首批共 92 家"高校法律专业人才教育培养基地"。面对培养高校法律专业人才的宏伟规划，各高校纷纷做出响应，对标中央高校法律专业人才培养标准，部署培养适应地方发展需要的高校法律专业人才计划。

培养更多高校法律专业人才和更多民族地区高校法律专业人才既是党中央深入推进依法治国方略的宏观需要，也是西部民族地区经济社会发展的需要，更是地方民族院校法学教育深入推进应用转型发展的现实路径。培养更多适应民族地区政治经济社会发展需要的高校法律专业人才对地方民族院校法学教育既是千载难逢的机遇，更是对深入推进法学教育高质量转型发展的重要挑战。

高等院校法学教育承担着培养法律人才、传播法律知识、弘扬法治精神、涵养法律道德的重要任务，是提高公民法律素质的重要渠道，是培养法律人才的主要阵地，是构建和谐社会、推进民主法治进程的一项基础性工作。根据教育部、中央政法委文件精神，培养应用型、复合型法律职业人才，是实施高校法律专业人才教育培养计划的重点。

其中，地处西部的兰州大学法学院作为全国首批应用型、复合型法律职业人才教育培养基地，结合我国当前法学教育实际情况，对法学专业进行了全方位的综合改革。改革内容涉及人才培养机制的创新、课程体系的优化、实践教学环节的加强、教学理念的转变、课程评价考核体系的更新以及师资队伍建设等方面内容。这些举措以破解高校法律专业人才培养的难题，提高我国法律人才培养质量，贯彻落实纲要以及全面实施依法治国方略，满足国家和社会对高校高质量法律人才迫切需求为目标。

面对推进法学教育事业应用转型发展的重要战略机遇，摆在地方民族院校面前的首要困难是培养一批数量充足、质量较高、结构合理的卓越法学教育师资团队。正如中国高等教育学会会长周远清先生所指出的，"教学方法的改革需要有高水平的师资队伍来推进。因此，我们要重视教师培养，重视师资队伍建设"。只有高校拥有了卓越的法学教育师资，才能够培养出"下得去、留得住、用得好"的、适应民族地区经济社会发展需要的、了解民族风土人情、理论知识扎实、应用能力较强的高校法律专业人才。

高校法律专业人才教育培养计划是中国法学教育大规模扩张后实现从量变到质变之转变的重要举措，说明我国法学高等教育的人才培养战略正在逐渐走向成熟。高校法律专业人才培养根据培养方向，可以分为应用型、复合型和涉外型法律人才。但是，无论是哪一种类型，首先都对师资水平提出了更高的要求，要求师资具有较高的学术理论水平，了解学科前沿发展趋势，深刻理解国家依法治国方略需要，具有较强的应用实践能力。因此，参与高校法律专业人才培养计划的高等院校，首先应当具备一支数量充足、结构合理、学术造诣深、实践经验丰富的优秀教学科研师资队伍。而现实情况是，西部地方民族院校的法学师资建设现状不容乐观。地方高等院校法学教师数量普遍短缺；结构上，教师年龄、学缘结构不尽合理；现有的法学教师普遍偏重理论学习，顶岗实践机会少，应用实践经验不足；教学、管理工作任务繁重、考核压力大，难以专心、自由地从事科研活动；法学教师校际、国际交流学习机会少。因此，如何培养造就一支人员充足、结构合理、理论造诣深、应用实践能力强的高校法律专业人才培养师资队伍，是摆在高校法学教育事业面前的一个重要而紧迫的命题。

第二节　高校法学院师资建设现状与问题

一、高等教育大众化时代法学教育的矛盾与问题

我国高等教育已经由20世纪90年代前的精英化教育逐渐转型到21世纪初的大众化教育，再升级到现在的提高高等教育人才培养质量。与此大背景相应，我国法学教育正从传统型向创新型、从理论型向实践应用型、从规模型向质量型方向发展。"十一五"期间，我国高校法学教育累计培养法学类专业本科毕业生约36万人，大大推动了我国社会主义法治现代化进程。同时，

我国法律人才培养面临着一系列亟待解决的矛盾，具体表现如下：

第一，法学教育规模化发展与教育质量下降之间的矛盾。20世纪90年代以来，根据教育部教育产业化的部署，我国高校开始大规模扩招，全国高校毛入学率大幅提升。然而，这一教育大众化的过程存在诸多问题，集中体现在人才培养规模扩大与教育质量下降之间的矛盾。就法学教育而言，全国有600多所高校开设了法学本科专业，但教学资源数量在短期内是固定的，例如优秀的教学师资在短期内难以大量追加，而且师资资源在高校之间的分配极不平衡。对于众多地方院校而言，教学师资严重不足，图书资料也极度稀缺。以四川民族学院为例，按照教育部颁布的国家标准，大学班级建制人数应该在30—45人之间，而从实际情况来看，该校班级建制人数基本在60人以上，超出国家标准50%以上。同时，辅导员常常由任课教师兼职担任，即使是专职辅导员，通常管理的学生人数也在200人以上。这必然导致学生教育、管理质量下降，从而导致培养出的法律人才质量下降，良莠不齐。四川民族学院法学院的超负荷运行状况在中西部众多高校都存在。

第二，培养模式单一与社会对法律人才的多元化需求之间的矛盾。长期以来，我国高校教育人才培养方式带有较强的计划经济时代的痕迹，法学教育亦是如此。在这种模式下，教育行政主管部门统一规划法学教育的课程设置、培养标准和目标等，在此基础上形成了千篇一律的教学计划。这种模式忽视了"因材施教"的基本教育规律，造成所有高校，无论是重点院校还是非重点院校、综合性院校还是政法类院校、本科院校还是专科院校，都以培养法律理论通才为目标的局面。培养高校法律专业人才是培养适应地方经济社会发展需要的、具有一定理论功底、较强应用能力的实践型法律人才，是定位明确的个性化教育培养。因为各个地区的经济社会发展水平不一样，法律人才的需求就会有差异。以四川民族学院为例，四川民族学院所在的甘孜及甘孜周围的贵州、云南、甘肃、青海、西藏等省区对高校法律专业人才的需求显然与成都、重庆乃至中东部地区的需求不一样。而根据教育部统一要求培养出来的法律人才显然不能适应和满足社会对涉外型、应用型、实践型法律人才的多元化需求。

第三，教学方法简单与法学知识技术性、实践性之间的矛盾。法学是一门技术性和实践性很强的学科，要深入掌握法学理论并运用法学理论解决实际问题需要阅读参考大量的实际案例，并进行大量的实践实训操作。但是，从我国众多高校来看，法学教育的实践实训设施建设普遍不足，经费没有保障。四川民族学院在2017年才刚刚建成了模拟法庭，在此之前并没有专门的实训场所。而建成模拟法庭之后，也没有配备专门的师资负责学生的实践实训工作，甚至也没有专门组织教师开展法学案例的研究。增强学生的实践应用能力也不是仅仅通过一个模拟法庭就能够实现的，还需要专业教师负责整理编撰法学案例，帮助学生理解法学原理和法条规定。由于我国法学教育主要延续了大陆法系的传统，侧重于对基本法律概念、原则、制度等基础理论的灌输，而鲜有高校注重法学案例的教学和研究。虽然部分高校已经开设了"法律诊所""案例研讨"等实践课，但仍未形成制度性课程体系，且缺乏专门的教师指导。整体而言，法学教育仍然是以课堂教学为核心，以教师讲授为主的教育模式。这种法学教育模式仍然是以考试思维在培养学生，难以使学生深刻理解法理，更难以增强学生的应用实践能力。

兰州大学地处少数民族人口较多的西北地区，是教育部直属的"985工程"重点建设高校，也是全国首批高校法律专业人才培养基地。该校培养高校法律专业人才的法学教育所面临的矛盾代表了我国中西部众多高校法学教育的现状。兰州大学在高校法律专业人才培养方面的探索走在全国前列，对于全国尤其是中西部高校法律专业人才培养具有重要的理论与实践指导意义。

面对法学教育的诸多矛盾，兰州大学法学院首先明确，所谓高校法律专业人才，即是指接受社会主义法治理念教育，具备良好的法律素养和法律思维能力，能将抽象的法律适用于具体个案的法律专门人才。兰州大学认为高校法律专业人才的内涵极为丰富，至少包含以下几个方面：第一，政治合格、信念坚定，能够投身于社会主义法制现代化建设；第二，知行合一、勇于实践，能够满足经济社会发展需要；第三，基础扎实、知识丰富，能够全面运用法学及其他学科理论解决现实问题；第四，专业过硬、学有所长，能够满足现代社会发展需要；第五，全面发展、人格健全，能够全面适应中国特色社会主义法制建设需要。总之，高校的法学教育要面向世界和未来，需着力培养一大批具有"治理能力"的高校法律专业人才。

兰州大学法学院在高校法律专业人才培养基地的建设过程中，直面我国法学教育的主要矛盾与问题，突出高校法律专业人才培养的专业性与卓越性，探索"高校与实务部门联合培养"的人才培养模式，定位于对应用型、复合型法律职业人才的培养。兰州大学的高校法律专业人才培养着力实现以下教育目标：第一，立足西部，服务全国，形成区域性法学教育中心；第二，培养基础扎实、专业面宽、素质高、适应能力强的高级法律专门人才；第三，探索形成中国特色社会主义法律人才的培养机制；第四，探索"高校与实务部门联合培养"机制。兰州大学在培养目标方面准确全面的定位，对于地处中西部的高校法学院有较强的理论与现实指导意义。

二、地方院校培养高校法律专业人才的现状与问题

少数民族地区作为中西部地区中经济社会发展较为滞后的地区，经济社会发展不平衡、不充分的矛盾更加突出。因此，培养高校法律专业人才对少数民族地区经济社会稳定发展起着重要的作用。

高校作为中西部民族地区培养经济社会发展所需法治人才的重要阵地，参与高校法律专业人才培养计划具有重要的现实意义。但是，地方民族院校因地处民族地区，社会经济发展落后，存在办学条件较差、资金支持不足、教育理念落后等问题。此外，学生数量多、基层条件差、人才需求大、实习实训基地少、师资力量不足等问题也不容忽视。相较于中央部属院校享有较为充足的办学资金支持，民族地区地方政府往往难以提供更多的财政资金，以支持地方民族院校改善办学条件。高校为西部地区、民族地区经济社会创新、协调、绿色、开放、共享发展提供法治人才保障，是维护民族地区社会和谐、稳定、团结的重要力量。但是，如何培养高校法律专业人才、培养什么样的高校法律专业人才，却是摆在众多高校面前的首要问题。

首先，地方院校法律的人才培养定位需要明确。高校法律专业人才培养对于不同的高校而言有不同的内涵。高校法律人才培养应该聚焦于服务民族地区及周边经济社会发展的需要，培养熟悉地区民族文化与公共事务管理的应用型和复合型高校法律专业人才。对于应用型人才，主要应着重使其了解民族语言、文化及风俗习惯，能应用基本法律原理、思维解决常见法律问题，可以以本民族有一定文化基础的学生作为主要培养对象。复合型法律人才除了应具有应用型法律人才的基本素质外，还要具备一定的理论基础和综合素

质,能够适应经济社会的发展等对人才的其他需要。例如,随着社会经济的发展,复合型人才除了要懂相关的法律,还应具有识别、发现、处理企业经济纠纷及税务等的法律知识和能力。

但是,针对这两类人才的培养模式,师资队伍建设的内容也应当各有侧重。就应用型、复合型人才的培养而言,应当在理论与实践有效结合的基础上进行师资队伍建设。这就是说,应用型、复合型人才培养所需的师资,需要动用理论界和实务界两类教学资源。教师来源不能仅局限于纯理论或纯实务的人才,而应当是兼具理论修养与实践能力的人才。尤其是对特色课程的讲授,要求教师能够将理论和实践密切结合起来,能够从理论的视角观察和分析实践问题,也能够从实践问题出发,抽象概括出理论。为了实现这一目标,应当多聘请实务部门的专门人才到高校授课,并鼓励高校教师多参与实践、多研究实际问题,可采用挂职、任职等方式深入实践,让教师具备从象牙塔内到象牙塔外了解法律的能力。

其次,对涉外型人才培养的师资,不仅要注重理论与实践结合,还必须结合好国内和国外两个平台,整合好国内和国外的优质教学资源。尤其是特色课程要求教师能够用标准外语讲授,使学生了解涉外法律理论与实现的最新动态与发展。涉外型人才的培养要多聘请一些优秀海外归国人才,并应当以长聘和短聘、全职和兼职相结合的方式,引进外国教师或外籍离退休教师授课。有条件的院校还应当通过中外合作办学引进国外优质教师资源,开设有关外国法、比较法和国际法的课程。同时,也要注重将教师送往国外一流大学进行短期培训,鼓励教师与国外同行合作研究,以提高教师队伍的国际化水平。以前,深居内陆的民族地区的优秀产品无法对外出口,随着"一带一路"倡议的实施推进,我国广大民族地区的人民群众对外交往的机会越来越多,适量培养适应经济发展需要的涉外型法律人才既是必要的,也是必需的。

现阶段,高校法学教育的师资尚不能完全满足高校法律专业人才培养的需要。以四川民族学院法学院为例,其作为四川省唯一一所民族本科院校,该校法学院在服务藏区,培养藏区法律人才方面做出了重要贡献。

四川民族学院法学院共有专职教师34人,在校学生800人左右,教学管理人员5人,专职教师中有教授3人,副教授16人,具有副高以上职称的教师占 48.7%。专职教师中有博士 2 人、硕士 22 人，共占 61.5%。16 名 35 岁以下的教师全部具有博士或硕士学位。专职教师中"双师型"12 人，"双语型"5 人，占 41%。设有法学、法学（藏汉双语）两个本科专业和法律事务一个专科专业，每年培养法律专业学生多达 200 人，累计为甘孜州培养政法人才近万名。其中，更是涌现了 30 多位厅级、县级干部，相当数量的学生成长为学校领导、党政机关领导、政法机关领导，大部分学生都成长为业务骨干。但是，甘孜地区经济社会的快速发展对法律人才的需求是现有师资远远不能满足的。从数量上来说，法学院教师数量无法达到教育部要求的 1∶18 的师生比，导致教师教学、科研任务异常繁重，每周人均课时量高达 18 节。此外，专职教师除去上课还要承担学院各项行政指令性工作。繁重的工作压力使得教师没有多余时间和精力思考人才培养问题，增加教学实践、提高教育教学质量问题更无从谈起。

面对国家颁布实施的高校法律专业人才培养计划，各高校法学院的首要任务是明确本校要培养的高校法律专业人才的标准是什么、为谁培养以及怎么培养的问题。参考华东政法大学的高校法律专业人才培养目标，其对高校法律专业人才培养的定位为："培养具有较高的人文科学素养、宽广的国际视野、良好的法律职业道德，具备扎实系统的法学知识和复合型学科专业知识，较强的法律实务技能，运用法学与其他学科知识、方法解决实际问题的能力，能适应国家和上海社会经济发展和多样化法律职业要求的复合型、应用型、国际化法律职业人才。"

四川民族学院是甘孜唯一一所本科院校，其法学院是本地唯一一个培养法律人才的法学院系，其对高校法律专业人才培养的目标定位关系到甘孜地区未来法治发展水平、政治稳定及经济社会发展状况。因此，本研究认为，四川民族学院的高校法律专业人才培养的目标应为：培养具有良好民族文化素养、丰富民族社会知识、良好法律职业道德，具有专业法学思维和系统法学知识，能较好地运用法学与其他学科知识、方法解决民族地区实际问题，能适应民族地区政治经济社会发展的专业化、应用型法律职业人才。明确了高校法律专业人才培养目标，法学师资建设才有更加清晰的方向，才能够一步步明确现有法学院系师资上存在的问题与不足。

三、地方院校法学教育办学的问题与困难

卓越计划背景下的西部基层法律人才培养模式以培养能够扎根西部、服务基层、乐于奉献的高素质应用型专门法律人才为目标。因此，探索建立高校与法律实务部门人员互聘制度，鼓励支持法律实务部门有较高理论水平和丰富实践经验的专家到高校任教，鼓励支持高校教师到法律实务部门挂职，努力建设一支专兼结合的法学师资队伍显得尤为重要。

我国法学教育培养高校法律专业人才除了存在前文所述的基本问题外，在制度管理、人才培养机制等方面也存在较大问题，主要表现如下：

（1）法学教育办学机制单一僵化。人才培养机制创新的关键是办学机制的创新。所谓办学机制是指在特定教育体制下，保障教育目标实现和教育招生就业制度良性运行的制度功能配置和运行机制。而办学机制主要包括以下内容，即办学主体对人才培养模式的制度选择和制度运行的自由度。这种自由度主要取决于两个方面因素：一是现行教育体制对办学主体制度选择的约束度；二是办学主体自身的自主创新度。目前，我国高等法学教育在办学机制上以国家行政审批和国家计划招生形式为主，哪些单位可以举办法学教育、招生人数多少均由国家相关行政主管部门通过指令性计划确定。这种办学机制的优势是能够从宏观或整体上把控招生规模，避免办学单位盲目办学。但是，这种办学机制也容易导致法学教育办学单位自主创新动力不足、法学教育人才培养与法律实践相脱节、法学教育办学机制单一僵化。导致高校法律专业人才办学机制单一僵化的主要原因是没有真正调动法学教育办学主体的积极性。如果不能够激发各高校法学院的办学创新活力，高校法律专业人才培养的效果必然会大打折扣。在沿海发达地区，部分高校开展订单式教育模式，即教育机构以用人单位对人才的需求为办学出发点，根据用人单位需要制订人才培养方案，让用人单位参与人才培养过程，人才达到培养标准后直接去用人单位工作。这种教育模式也值得高校法律专业人才培养计划借鉴，用得好将会大大提升法学教育办学质量。

（2）高校法学院培养高校法律专业人才动力机制严重不足。人才培养机制的核心问题是人才培养动力机制的激活。所谓人才培养的动力机制是指

在特定的教育体制下，为推动教育目标实现和人才培养质量稳步提升，办学主体对教育主体和学习主体内在能量的激发和调动的机制。这种动力机制取决于教育主体和学习主体自身具有的创造潜能和能量发散。这种能量主要源自三个方面：一是教师自主创造的热情；二是学生自主学习、自我成才的需求；三是教育环境和氛围为师生提供的实现自我价值和社会价值的可能性及概率。

目前，我国高等法学教育人才培养的动力机制严重不足。一方面，高校不能为教师创造良好宽松的学术氛围，还沿用简单的量化考核方法和"一刀切"的办法引导大学教师重量不重质；另一方面，大学生还基本处于一种被动学习的状态，缺乏自主学习、自觉成才的激励机制。归根结底，导致高校法律专业人才培养动力机制严重不足的原因主要是大学自主创新精神的缺失。如何激活高校法学教育工作者的动力是培养高校法律专业人才的关键。让高校教师全身心投入人才培养工作中来，让人才培养成果与教师职称晋升、学术荣誉与福利待遇有效结合起来，才能够有效激活人才培养动力与机制。

（3）法律人才教育培养反应机制基本缺失。人才培养机制的突破口是人才培养反应机制的激活。所谓人才培养的反应机制是指特定教育体制下，为保障教育目标实现和人才培养质量稳步提升，办学主体应对社会需求和求教者需求的自主调适机制。这种反应机制主要是对社会与求教者需求的反应的灵敏度和政策调整的自由度及可行度。而这种灵敏度、自由度和可行度主要取决于三个方面的因素：一是现行教育体制对办学主体反应功能的约束度；二是办学主体对自己培养的人才数量和质量，市场需求的预测的准确度和调适能力；三是办学主体对求学者发展需求的把握的准确度和调适能力。目前，我国高等法学教育人才培养的反应机制基本缺失。而导致高校法律专业人才培养反应机制基本缺失的主要原因，一是高校法学教育没有确立创新型法律人才培养目标，许多高校法学教育仍限于对知识型法律人才的培养，既不重视学生法律实务能力和综合法律职业素质的培养，也未突出法律实践教学环节；二是长期以来，我国始终未真正形成高校法律专业人才质量的权威评价指标体系，高等法学教育指导机构分散不集中，特别是高校法律专业人才培养这方面问题更突出，政法委和教育行政部门的职责并未划分清晰。因此，高校法律专业人才培养一方面要明确人才培养的目标与定位，根据人才培养目标组织实施教学内容；另一方面要强化人才培养外部评价机制，促进法学教育不断改进人才培养方式方法，不断提升人才培养满意度。

（4）法学教育运行管理机制低效不畅通。人才培养机制的抓手是人才培养运行机制的创新。所谓人才培养的运行机制是指在特定教育体制下，为保障教育目标的实现和人才培养效益的提高，教育管理主体和办学主体对人才培养制度宏观运行和微观运行的质量及效率的监控机制。这种运行机制主要指针对人才培养制度运行的流畅度与效率。而这种人才培养制度运行的流畅度和效率主要取决于六个方面的因素：一是现行教育体制为人才培养制度运行提供的自由空间及边界；二是办学主体对人才培养制度进行创新的愿望和创新措施及其可行性；三是高校教师对学生所追求的学习发展目标的支持和满足的程度；四是办学主体对学生多元化学习需求的满足的程度；五是教育管理者与施教者之间、施教者与求教者之间、管理者与求教者之间行为沟通和协调的程度；六是人才培养制度运行流畅度和效率性的反馈机制及其局限性。导致高校法律专业人才培养运行机制不完整、不流畅、低效率的主要原因有这几个方面：一方面是管理者和教育者对高校法律专业人才规律把握不准，对环境育人和氛围育人存在认识误区；另一方面是管理者和教育者无法超越传统大学教育模式和教学方法的局限性。在我国，教育管理者、教育者和受教育者之间是分离的。教育管理者以行政管理者自居，长期不从事具体教育业务工作，习惯于出台政策发布行政指令，忽视教育工作规律。教育者往往容易以知识为中心而不是以学生知识需求为中心，更加注重知识的传授而非对学习态度、学习方法的培养。受教育者刚刚从高中的繁重学业中走出来，加之对社会的人才需求不了解，也无法提出自己的学习需求。

（5）地方院校法学教育办学资金支持不足。地方院校作为服务地方发展的人才培养机构，其办学资金主要来自地方政府的资金支持。而地方支持资金也仅能满足高校教师的工资和基本建设和运营，不足以促进教学改革。高校法律专业人才培养需要学校与院系投入更多资金，用于改善办学条件、派遣教师外出学习、引进高级人才、增加实习实践支出等。而地方公办高校因其公立属性，难以开展营利性的教学项目，导致高校自身不易筹集到较大资金，用于高校法律专业人才培养基地的建设。因此，如何筹集更多资金用于支持高校法律专业人才培养基地建设，这是摆在地方院校法学院面前的一个重要难题。

四、高校法律专业教学师资建设的问题与表现

自教育部和中央政法委出台《关于实施高校法律专业人才教育培养计划的若干意见》之后，众多地方院校参与高校法律专业人才培养基地建设的热情很高。因为这是高校法学教育一次转型升级的机遇，是促进地方院校法学教育提升人才培养质量的机遇，是一次提升和扩大高校法学专业教育品牌影响力的机遇。但是，从培养高校法律专业人才的目标定位来说，众多高校都面临众多相似的问题，这对于它们提升法学教学教育质量有着较大阻碍作用。不妥善解决阻碍教育教学质量提升的问题，就难以培养出真正的高校法律专业人才。

众多地方院校法学教育主要存在如下问题：

（1）师资队伍数量达不到国家的标准要求。以师资力量较强的甘肃政法学院为例，2017年底，该校法学专业共有教师71人，其中教授17人，副教授28人，讲师26人，生师比为24∶1。如按教育部18∶1的标准生师比计算，在学生规模保持现状的基础上，师资缺口为30人左右。师资数量不足必然导致教师授课数量过多、工作负担重。一位教师每学期平均要上3门以上的课程。

培养高校法律专业人才是培养传统法律人才的转型，不仅要求学生能够掌握扎实的理论基础，还要求学生具备运用法律思维解决问题的应用能力。如果一位教师授课数量超过两门以上，往往意味着教师无法集中精力做好备课示范工作。法学教育所需要搜集的大量法学案例也不是凭一个教师的力量就可以完成的工作。长此以往，教师们根本无暇思考如何提升教学质量和完善人才培养方案的问题。试想如此下去，这对于一位有责任心的教师来说，备课压力该有多大？培养法律人才如何才能做到卓越？教师对所教授的课程都只能勉强应付，学生又如何能对空洞的法条和法学理论形成深刻的认识？

因此，地方民族本科院校要培养适应地方经济社会发展的高校法律专业人才，首要任务就是要建设一支人员充足的法学教师队伍。

（2）法学教育师资队伍结构不尽合理。首先，从年龄结构上来说，甘肃政法学院法学院35岁以下的副教授占副教授总人数的3.4%。从这一数据可

以知道，以该校为代表的地方院校师资年龄整体偏高，整个师资队伍的平均年龄都在40岁以上。如今，经济社会飞速发展，学术研究要紧跟社会发展趋势，关注新时代下的新焦点问题才有现实价值。学术团队年龄高往往会导致教师们对社会发展的敏感性降低，研究团队的思维活跃性和创新研究能力降低。年轻教师作为学术思想活跃、研究精力充沛的学术研究主力，如果长期处于学术职称的底层，教学科研的积极性必然会受到打击。同时，根据各校情况来看，年轻教师往往承担着较为繁重的课程压力，参与教授课程数量较多，公共课、基础课所占比例较高。这也对年轻教师的专业成长起到了一定的阻碍作用。

其次，国内地方院校学科、学缘结构比较单一。一般来说，一个教学团队学科来源多样、专业结构多样、研究方向多样才是学院结构合理的表现。但是，国内地方院校在招聘新教师时往往有优先招聘院校背景、专业背景相近的高校毕业生源的习惯。这样的招聘习惯必然会导致高校学缘结构相近，不利于拓展学术团队研究的视野和领域，导致新办的主干专业教师师资数量不足，必然影响高校法律专业人才培养计划的质量。更有甚者，国内高校招聘中常见到要求招聘对象的本科、硕士、博士所学专业必须相同或者招聘对象本科、硕士、博士阶段都就读于211或985院校。这样的招聘就是对学缘结构的漠视。一个人只要能够考入所学专业，通过学习考核完成论文答辩，取得学位证书，这就表明他具备学习能力和研究能力，其之前所学的专业不那么重要。学术研究讲究的是学术思想的创新，因此，培养高校法律专业人才需要招聘具有多学科背景的高水平研究人才来丰富学缘结构。

（3）西部地方院校法学师资队伍学历层次以本科、硕士为主，优秀博士人才较少。对于西部地方院校来说，由于没有平台、没有项目、没有资金支持，很难招到具有较高学术研究水平的博士人才充实学术团队。博士意味着较强的学术研究能力、较大的学术影响力和知名学术资源，对建设较好的学科平台、申请级别较高的项目、争取项目资金支持有较强的支撑作用。提升高校法律专业人才培养质量的关键就在于吸引到高水平博士人才加入师资团队，发挥优秀博士人才优势建设优势学科平台，申请更多更高横向、纵向项目，获取更多项目资金，用以支持学术、学科、学校发展。而现实是，部分西部地方院校为防止现有师资队伍人才外流，不仅不鼓励现有的青年教师攻读博士学位，甚至千方百计阻拦有想法、有追求的年轻教师攻读博士学位。这样不仅无法提升地方院校的品牌与学术团队的研究水平，更是直接打击了年轻教师提升学术能力的积极性和工作积极性。这样的做法不仅无助于防止高水平人才外流，反而对地方院校法学教育团队人才梯队建设具有巨大的阻碍作用。因此，对于青年教师团队，学校不仅要支持，更要想办法吸引获得博士学位的青年人才加入教学团队。如实在无法达到目标，也可以采用柔性引进的方式吸引人才加入研究团队，这对于提升学术团队研究水平能够起到实质性的作用。

（4）地方院校建设"双师型"团队的制度保障不足。高校培养高校法律专业人才需要地方政府机构的支持，更需要地方法律机关部门的支持，以形成"共同培养法务人才，培养人才服务地方"的多边多方共同育人机制。地方机构与高校联系不紧密，法律实务部门与高校法学院联系既无动力机制也没有制度保障。要培养高校法律专业人才，必须建设一支业务经验丰富、理论水平较高的师资团队。过去，人们常常把高校比喻为象牙塔，就是因为高校都是关起门来培养人才搞研究，最后教出来的人才对现实缺乏了解，适应不了社会的需要。将来，高校培养人才必须联合政府、用人机构，共同商议、共同培养适应社会现实需要的人才，建立一支既懂理论又懂业务、既懂市场又懂专业教育的"双师型"教学队伍。

目前，地方本科院校"双师型"教学队伍建设没有制度保障和激励，极不稳定。高校与法律实务部门沟通不畅，制度保障不足，难以开展长期互助合作。一方面，对高校而言，教学水平高、教学经验丰富的专业教师需要到法律实务部门挂职锻炼，才能增强实践经验和应用能力。而相关法务部门并没有长期接待教师定岗实践的制度安排和激励机制，往往不愿意接受短期教师定岗实践。同时，由于专业教师外出参加顶岗实践会导致工资绩效下降，且出于照顾家庭等原因，也不愿外出参加定岗实践。长此以往，专业教师缺乏顶岗实践经验必然导致法学课堂教育教学重理论学习而轻实践应用，学生也无法获得专业发展的前沿动态和实务知识。另一方面，法务工作人员到法学院参与教学和人才培养也因没有制度保障和激励机制而难以落实。法律实务部门中实践经验丰富的法官、检察官、律师等实务专家往往工作繁忙、任务重、压力大，难以抽出时间定期参与教育教学任务；同时，对于缺乏制度安排和激励机制，法务工作人员也不愿意走进大学课堂，花费较多时间长期担任兼职导师。

高校法律专业教学的定位就是应用型与复合型法律人才，如果师资队伍都不具备实践经验，又何谈培养出具有较强实践能力的高校法律专业人才呢？因此，如何激励地方法务部门与高校共同建立一支稳定的、高水平的"双师型"教学团队正是建设培养高校法律专业人才师资队伍的重要基础。

（5）唯科研考评导向与培养应用型、复合型高校法律专业人才目标相背离，这导致法学教师无法专注于培养应用型实践人才。目前，大部分高校仍然是以科研作为教师的主要考评方向，教学好与坏并不作为考评项目。这让教学任务较重但又不构成考评权重的老师更无心于集中完成高校法律专业人才培养任务。全国高校中几乎都有这样一个不成文的规定，即青年教师多上课，教授们尽量少上或不上本科生课程。这就构成了这样一个矛盾，即青年教师上课多，却无法通过上课晋升职称；老教师反而能在不上课或少上课的情况下获得职称绩效的奖励。

培养高校法律专业人才就是培养应用型、复合型法律人才，老师只有通过反复上课，才知道如何培养学生的应用能力，如何培养具有理论能力和应用能力的复合型人才，从而不断完善人才培养方案，提高高校法律专业人才培养质量。

在目前的教师评价考核体系下，高校法律专业人才培养计划建设与相关制度还十分不完善，即使有制度也难以落实。如法学教师分类管理考核制度，现在大部分学校都没有对教师进行教学和科研的分类管理。各高校在当前职称考核评价体系的影响下，教师的主要精力都放在承担科研课题、发表科研论文上，高学历、高职称的法学院教师往往只愿承担研究生的授课任务，而不愿承担本科生的教学工作。因此，高校法律专业人才培养计划的落实需要高校业绩考核评价制度的进一步改革完善。

（6）校外兼职创业与校内教学不协调是个新问题。高校教师由于掌握了法律专业知识与技能，能够独立在校外开展业务，对于高校来说是一笔宝贵资源，但是如何管理、协调好专家教师校内的教学工作与校外的业务是一个难题。培养高校法律专业人才需要具有良好实践能力的专业师资，学生更需要能够开展实践实习的工作机会。要通过实践提升学生的应用能力，提升学生发现问题解决问题的能力，帮助他们发现实践前沿的实际问题。

院校协调校外兼职创业与校内教学这一矛盾也有不少成功解决的案例，比如华中科技大学。随着近年武汉市东湖开发区的发展，该校光学、工科等专业的教师利用自身的专业技术，纷纷在校外开办企业或兼职。但是，该校学科发展并没有受到影响，反而呈现出加速发展的局面，这些企业还为该校本科生实习、研究生培养提供了大量实习实践机会和项目研究机会，促进了该校相关学科的快速发展。

法学院教师校外兼职创业的不在少数，应充分利用好这部分优质师资和校外资源，为学科建设、人才培养提供有力支持。对于法学教育来说，利用教师校外兼职创业的实践机会，将高校法律专业人才培养的实践环节融入其中，为学生提供更多课题和实践机会，提升法律人才实践应用能力，这才是正视法学专业教师从事校外兼职创业行为的正确方法。如何协调好校外兼职创业与校内教学任务之间的矛盾，关键在于厘清高校教师职责范围内基本工作量和绩效奖励之间的关系。提升高校教师多劳多得的绩效奖励，同时对专注于教学的教师给予荣誉和奖励，让热爱教学教育的教师在物质上得到满足，在精神上受到尊重。

（7）高校师资待遇低，难以留住优秀的学术人才。高校教师作为社会的高级知识分子，论学识、学历，都理应享受较高的知识分子待遇。但是现实是，一位经历至少22年苦读的优秀博士毕业后，找到一份还不错的高校教师工作，其收入水平一般都在5000—10000元之间，而且能达到10000元水平的高校往往是"211""985"高校。近些年，国家曾多次改善中小学教师和公务员的薪资待遇，而高校教师的工资待遇基本原地踏步没有变化。西部地方院校教师薪资鲜有达到10000元的，都在4000—8000元之间徘徊。这样的薪资水平，在城市高房价的压力下，难以让一个家庭过上体面舒适的生活，甚至有些教师还处于为生存发愁的状态。这如何能使优秀博士人才安心做好教学工作？

四川师范大学一项研究生调查数据显示，我国高校教师的收入平均水平在600—700美元之间，从全世界范围来看处于倒数十位以内。以近几年大学里比较热门的法学和经济学专业为例，大学本科毕业后一旦进入银行和比较知名的企业，往往月薪都在10000元以上。而作为高校教师，其收入还不如这些刚刚毕业的学生。因此，优秀的高校教师往往会外流到高薪企业。以法学专业为例，对很多教师来说，教书成了他们的副业，主业则是自己外出开律师事务所或者兼职做律师。给学生上课的时间少之又少，甚至名气大一点的教师都会让研究生去给本科生上课。这样如何能保证培养出符合社会需求的高校法律专业人才呢？

（8）高校学科分割严重，难以符合社会用人需求。一方面，我国的高校都在着力做大学校，这一点从各地高校热衷于改名为大学就可以略窥一二。学校规模做大后成立更多的二级学院，这样原本是为了适应社会分工专业化对专业人才的培养要求。但是，从我国各高校的实践来看，全国的地方本科院校同具有博士硕士学位授予权的高校一样，纷纷成立各专业的二级学院。本科专业人才往往需要多个学科融合培养，即理工科专业需要人文素养，人文学科需要一定的理工知识基础。我国现有的按学科分类的学院体系，人为地将知识划分到不同的学科，分学院教学，这不利于人才的综合发展。例如，以经管学院的热门专业会计学专业为例，2010 年以后，由于会计学人才供给大于需求、培养质量较低，就业质量连年下降，被教育部评定为国家控制申报专业。而众多高校依然连年申报发展会计学专业或者审计学专业，专业人才培养方案和会计学人才培养方案如出一辙，不能从人才供给上改善培养方案，以培养更多适应社会需求的专业人才。

另一方面，近些年来随着经济的飞速发展，经济犯罪案件逐渐增多，这方面的人才培养却几乎为空白。因此，新建地方本科院校在申报建设新的专业时，如果能够打破学科院系间的壁垒，利用各院系优质师资力量，联合培养适应社会需要的经济案件侦查人才，这对高校办学和人才培养质量的提升是具有较大的社会意义的。还是以四川民族学院为例，学院可以充分利用经济管理学院与法学院各自的专业师资力量，联合申报会计学专业法务会计方向。这不仅是对经管人才培养的创新，也是对法学院专业办学方向的探索。这既是对专业人才培养质量的提升，也是适应转型发展需要创新办学的举措。据调查，四川省唯一一所公安院校——四川警察学院在经济侦查人才培养方面也是空白的，四川省公安厅经侦总队主要是由各部门调集的具有多年办案经验的人员构成，也没有专业的经济侦查人才，这给侦查经济犯罪案件也带来较大困难。所以，以四川民族学院新办的会计学本科专业为例，可以联合该校法学院与四川警察学院，共同培养法务会计专业方向的经济犯罪侦查人才。类似这样打破学院学科分割，联合培养具有较高综合素质的专业人才，是摆在社会和各高校面前的一个挑战。

（9）高校行政对教学人才形成"抽水效应"。在几千年的中国传统文化中，"学而优则仕"似乎成了追求个人价值的有效路径。我国各高校中也存在同样的发展路径与问题。当然，优秀的教学人才去从事行政工作理论上是能够提升学校管理水平的。但是，当大量优秀一线教师纷纷转行做行政，这对于师资本就紧缺的西部地方院校而言，带来的不是教学管理的提升，而是师资力量的捉襟见肘。这对于正处于培养高校法律专业人才阶段的法学院的专业建设和人才培养质量提升都是极大的压力，牺牲的是学生培养质量的下降。

以四川民族学院为例，出于近几年本科办学管理的需要，校级行政职能部门工作量增加，人手紧缺，研究生不愿到行政部门工作，本科生又招不进来，这导致行政部门只能从教学部门挖人。专业教师在经过几年教学工作后，面临着职业倦怠和专业瓶颈的双重发展困境，在专业领域突破难度较大，大多数人往往选择行政岗位寻求个人价值的突破。以四川民族学院的经济与管理学院为例，在专业师资缺口极大的情况下，近三年来几乎每年都会有一到两位教师转岗到校级行政管理部门，包括法学院在内的院系也面临着同样的矛盾与问题。因此，行政对教学人才的"抽水效应"必然会影响高校法律专业人才培养计划的实施。如何帮助教师突破专业瓶颈、消除职业倦怠，让一流的人才留在教学岗位上专心做好人才培养工作，这是提升本科院校法律人才培养质量需要解决的一个重要问题。

（10）高校职称评审僵化对年轻优秀教学人才成长不利。目前，众多高校都对职称评审管理做出了较为严格的年限要求，不达年限，无法参加评审。另外，现有职称评审制度对于专注于教学的教师极为不利。因为学校对教师只有达到基本教学任务的学时要求，而没有教学效果的要求。这样的职称评审制度不利于激励教师积极改进教学方法、改善教学效果。优秀的年轻教师进入高校后，首先要评定为助教，一般时间在两年左右；之后从助教到讲师需要三年时间；从讲师到副教授需要五到八年时间；从副教授到教授至少需要五年时间。一个优秀的年轻教师无论其教学做得多么好，在这个职称晋升过程中也没有太多优势，仍然需要这样按部就班地熬到符合制度规定的年限。

也就是说，一位高校教师从助教到教授，整个过程需要十五到十八年左右的时间。这种制度对优秀青年教师是一种人力资本的浪费与剥削。熬不住的优秀青年教师往往只能选择流往其他更能发挥价值、待遇更好的行业和部门。市场经济环境之下，人才有实现自身价值的追求，高校教师也不例外。

　　尊重人才的本质就是要尊重人才的价值。成为一名高校教师，需要经过长达 20 多年的艰苦学习。作为高智商、高智力的社会劳动者，理应获得与自身价值相符的回报。高校教师最主要的报酬就是与职称级别挂钩的相应待遇。因此，高校应积极改革职称评审制度，使得评审制度成为一个发现人才、培养人才、留住优秀人才的好制度，让高校成为尊师重教、爱才重才的学术阵地。

第三节　高校法律专业人才培养的建议与对策

一、兰州大学高校法律专业人才基地建设改革

　　兰州大学在实施高校法律专业人才教育培养计划的过程中，明确了人才培养的目标与定位，对法学教育改革进行了积极探索，在此基础上形成了独具特色的人才培养模式。

　　兰州大学总结了近年来中国法学教育改革的实践经验，对法律人才培养模式进行了积极探索，逐步展开人才培养机制改革、课程体系改革、教学内容与教学方法改革、师资队伍建设等一系列改革措施，以期形成开放多样、具有鲜明中国元素的法律人才培养模式。

　　以下是兰州大学建设高校法律专业人才培养基地过程中所推出的一系列改革措施，对众多参与高校法律专业人才培养的地方院校来说具有一定的参考意义。

　　第一，校院两级联手建立了高校法律专业人才培养机制，科学推进、建立人才培养组织领导机制。兰州大学从校级层面牵头成立"兰州大学高校法律专业人才培养基地"领导小组，兰州大学法学院建立"高校法律专业人才

教育培养计划"办公室、实践教学指导委员会等机构，统筹高校法律专业人才培养的总体工作。在法学教育改革实践中，根据实践教学要求，还成立了双导师督查小组、实践教学指导委员会、实训基地管理办公室等管理机构，逐步健全管理机制、明确责任分工，从而部署法学专业教育改革的各项措施。不定期举办高校法律专业人才教育改革工作研讨会，商讨分析实施高校法律专业人才培养机制过程中可能遇到的挑战和机遇，不断更新和完善法学专业教育改革大纲和人才培养设计方案。在规章制度方面，陆续制定《兰州大学法学院学生双导师制实行办法》《兰州大学法学院法律诊所教育管理制度》《兰州大学法学院学生培养、建设专项资金督导办法》等，并将依据这些规定逐步完善双导师制度、实训基地建设、法律诊所教育建设及人才培养基地资金监管制度等。

第二，优化高校法律专业人才培养课程体系，提升人才培养效率。根据应用型、复合型法律人才的专业定位、学科特点和目标要求，兰州大学修订和完善了《兰州大学法学专业（本科）人才培养方案》，不断优化已有课程体系，并在此基础上进行改革创新，使理论课程和实践课程有机结合，形成了较为完善的涵盖理论与实践的法学教学课程体系。首先，根据教育部发布《普通高等学校本科专业目录和专业介绍（2012年）》中的相关规定，开设法学专业16门核心课程及"法学导读"作为法学专业基础课程，使学生系统地学习法律知识，进而形成完整的法律知识体系。同时，兰州大学"法学导读"课程安排在一年级第一学期开设，使得学生一开始就深受社会主义法治理念的熏陶。通过这门课，让学生对社会主义法治理念有一个比较系统的认识，能深刻领会"什么是社会主义法治国家"和"怎么样建设社会主义法治国家"等一系列基本理论与实践问题，引导学生形成坚定的社会主义信仰，为学生以后做好政法工作提供思想保证。其次，在法学专业下增设知识产权方向。随着国家知识产权战略的实施，部分重点高校已成立知识产权学院，开设知识产权专业。兰州大学作为西北唯一一所"985工程"重点建设的综合性、研究型大学，知识产权专业的开设显得十分必要，这也顺应了国家发展的需要，对于培养适应国家经济社会发展的高校法律专业人才有重大意义。再次，在学分设置和课时比例上，平行设置理论课程与实践课程。以知识产权方向为例，专业课由知识产权专业课和专业实践课组成，实践课比重达到50%，重点开设了以下实践课程："法律诊所教育课程""知识产权模拟法庭实战演习""案例教学""专利文献检索与解析""专利代理实务"等。最后，积极开设符合专业发展方向的特色选修课程。法律人才的培养，不仅需要基础理论课程的开设，更需要结合高校自身的实际情况，开设适应社会实践需要的特色理论课程。兰州大学在总结人才培养经验的基础上，结合学校的优势项目，开设了"比较宪法学""国际经济法""比较经济法""罗马法""刑事侦查学""犯罪心理学"等特色课程。同时，在知识产权方向开设了"知识产权法理论与战略研究""国际标准与知识产权""知识产权许可""产业技术史与科技法"等相关课程。

第三，加强实践教学内容，提升学生实践能力。法律从业人员的基本素养在于将抽象的法律用于具体个案，涉及对法律的解释、对漏洞的补充或法律续造等法学方法的问题。法律素养的培养才是高校法律专业人才教育的重点。因此，法学教育应突出实践教学的重要地位。通过完善校内实践教学，增强校外实践教学的同时，创建校内外实践教学互动机制，确保实践教学落到实处。（1）完善校内实践教学内容。通过对"法律诊所""模拟法庭实战演习""法律实务技能"等校内实践课程的完善和优化，提升学生的实践能力。完善本科教学计划，将实践课程所占比例大幅提升，增大实践教学环节在整个课程体系中的比重，将"理律杯"全国高校模拟法庭大赛等实践活动与相关实践课程结合。根据在校教师的科研项目方向，定期举办学术科研方法的讲座。学生在教师的带领下，参与科研项目的选题、申报、实际操作、项目答辩、汇报等整个流程。此外，兰州大学法学院鼓励学生自主申报科研项目。每年支持学生申报校级科研训练项目10项，包括"君政学者""挑战杯"创新创业项目等。学院配备科研专家，给学生以自主科研项目方面的指导，并在理论指导、资金支持、后勤服务等方面加大支持力度，完善和健全项目奖励制度，在人力、物力、财力等方面为学生自主创新提供平台。（2）增强校外实践教学环节。兰州大学在不断加强校内实践教学的同时，积极开发利用社会资源，继续拓展与立法、司法、行政、律师事务所等法律实务部门的合作关系，定期开展校外实践教学。学生与校外实务专家的互动包括平时的场景授课、寒暑假集中实习等方式，每学期至少安排2~3次实践教学机会，每学年选派80~100名学生到法律实务部门学习、锻炼。实务专家和校外兼职教师团队授课，指导学生亲身处理法律实务，提高法律操作技巧，积累社会经验。每位校外导师每学期需组织2次校外教学、1次校外观摩指导。兰州大学安排学生寒暑假到实务部门集中深入学习，全程跟踪法律问题和案件的处理，学习各种实践知识和技巧，目前已形成完善的寒暑假实习模式。指导教师和实务专家全程指导，对学生的实践学习进行及时评价，有针对性地安排任务，施行个性化的培养，因材施教，建立奖惩机制，激发学生的学习积极性。（3）创新校内校外实践合作互动机制。兰州大学在现有的40多个联建实训基地的平台上，不断创新实践教学，充分利用校内外各项有利条件，开创学生与校外实务专家、教学单位与实训基地之间的双向互动机制。学校还开展校内外培训与进修，实现教师培训常态化，从而提高教学水平。促进校内外互通信息、交流成果，建立法学教学、学术研究、立法、司法等前沿信息常态化的沟通桥梁。

第四，转变教师的教育理念，提升学生自主探索学习的能力。传统法学教育教师居于主体和主导地位，过分强调知识的传授和纯理论的探讨，忽视了对学生分析和处理实际案例能力的培养。加之教师本身能力欠佳，容易导致课堂乏味与学生丧失兴趣。这种法学教育模式已广受实务部门的诟病。为充分调动学生积极性，活跃教学气氛，兰州大学不断创新教学理念，积极在教学中遵循教育规律，结合法学教育实际，以培养全面高校法律专业人才为中心，努力实现教师教学理念的转变。首先，转变思想，由"教师中心模式"向"学生中心模式"转变。在法学理论教学课程上，为避免人才培养的同质化，也为突出专业特色，兰州大学探索出以教师为教练员、导演、触媒剂、待用信息库，以学生为运动员、合作伙伴的教学模式。教师与学生进行角色置换，增加学生自主教学的比重，建立以学生为主、教师为辅的授课形式。课前，教师以学生感兴趣的案例结合书本，安排课堂任务，学生以小组形式进行预习，制作课件，陈述自己的观点。教师作为信息库与导演，注重对学生进行指导总结。在实践教学课程的教授上，实务教师根据理论教师提供的学生信息及课内表现，根据学生的专业兴趣，紧密联系实训基地教学实践，安排带领学生参与案件调查、法院旁听、听证会等。学生自主制作相关法律文书，并以模拟法庭与法律诊所的形式再现案件本身的过程，不仅是学生证据运用、证据链条的严密性、逻辑严谨性进行判断的过程，而且也是让学生亲身感受案件被真实处理的过程。其次，以校内教学为主导的教学体系向校内外教学相结合的教学体系转变。积极拓宽教学空间，与法院、检察院、公安机关、法制办、政府、律师事务所、公证处等单位建立全面的合作关系，为学生的校外教学环境搭建良好平台。兰州大学积极利用现有校外教学资源，加强与实践基地的合作，不断深化现有的合作内容，将教学内容、教学计划、教学体系与合作内容深度整合。与此同时，法学院不断开拓创新，积极进取，与甘肃周边合适的单位建立联系，拓展实践基地，建立一批优秀的实践新基地。兰州大学还建立了科学的校内外学习计划，鼓励学生积极参与校外学习，将校内所学与校外实践结合起来，实现良好的互动。学生的学习不仅包括校内学习，更加包含大量的校外实践环节。学校鼓励学生走出校园，在实践中深化理论知识。学校积极引导，大学生创新创业、暑期社会实践等带动，学生们积极参与校外学习，真正实现了校内外教学的良好互动。校内外教学相结合的教学体系也在不断完善。最后，由单一教师授课模式向团队授课模式转变。兰州大学法学院不断探索适合新形势的教学模式，不断创新现有教学模式，尤其是其核心的授课模式，并在教学中不断总结现有授课模式的经验得失。同时，积极吸收国内外其他大学的教育教学经验，开创性地开展团队授课模式。传统的教学模式一般是由1~2名专职教师负责一门课程的教学。这种传统模式保证了教学安排更易实施和教学内容的统一性，但是也容易产生知识不完整、学术观点非中立等问题。更重要的是，这种教学模式并不能满足复合型高端人才培养的需要。法学院实施的团队授课模式由多名教师组成授课团队，共同负责教授一门课程，促进课程的全面开展。通过科学的授课团队的组建，在教授、讲师、校外专家、法律实践部门工作者的共同配合下，学生能受到科学而全面的知识训练。

第五，更新课程考评体系，完善学生能力考评机制。学生考核评级体系是教学改革的重要方面，兰州大学积极转变教育评价考核模式，摒弃以前的以单一考试成绩为核心的评级体系，开展全面的综合评价模式，引导学生进入科学的综合评价体系，真正提升法学院人才培养质量。兰州大学法学院已经建立了科学完善的课程考核评价体系。在科学的综合评级考核机制的建立过程中，学校增加了实践环节和科研环节的比重，注重对学生综合能力的培养。通过对期末考试方式进行多样化改革，帮助学生更好地参与到课外实践环节之中；通过提升创新创业等课外学术活动在学生评级体系中的地位，培养学生的发现研究能力和创新能力；通过提升对定期和不定期课外实践的重视，促进学生综合能力的全面提升。

第六，加强师资队伍建设，构建高校法律专业人才培养的保障机制。无论何时，教师质量都决定着法学人才培养的成败。"高校法律专业人才教育培养计划"能否成功实施，很重要的一点是看有没有一支以学科带头人、教学骨干为主体的专兼职教师队伍。（1）加强校内专职教师队伍。让一批年轻有为的优秀教师逐步担当教学和科研工作的重任，并且增强与不同专业学科的交流，逐步形成团队合作的教学模式。同时，根据学科发展和学校教师队伍不断完善的要求，继续积极引进海内外人才，积极探索团队引进、核心人才带动引进、创业引进、智力引进等多种形式，充实法学院的教师队伍。鼓励青年教师继续深造并不断发展科研。青年教师在职攻读国内名校博士学位的，为其攻读国内外博士学位创造条件，学校及学院均已经建立起相应的资助体系，并根据情况给予其一定的科研启动经费。兰州大学法学院为教师们提供定期参加学术年会培训的机会，鼓励教师编纂教材、撰写书籍，为教师发表论文提供资助。同时，鼓励并支持年轻教师到国内外著名法学院校进行学术交流和进修，从而整体提高教师学术水平与研究能力。（2）完善兼职教师的队伍及其结构。学校还会进一步探索建立高校与法律实务部门人员互聘制度，鼓励支持法律实务部门有较高理论水平和丰富实践经验的专家到学校兼职任教，把真正优秀的法律实务工作者引入课堂。兰州大学法学院以兰州市为辐射中心，与法院、检察院、知名律师事务所继续加强合作，在已有十多名兼职任课教师的基础上，通过外聘兼职或者合作的方式，每年再引入5~8名具有较高理论水平和丰富实践经验的实务专家担任研究生、本科生的授课教师。（3）加强高端讲座教师队伍的建设。兰州大学法学院进一步邀请海内外知名的理论和实务专家学者到学院进行法学理论及法律实务的专题讲座，以高端讲座和对话交流的方式探讨国内外热点学术及法律焦点问题，以扩大学生的视野，激发学生学习法律的热情。同时，学院还不断探讨与讲座教师的合作方式，并逐步完善高端讲座的举办机制。（4）健全和完善教师分类管理和评价制度。在教师的管理和评价方面，把教学型和科研型教师进行科学化考核，合理平衡本科教学指标与科研指标的权重。逐步调整法律实务教学教师的评聘和考核办法。对实践课教师,侧重考核其在指导学生参与社会实践能力、教师参与省市级政府或司法机关法律实务专题调研和法律服务等方面的能力、所获得的省市级政府或司法部门的荣誉。逐步形成符合卓越法律应用型、复合型创新人才培养要求的教师管理和评价机制。

以上是兰州大学从高校法律专业人才培养机制建设、课程体系优化、实践教学设计、提升学生自主学习能力、完善学生能力考核评价机制和加强师资队伍建设等方面所做出的一些探索。对地方高等院校来说,参与建设高校法律专业人才培养基地建设,可以从机制建设、课程设计、实践教学改革、增强学生自主性等方面借鉴兰州大学法学院的建设改革经验,以促进自身法学院高校法律专业人才培养项目更高效、更快速地发展。

二、河北大学高校法律专业人才基地建设与改革

河北大学政法学院作为一所普通地方院校入选了高校法律专业人才培养基地。其办学过程中也遇到过基础条件差、师资困境、体制难题、经费问题和职称评审等诸多难题,但河北大学在基地创办、管理改革和学生培养等方面也有值得地方院校法学院学习和借鉴的方面。

河北大学政法学院法律系 1981 年开始招收本科生,是河北省最早创办法学专业的院校,1983 年创办了河北省第一个政治学专业。政法学院现有专任教师 90 人,其中,教授 27 人、副教授 48 人、博士生导师 4 人、硕士生导师 52 人。政法学院现开设有法学本科专业;建设有法学一级学科硕士点、法律硕士专业学位点。现有在校本科生 1015 人,全日制硕士研究生 558 人,全日制博士研究生 10 人。2009 年获批河北省政治法律教育创新高地,法学专业被批准为河北省品牌特色专业;2010 年,法律硕士专业获批河北省唯一的教育部专业学位研究生教育综合改革试点;2012 年,河北大学入选教育部高校法律专业人才教育培养基地。

政法学院长期坚持教学工作中心地位不动摇,人才培养和教育教学改革不断取得新成绩。现有河北省教学名师 1 名,省级精品课程 3 门、校级精品课程 3 门、双语教学课程 4 门。近 3 年承担本科生、研究生教育改革项目 5 项。建有学院实验教学中心,下设法医学实验室、物证技术实验室、模拟法庭实

验室、社会工作实验室等。2012年，河北大学法学教育实践基地入选河北省大学生校外实践基地；2013年入选首批国家级大学生校外实践基地。2011年获批河北省高等学校法学教学指导委员会主任委员单位。2012年，法学专业获批为河北省专业综合改革试点。政法学院资料室建成面积达200多平方米，存有中文图书34519册，外文图书942册，中文期刊2989册，外文期刊490册。政法学院建有教学实验中心，下设法医学实验室、物证技术实验室、模拟法庭实验室、社会工作实验室和河北大学司法鉴定中心等。

河北大学政法学院为了创建高校法律专业人才培养基地，在师资建设与培养方面做出了诸多努力与改革。第一，学校学院多方努力，通过从高校、实务界等多种途径，吸收优秀的高素质法律人才，不断扩大政法学院法学师资队伍规模。第二，通过人才引进、进修访学等多种方式，进一步明确教师研究方向，持续优化师资队伍年龄、学缘结构。第三，通过进修学习、顶岗实践、在职读博等开辟多种渠道，逐步提高师资队伍教学研究能力。第四，重视学术研究、提升学术氛围、搭建学术平台，着力培养高端师资团队。第五，制订多层次培育计划，不断提升师资教研能力，重点支持高端学术人才成长。面对师资队伍建设所面临的新形势和新问题，学院坚持继续引进人才、聚集高水平人才、不断突破学缘发展瓶颈；坚持继续培育人才，打破职务晋升、岗位固化的制约；坚持持续整体推进团队建设，减轻成员个体差异和内部发展失衡的影响。

河北大学政法学院在学生培养和教学模式改革方面坚持以开放性的协同思路和战略规划布局引领基地建设；坚持以高端人才智库建设改善人才培养环境；以高校法律专业人才培养实验班推动人才培养模式创新；以信息化方式推动教学模式改革；坚持不断调整人才培养目标，优化高校法律专业人才培养方案；持续更新优化法学课程体系，深化教学内容和教学方法改革，打造实践能力培养的新模式和新体系；创新课程考核机制；提升法学教育的国际化水平，拓宽学生国际化视野。在法学专业实践教学体系的建设及特色打造方面，强化实践教学体系建设改革，提升学生理论应用实践能力；广泛采用案例教学法，培养学生独立思辨能力；创新开展校内法律实验、实训教学，提升理论教学效果；结合人才培养目标，探索校外实践教学模式，打造教学专业特色。

河北大学入选高校法律专业人才培养基地的建设和改革经验，对中西部地方院校，尤其是以四川民族学院为代表的民族院校在面临更多资源条件约束的情况下参与建设培养高校法律专业人才有重要的参考意义。

三、地方院校培养高校法律专业人才政策建议

卓越计划下的西部基层法律人才培养模式是以培养能够扎根西部、服务基层、乐于奉献的高素质应用型专门法律人才为目标。因此，探索建立高校与法律实务部门人员互聘制度，鼓励支持法律实务部门有较高理论水平和丰富实践经验的专家到高校任教，鼓励支持高校教师到法律实务部门挂职，努力建设一支专兼结合的法学师资队伍显得尤为重要。

地方院校在明晰了高校法律专业人才培养的内涵之后，法学院作为人才培养机构，要深入政府、立法、执法及司法单位调研各单位对现有法律人才的评价与对未来法律人才的素质期冀及需求。根据现有师资力量，结合地方经济社会发展需要，改革各高校管理及体制上的制约，科学合理完善制定高校法律专业人才培养方案，以提高高校法律专业人才培养的质量。

针对上文提过的师资建设中的问题，本研究认为可以从以下方面提升高校法律专业人才培养基地的建设质量。

第一，按照教育部的生师比标准，建设一支人员充足、质量较高的高校法律专业人才培养师资队伍。学校学院要有不拘一格降人才的理念，充分利用各种渠道去发现、挖掘、引进一批质量较高的人才。例如，既可以通过去国内法学专业排名靠前的高校引进具有较高水平的优秀博士、硕士毕业生，也可充分发挥现有教师的业内资源去引进法学人才。师资队伍构成应不仅是学术型研究型教师，还应有一定数量的具有丰富行业实践经验的教师。因此，除了引进高学历人才，也可以以一定的方式灵活聘用在政府、立法、司法、执法等部门工作的具有丰富法律从业经验的专家，作为校内专职教师队伍的补充。通过内培外引的方式，经过一轮师资建设，使法学专业教师总数达到教育部规定的生师比。只有师资数量基本达标，才能够确定每位教师的专业主攻方向，以及给予教师更多自由空间来思考如何提升高校法律专业人才培养质量，才能够进一步提升教师专业研究、实践能力。

第二，构建一支年龄、学缘结构合理的师资队伍，以全面提升师资学术视野和研究能力为核心，以培养高水平教学科研梯队为重点，实施"高层次人才培养工程""人才引进工程""人才稳定工程"，建立科学的人才培育、管理机制，为实现培养高校法律专业人才办学目标提供师资支持。建设一支以编制内教师为主体，校外兼职导师作补充的师资队伍。其中，固定编制教师占教职工总数的比例不低于70%，外聘、兼职教师数量占比30%左右。优化师资队伍专业结构、学历结构、职称结构、年龄结构、学缘结构。加大中青年教师的引进和培养力度，使45岁以下的教授达到教授总数的50%左右，提高35岁以下的副教授占副教授总数的比例。通过多元化渠道，引进校外、省外和海外优秀人才，鼓励教师访学、进修和继续教育学习，进一步优化教师队伍的学缘结构。

第三，建设学术人才梯队，造就优秀学术人才。制定省部级学科带头人、校级学科带头人、校级中青年骨干教师、院级优秀青年教师四个层次的人才培养计划。通过考核遴选、跟踪培养、动态发展，建设一支高水平学术队伍。强化对中青年教师的培养培训力度，为中青年教师的成长提供良好的环境，鼓励优秀中青年教师脱颖而出。实施人才培养工程，使省部级以上各类人才工程入选者和省部级学科带头人达到一定比例。校级学科带头人、校级中青年骨干教师、院级优秀青年教师要重点培养。通过实施名师培养计划，提升学校的学术影响力。为培养具有学科特色和创新能力的教学科研优秀人才，学校应以考核竞聘方式选拔一定数量的高职称、高学历人才，资助其开展高层次教学科研工作，并享受相应的岗位津贴，提供学术假期，配备科研助手，使其成长为在所属学科领域是有一定影响力的名师专家。

第四，建立"双师型"教师培养激励与保障机制。从制度构建上鼓励教师提升个人的应用实践能力；从待遇和职称晋升上保障部分理论水平较高、教学经验丰富的教师分期、分批主动到政府、立法、司法、执法部门挂职锻炼，从而提升实践应用能力。目前，诸多地方院校法学教育主体结构单一，法学教育师资以学校教师为绝对主体，没有吸纳或没有足够多地吸纳社会资源参与法学教育。这种法学教育主体的单一性决定了学校对在校学生的培养方式是典型的"学院派"，造成学生思维方式单一，重推理判断，重演绎归纳。实际上，每个案件都是有个性的，直接套用三段论就能做出法律判断的是极少数案件，更多的案件是"疑难"案件。学生需要更多地了解社会常识，掌握法律纠纷解决中的细节处理技巧、事实分析和法律分析的能力，需要对法律知识、社会经验、审理技巧进行综合运用。显然，实现上述教育目标，仅仅依靠在校的师资力量，是有难度的。因此，一定要让社会资源参与到学校的法学教育中来，充实师资队伍的构成。从制度上鼓励教师考取司法等行业从业资格证书；在科研上鼓励教师多拿横向项目，帮助地方政府和立法、司法、执法部门解决实际问题；对获得政府部门及相关单位认可的项目或获得的荣誉在学校考评中予以认可。同时，法学院应努力从法律实务部门聘请实践经验丰富、具有较高理论水平的法官、检察官、律师等实务专家，形成一支稳定的、高水平的兼职教师队伍。为了培养高校法律专业人才，学院必须建设一支专兼结合、具有双师技能的法学教学团队。否则，教师就不能把实践的知识和经验带进课堂，就不能有效指导学生的实践学习和锻炼。以四川民族学院法学院为例，学院 34 位专职教师中，教授 3 人、副教授 16 人，副高以上职称教师占 48.7%；专职教师中有博士 2 人、硕士 22 人，占 61.5%；16 名 35 岁以下的教师全部具有博士、硕士学历。专职教师中，"双师型" 12 人、"双语型" 5 人，占 41%；取得司法职业资格的教师有 10 名左右；还聘请了当地 4 名司法精英担任法学专业客座教授，并从司法实务部门聘请了 10 余名业务骨干，每学期为学生开设"法律实务大讲堂"课程。尽管如此，学校仍然不能满足人才培养的要求。

第五，应加强与其他优势院校合作，形成院校联合培养人才的长效机制。校际合作既可以是省内兄弟院校，也可以是省外具有法学专业优势的院校。以四川民族学院法学院为例，该校法学院的藏汉双语法学本科专业有较多学生毕业后选择警察等职业。为促进学生法律应用能力和就业质量的提高，该校可以联合四川警察学院定向培养藏区法院、公安局等就业方向的学生。特别是可以通过警察学院培养学生运用法律处理实际问题的能力。同时，也可以吸引警察学院涉藏专业到四川民族学院来修读藏语及藏区文化方面的课程。总的来说，利用其他院校在法学教育方面的优势，共同培养高校法律专业人才是提升培养质量的有力举措。拓展省内外高校法学院合作办学的平台与途径，通过聘请省内外院校知名法学专家学者长期担任学生课程建设指导专家、举办学术讲座、邀请参加学术研讨会等方式，建立优势院校之间联合培养法律人才、共享法学教育资源的稳定机制。

第六，改革完善教师的聘用和管理机制，提升人才引进能力和效率。目前，大部分地方院校在教师聘用和管理方面都比较传统，普遍采用事业编制招聘的方式引进人才。而西部地方院校包括民族地区院校通过事业编制招聘进来的人才，往往会被要求签订服务期限合同，不满服务期限不得轻易辞职。事实上，这样的管理方式并没有减缓教师流失的速度。四川民族学院法学院近五年每年都在招聘新教师，但教师总量却几乎在维持原地踏步。这样的聘用和管理机制对高级法学人才是没有约束能力的，反而容易激发校方和教师之间的劳资矛盾。因此，地方院校应从体制上改革、完善人才引进和管理机制，营造良好的人才引进风气，使人才在高校能感受尊重，工作心情愉快。即使日后离开了高校，也有机会与高校展开形式多样的合作。

第七，完善教师评价考核机制，鼓励教师专注于应用型复合型高校法律专业人才的培养。目前，大部分高校对教师的考核评价主要集中于科研成果考核。这种过度依赖科研成绩的考核机制使得为提升学生实践能力而专注于教学的部分教师所做的工作容易被忽略，必然会打击到教师做好教学工作的积极性。教师的晋升主要依靠职称晋升，职称评审的量化趋势也多倾向于科研成果数量的计算，至于课堂教学的水平和效果，由于难以数字化，在量化标准的考核评价体系中也就很难体现出来。而教师是否有必要及时地获取实践经验以及如何让教师去获取实践经验，也就成为被学校忽视的方面。出于科研的压力、晋升职称的压力、各种校内考核的压力，教师关注法学教育教学方式改革的热情难以维系，而社会实习和法律调研等各种法律实务活动的参与又需要教师付出大量的精力。教师在利益权衡之下"放弃"法律实务经验的获取，法律的职业化教育因此更令人担忧。在社会对学校的评价体系中，实践教学是不纳入评价体系中的，而学校的评价、排名和获得的经费、生源、合作机会等资源密切相关，现在官方和社会评价体系更注重用那些研究性指标来评价大学、评价法学院。那些片面强调在 CSSCI、SSCI 上发表文章数量的大学、法学院不一定注重让学生学到真本领。很多大学和法学院就不得不片面重视这些理论研究性的成绩，并且将这种要求转嫁给教师。因此，前述的教师考核体系就绝不是一个孤立的现象。但这样一来，在教师、学校资源有限的情况下，学生实践能力的培养就容易被忽视。这样的教师考核评价方式是不全面、不科学的，教师的本职工作是教书育人，而后才是科学研究。高校法律专业人才是强调实践应用能力的高校法律专业人才，如果笼统将科研成绩作为考核依据必然挫伤教师上好一门课的积极性。因此，法学院应尽快建立平衡教学和科研比重的教师考核评价机制，对不同侧重类型的教师以教学、科研占不同比重的方式进行考核，鼓励更多教师专心从事教学工作，促进更多教学型教师为了培养高校法律专业人才的目标而贡献自己的力量。

第八，加强师资队伍培训考核机制建设，提升教师培训效果，拓宽教师学术视野。高水平的师资团队要通过不断学习进行提升能力。学校应设立专项资金，鼓励教师外出学习进修，资助中青年教师攻读国内外名校博士学位，激发中青年教师的学习动力与热情，打造具有国际化视野和卓越水平的师资团队。除攻读博士学位以外，学院应加强教师短期访学培训，鼓励教师积极参加各类型专业技能培训，通过短期培训达到交流与提升运用能力的目的。加强校内外师资的互动交流，聘请外校具有实践经验的法律工作者到校担任客座教授，定期到学校开展学术讲座，促进本校教师与外校的交流学习。

第九，营造良好的教书育人氛围，把最优秀的人才留在教学岗位上。只有让最优秀的人才心甘情愿留在教学岗位，才能够培养出优秀的高校法律专业人才。要防止优秀教师被行政部门"抽水"，校方和学院都要主动营造良好的育人氛围，尊重教师、尊重人才，把最好的待遇和荣誉给予优秀教师，让优秀教师感受到自己是在培养人才，为社会创造价值，从教育事业中找到快乐与成就。只有高校和学院共同努力营造尊师重教的良好风气，让教师从教学事业中感受到自身价值的实现，才能够最大限度防止教师跳槽到行政部门。

第十，适应经济社会发展需要，不断更新、优化人才培养方案。社会每时每刻都在不断发生变化，用人单位对高校法律专业人才的需求也会不断变化。高校法律专业人才培养要求对社会需求变化有敏感性，能明确学院办学定位与培养目标，不断地主动与用人单位沟通人才需求，努力打造学院法学学科特色，不断更新、优化人才培养方案，以特色求质量求发展，从而不断提升法学院培养高校法律专业人才的质量和社会满意度。

无论是应用型、复合型还是涉外型高校法律专业人才的培养，都对法学师资提出了更高的要求。因此，参与高校法律专业人才培养计划的单位应当具备优质的师资资源。但是，针对这两类人才的培养模式，师资队伍建设的内容也应当各有侧重。就应用型、复合型人才的培养而言，应当在理论与实践有效结合的基础上进行师资队伍建设。这就是说，应用型、复合型人才培养所需要的师资，需要动用理论界和实务界两类教学资源。教师来源不能局限于纯理论或纯实务的人才，而应当是兼具理论修养与实践能力的师资。尤其是特色课程的讲授，要求教师能够将理论和实践密切结合起来，能够从理论的视角观察和分析实践问题，也能够从实践问题出发，抽象概括出理论。为了实现这一目标，应当多聘请实务部门的专门人才到高校授课，并鼓励高校教师多参与实践，多研究实际问题，可采用挂职、任职等方式深入实践，让教师具备从象牙塔内到象牙塔外了解法律的能力。

对应用型、复合型人才的培养来说，更应注重培养学生参与法律实践的能力，培养学生理论与实践相结合、化解纠纷和解决疑难问题的能力。为此，要建立各种校内、校外的实践机构。如成立更多高水平的法学实验、实践教育中心，重视"法律诊所""模拟法庭""物证技术鉴定""法律援助""谈判""案例分析"等实践教学课程，并在法院、检察院、律师事务所等建立教学实践基地，开展合作教学；与相关企业合作建立了解企业法律实务的实践基地。这些教学实践基地应当做到目标清晰、制度健全、管理有序、实效明显，同时，应当鼓励高水平教师承担实践教学。通过强化教学实践，使学生课堂内的学习与课堂外的实践活动相衔接，努力提高学生的实务能力。

高校法律专业人才计划自启动以来，已取得明显进展，但是仍然有一些亟待解决的问题，需要从以下几个方面推进和保障：

（1）进一步强化制度保障。高校法律专业人才是法学教育的一项重大改革，需要为其提供制度化、规范化的保障，以推进该项计划的顺利实施。当前，尤其是要建立一些有关高校法律专业人才培养的质量评价规范和指引，对培养质量形成有效控制。

（2）要针对高校法律专业人才培养中的一些重大问题，制定必要的规则。比如，让高校教师到实务部门挂职，让实务部门人员到高校任教，这些都会涉及对工作关系的认定、工作量的确定、职称的评定、职级的提升等问题。

这些都不是某一个单位能够完成的，必须通过制度建设予以保障。再如，涉外型人才的培养，涉及学分的认可以及对此类学生的学制的设定，都需要从制度层面进行规定。

（3）整合各类教学资源。要通过视频网络传输技术，实现国内和国外专业授课的同步共享，使学生足不出户就可学习到国内外名牌法学院的专业课程。

（4）要在各个高校之间形成资源共享、优势互补。有的涉外人才培养单位侧重研究欧美法律，有的则侧重研究东亚法律。应当建立有关资源共享的平台，鼓励这些高校共享优势资源，以提高高校法律专业人才培养的效率。

（5）与国家司法考试衔接。无论应用型、复合型人才，还是涉外型人才，未来都需要从事法律实务工作。因此，顺利通过司法考试，取得从事法律职业的资格，是从事法律工作必不可少的条件。为此，一方面，在高校法律专业人才培养计划实施过程中，应当重视司法考试的内容。另一方面，应当注重司法考试与法律人才培养计划的相互衔接，司法考试的内容应当将必要共同课程作为考试重点内容。

（6）与研究生培养进行有效衔接。高校法律专业人才培养计划虽然是在本科阶段实施的，但仅仅四年的本科教育是不够的，应当对学生继续进行研究生阶段的培养，为学生提供更大的发展空间。但是，如何使本科教育和研究生阶段的培养对接还需要有效的探索。在这方面，有的学校已经开始实行"三三制"和"四二制"的本硕连读改革，取得了一定的成效。采用推免或者本硕连读的方式，是一种有效的衔接方法。毕竟处于本科阶段的学生，由于知识储备和资历的原因，即使经过四年学习，仍难以达到卓越的要求，这就需要将本科教育与研究生教育衔接起来，为其提供进一步学习和深造的机会。同时，研究生阶段的学习能够使其对未来的学习和职业规划做深入思考，为其今后成为优秀的法律人才打下深厚的基础。

（7）加强经费保障。无论是应用型、复合性人才培养，还是涉外型人才的培养，都需要经费的支持。特别是对涉外型人才的培养而言，参与国际交流就需要支出国际旅费、在国外交流和学习期间的学费和食宿费等费用。因此，应当增加地方政府对教育发展的经费投入和社会的经费资助。

总而言之，要提升高校法律专业人才培养质量，需要高校、法学院专业教师、用人单位和法学专业学生共同努力。通过提升师资教学水平与经验，总结办学经验与方法，提高优秀人才待遇，优化人才培养方案等努力，使高校培养的高校法律专业人才适应社会需要。

参考文献

[1] 孙寒.“学科融合”及“以学生为中心”双语境下经管专业基础法律课程教学创新研究 [J].中文科技期刊数据库（文摘版）教育，2023（4）:4.

[2] 席文瑜.基于“互联网＋”课程思政的高职经济法教学改革分析 [J].中国科技期刊数据库科研，2022（8）:4.

[3] 张兰兰.公安院校法律课程教学体系建构研究 [J].楚天法治，2022（24）:3.

[4] 谢拓，杨晶.对标法律职业资格考试的法学课程考核改革研究 [J].法制博览（名家讲坛、经典杂文），2022（33）:3.

[5] 丛珊.司法改革背景下高校法律实训类课程改革探索——以调解法实训课程为例 [J].新课程教学：电子版，2022（15）:178-180.

[6] 施亚，代显华，赵亮，邓陕峡.人工智能背景下地方高校法学专业实验教学改革探索 [J].实验室研究与探索，2022，41（5）:234-237.

[7] 袁钢.我国法律职业伦理课程教学的关键问题 [J].中国大学教学，2023（1）:7.

[8] 王月英.《宪法学》实践教学：时代意义，内涵诠释与实践路径 [J].城市情报，2022（17）:4.

[9] 张奎.民办高校法学专业教育教学改革的困境与出路 [J].楚天法治，2022（17）:0217-0219.

[10] 陈传勇.法律课堂教学中发挥的学生主体性研究 [J].前卫，2022（21）:0139-0141.

[11] 崔兴军.当代大学生法律素养与法律教育改革 [J].中学政治教学参考，

2022（33）:1.

[12] 刘梦非. 基于人工智能特色的法学课程教学改革与创新 [J]. 中国高等教育，2022（11）:3.

[13] 窦慧娟，李新乐. 基于 PBL 的"建设工程法规"教学改革研究 [J]. 大连民族大学学报，2022，24（1）:88-92.

[14] 黄炜杰. 知识产权法学课程教学改革的思考——评《知识产权法学》[J]. 教育发展研究，2022，42（1）:1.

[15] 徐慧娟，胡浩宇. 高校法律援助服务的实践教学模式的探索与改革 [J]. 中文科技期刊数据库（引文版）教育科学，2023（4）:4.

[16] 高国其. 法律职业资格考试背景下法学教学改革的路径 [J]. 高教论坛，2022（12）:5.

[17] 邢琳. 中国法律史：新文科建设背景下混合式教学方法改革 [J]. 许昌学院学报，2022，41（1）:144-148.

[18] 肖亚玲. 古代法律与文化课程教学改革实践探索 [J]. 开封文化艺术职业学院学报，2022，42（6）:106-108.

[19] 李筱舒. 大学生法律意识培养与高校法律教学改革研究 [J]. 中国科技经济新闻数据库 教育，2022（3）:3.

[20] 郝令凯. 以多学科交叉培养为导向的法学教学改革研究 [J]. 中文科技期刊数据库（全文版）教育科学，2023（5）:3.

[21] 刘德涛. 侵权法律实务课程教学模式改革与实践 [J]. 大学教育，2023（1）:3.

[22] 孙广坤. 人机共存法律服务模式下法学教学改革研究 [J]. 黄河科技学院学报，2023，25（1）:5.

[23] 欧阳云飞. "互联网+"背景下高校混合式教学模式实践研究 [J]. 中国科技期刊数据库 科研，2023（4）:4.

[24] 彭永镕. 互联网金融犯罪法律规制问题研究——基于刑法和金融法双视角 [J]. 西部学刊，2023（2）:5.

[25] 乌兰格日勒. "互联网+课程思政"下刑法学教学改革措施 [J]. 中国科技经济新闻数据库 教育，2023（4）:4.